Orgullo y Prejuicio

Jane Austen

CAPÍTULO I

Es una verdad mundialmente reconocida que un hombre soltero, poseedor de una gran fortuna, necesita una esposa.

Sin embargo, poco se sabe de los sentimientos u opiniones de un hombre de tales condiciones cuando entra a formar parte de un vecindario. Esta verdad está tan arraigada en las mentes de algunas de las familias que lo rodean, que algunas le consideran de su legítima propiedad y otras de la de sus hijas.

—Mi querido señor Bennet —le dijo un día su esposa—, ¿sabías que, por fin, se ha alquilado Netherfield Park?

El señor Bennet respondió que no.

—Pues así es —insistió ella—; la señora Long ha estado aquí hace un momento y me lo ha contado todo.

El señor Bennet no hizo ademán de contestar.

—¿No quieres saber quién lo ha alquilado? —se impacientó su esposa.

—Eres tú la que quieres contármelo, y yo no tengo inconveniente en oírlo.

Esta sugerencia le fue suficiente.

—Pues sabrás, querido, que la señora Long dice que Netherfield ha sido alquilado por un joven muy rico del norte de Inglaterra; que vino el lunes en un landó de cuatro caballos para ver el lugar; y que se quedó tan encantado con él que inmediatamente llegó a un acuerdo con el señor Morris; que antes de San Miguel[L1] vendrá a ocuparlo; y que algunos de sus criados estarán en la casa a finales de la semana que viene.

—¿Cómo se llama?

—Bingley.

—¿Está casado o soltero?

—¡Oh!, soltero, querido, por supuesto. Un hombre soltero y de gran fortuna; cuatro o cinco mil libras al año. ¡Qué buen partido para nuestras hijas!

—¿Y qué? ¿En qué puede afectarles?

—Mi querido señor Bennet —contestó su esposa—, ¿cómo puedes ser tan ingenuo? Debes saber que estoy pensando en casarlo con una de ellas.

CAPÍTULO II

El señor Bennet fue uno de los primeros en presentar sus respetos al señor Bingley. Siempre tuvo la intención de visitarlo, aunque, al final, siempre le aseguraba a su esposa que no lo haría; y hasta la tarde después de su visita, su mujer no se enteró de nada. La cosa se llegó a saber de la siguiente manera: observando el señor Bennet cómo su hija se colocaba un sombrero, dijo:

—Espero que al señor Bingley le guste, Lizzy.

—¿Cómo podemos saber qué le gusta al señor Bingley —dijo su esposa resentida— si todavía no hemos ido a visitarlo?

—Olvidas, mamá —dijo Elizabeth— que lo veremos en las fiestas, y que la señora Long ha prometido presentárnoslo.

—No creo que la señora Long haga semejante cosa. Ella tiene dos sobrinas en quienes pensar; es egoísta e hipócrita y no merece mi confianza.

—Ni la mía tampoco —dijo el señor Bennet— y me alegro de saber que no dependes de sus servicios. La señora Bennet no se dignó contestar; pero incapaz de contenerse empezó a reprender a una de sus hijas.

—¡Por el amor de Dios, Kitty[L3] no sigas tosiendo así! Ten compasión de mis nervios. Me los estás destrozando.

—Kitty no es nada discreta tosiendo —dijo su padre—. Siempre lo hace en momento inoportuno.

—A mí no me divierte toser —replicó Kitty quejándose.

—¿Cuándo es tu próximo baile, Lizzy?

—De mañana en quince días.

—Sí, así es —exclamó la madre—. Y la señora Long no volverá hasta un día antes; así que le será imposible presentarnos al señor Bingley, porque todavía no le conocerá.

—Entonces, señora Bennet, puedes tomarle la delantera a tu amiga y presentárselo tú a ella.

—Imposible, señor Bennet, imposible, cuando yo tampoco le conozco. ¿Por qué te burlas?

—Celebro tu discreción. Una amistad de quince días es verdaderamente muy poco. En realidad, al cabo de sólo dos semanas no se puede saber muy bien qué clase de hombre es. Pero si no nos arriesgamos nosotros, lo harán otros. Al fin y al cabo, la señora Long y sus sobrinas pueden esperar a que se les presente su oportunidad; pero, no obstante, como creerá que es un acto de delicadeza por su parte el declinar la atención, seré yo el que os lo presente.

Las muchachas miraron a su padre fijamente. La señora Bennet se limitó a decir:

—¡Tonterías, tonterías!

—¿Qué significa esa enfática exclamación? —preguntó el señor Bennet—. ¿Consideras las fórmulas de presentación como tonterías, con la importancia que tienen? No estoy de acuerdo contigo en eso. ¿Qué dices tú, Mary? Que yo sé que eres una joven muy reflexiva, y que lees grandes libros y los resumes.

Mary quiso decir algo sensato, pero no supo cómo.

—Mientras Mary aclara sus ideas —continuó él—, volvamos al señor Bingley.

—¡Estoy harta del señor Bingley! —gritó su esposa.

—Siento mucho oír eso; ¿por qué no me lo dijiste antes? Si lo hubiese sabido esta mañana, no habría ido a su casa. ¡Mala suerte! Pero como ya le he visitado, no podemos renunciar a su amistad ahora.

—¿Es ese el motivo que le ha traído?

—¡Motivo! Tonterías, ¿cómo puedes decir eso? Es muy posible que se enamore de una de ellas, y por eso debes ir a visitarlo tan pronto como llegue.

—No veo la razón para ello. Puedes ir tú con las muchachas o mandarlas a ellas solas, que tal vez sea mejor; como tú eres tan guapa como cualquiera de ellas, a lo mejor el señor Bingley te prefiere a ti.

—Querido, me adulas. Es verdad que en un tiempo no estuve nada mal, pero ahora no puedo pretender ser nada fuera de lo común. Cuando una mujer tiene cinco hijas creciditas, debe dejar de pensar en su propia belleza.

—En tales casos, a la mayoría de las mujeres no les queda mucha belleza en qué pensar.

—Bueno, querido, de verdad, tienes que ir a visitar al señor Bingley en cuanto se instale en el vecindario.

—No te lo garantizo.

—Pero piensa en tus hijas. Date cuenta del partido que sería para una de ellas. Sir Willam y lady Lucas están decididos a ir, y sólo con ese propósito. Ya sabes que normalmente no visitan a los nuevos vecinos. De veras, debes ir, porque para nosotras será imposible visitarlo si tú no lo haces.

—Eres demasiado comedida. Estoy seguro de que el señor Bingley se alegrará mucho de veros; y tú le llevarás unas líneas de mi parte para asegurarle que cuenta con mi más sincero consentimiento para que contraiga matrimonio con una de ellas; aunque pondré alguna palabra en favor de mi pequeña Lizzy[L2].

—Me niego a que hagas tal cosa. Lizzy no es en nada mejor que las otras, no es ni la mitad de guapa que Jane, ni la mitad de alegre que Lydia. Pero tú siempre la prefieres a ella.

—Ninguna de las tres es muy recomendable —le respondió—. Son tan tontas e ignorantes como las demás muchachas; pero Lizzy tiene algo más de agudeza que sus hermanas.

—¡Señor Bennet! ¿Cómo puedes hablar así de tus hijas? Te encanta disgustarme. No tienes compasión de mis pobres nervios.

—Te equivocas, querida. Les tengo mucho respeto a tus nervios. Son viejos amigos míos. Hace por lo menos veinte años que te oigo mencionarlos con mucha consideración.

—¡No sabes cuánto sufro!

—Pero te pondrás bien y vivirás para ver venir a este lugar a muchos jóvenes de esos de cuatro mil libras al año.

—No serviría de nada si viniesen esos veinte jóvenes y no fueras a visitarlos.

—Si depende de eso, querida, en cuanto estén aquí los veinte, los visitaré a todos.

El señor Bennet era una mezcla tan rara entre ocurrente, sarcástico, reservado y caprichoso, que la experiencia de veintitrés años no habían sido suficientes para que su esposa entendiese su carácter. Sin embargo, el de ella era menos difícil, era una mujer de poca inteligencia, más bien inculta y de temperamento desigual. Su meta en la vida era casar a sus hijas; su consuelo, las visitas y el cotilleo.

—Si yo fuese tan rico como el señor Darcy, exclamó un joven Lucas que había venido con sus hermanas—, no me importaría ser orgulloso. Tendría una jauría de perros de caza, y bebería una botella de vino al día.

—Pues beberías mucho más de lo debido —dijo la señora Bennet— y si yo te viese te quitaría la botella inmediatamente.

El niño dijo que no se atrevería, ella que sí, y así siguieron discutiendo hasta que se dio por finalizada la visita.

CAPÍTULO VI

Las señoras de Longbourn no tardaron en ir a visitar a las de Netherfield, y éstas devolvieron la visita como es costumbre. El encanto de la señorita Bennet aumentó la estima que la señora Hurst y la señorita Bingley sentían por ella; y aunque encontraron que la madre era intolerable y que no valía la pena dirigir la palabra a las hermanas menores, expresaron el deseo de profundizar las relaciones con ellas en atención a las dos mayores. Esta atención fue recibida por Jane con agrado, pero Elizabeth seguía viendo arrogancia en su trato con todo el mundo, exceptuando, con reparos, a su hermana; no podían gustarle. Aunque valoraba su amabilidad con Jane, sabía que probablemente se debía a la influencia de la admiración que el hermano sentía por ella. Era evidente, dondequiera que se encontrasen, que Bingley admiraba a Jane; y para Elizabeth también era evidente que en su hermana aumentaba la inclinación que desde el principio sintió por él, lo que la predisponía a enamorarse de él; pero se daba cuenta, con gran satisfacción, de que la gente no podría notarlo, puesto que Jane uniría a la fuerza de sus sentimientos moderación y una constante jovialidad, que ahuyentaría las sospechas de los impertinentes. Así se lo comentó a su amiga, la señorita Lucas.

—Tal vez sea mejor en este caso —replicó Charlotte— poder escapar a la curiosidad de la gente; pero a veces es malo ser tan reservada. Si una mujer disimula su afecto al objeto del mismo, puede perder la oportunidad de conquistarle; y entonces es un pobre consuelo pensar que los demás están en la misma ignorancia. Hay tanto de gratitud y vanidad en casi todos, los cariños, que no es nada conveniente dejarlos a la deriva. Normalmente todos empezamos por una ligera preferencia, y eso sí puede ser simplemente porque sí, sin motivo; pero hay muy pocos que tengan tanto corazón como para enamorarse sin haber sido estimulados. En nueve de cada diez casos, una mujer debe mostrar más cariño del que siente. A Bingley le gusta tu hermana, indudablemente; pero si ella no le ayuda, la cosa no pasará de ahí.

—Ella le ayuda tanto como se lo permite su forma de ser. Si yo puedo notar su cariño hacia él, él, desde luego, sería tonto si no lo descubriese.

—Recuerda, Eliza, que él no conoce el carácter de Jane como tú.

—Pero si una mujer está interesada por un hombre y no trata de ocultarlo, él tendrá que acabar por descubrirlo.

—Tal vez sí, si él la ve lo bastante. Pero aunque Bingley y Jane están juntos a menudo, nunca es por mucho tiempo; y además como sólo se ven en fiestas con mucha gente, no pueden hablar a solas. Así que Jane debería aprovechar al máximo cada minuto en el que pueda llamar su atención. Y cuando lo tenga seguro, ya tendrá tiempo—
—para enamorarse de él todo lo que quiera.

—Tu plan es bueno —contestó Elizabeth—, cuando la cuestión se trata sólo de casarse bien; y si yo estuviese decidida a conseguir un marido rico, o cualquier marido, casi puedo decir que lo llevaría a cabo. Pero esos no son los sentimientos de Jane, ella no actúa con premeditación. Todavía no puede estar segura de hasta qué punto le gusta, ni el porqué. Sólo hace quince días que le conoce. Bailó cuatro veces con él en Meryton;

le vio una mañana en su casa, y desde entonces ha cenado en su compañía cuatro veces. Esto no es suficiente para que ella conozca su carácter.

—No tal y como tú lo planteas. Si solamente hubiese cenado con él no habría descubierto otra cosa que si tiene buen apetito o no; pero no debes olvidar que pasaron cuatro veladas juntos; y cuatro veladas pueden significar bastante.

—Sí; en esas cuatro veladas lo único que pudieron hacer es averiguar qué clase de bailes les gustaba a cada uno, pero no creo que hayan podido descubrir las cosas realmente importantes de su carácter.

—Bueno —dijo Charlotte—. Deseo de todo corazón que a Jane le salgan las cosas bien; y si se casase con él mañana, creo que tendría más posibilidades de ser feliz que si se dedica a estudiar su carácter durante doce meses. La felicidad en el matrimonio es sólo cuestión de suerte. El que una pareja crea que son iguales o se conozcan bien de antemano, no les va a traer la felicidad en absoluto. Las diferencias se van acentuando cada vez más hasta hacerse insoportables; siempre es mejor saber lo menos posible de la persona con la que vas a compartir tu vida.

—Me haces reír, Charlotte; no tiene sentido. Sabes que no tiene sentido; además tú nunca actuarías de esa forma.

Ocupada en observar las atenciones de Bingley para con su hermana, Elizabeth estaba lejos de sospechar que también estaba siendo objeto de interés a los ojos del amigo de Bingley. Al principio, el señor Darcy apenas se dignó admitir que era bonita; no había demostrado ninguna admiración por ella en el baile; y la siguiente vez que se vieron, él sólo se fijó en ella para criticarla. Pero tan pronto como dejó claro ante sí mismo y ante sus amigos que los rasgos de su cara apenas le gustaban, empezó a darse cuenta de que la bella expresión de sus ojos oscuros le daban un aire de extraordinaria inteligencia. A este descubrimiento siguieron otros igualmente mortificantes. Aunque detectó con ojo crítico más de un fallo en la perfecta simetría de sus formas, tuvo que reconocer que su figura era grácil y esbelta; y a pesar de que afirmaba que sus maneras no eran las de la gente refinada, se sentía atraído por su naturalidad y alegría. De este asunto ella no tenía la más remota idea. Para ella Darcy era el hombre que se hacía antipático dondequiera que fuese y el hombre que no la había considerado lo bastante hermosa como para sacarla a bailar.

Darcy empezó a querer conocerla mejor. Como paso previo para hablar con ella, se dedicó a escucharla hablar con los demás. Este hecho llamó la atención de Elizabeth. Ocurrió un día en casa de sir Lucas donde se había reunido un amplio grupo de gente.

—¿Qué querrá el señor Darcy —le dijo ella a Charlotte—, que ha estado escuchando mi conversación con el coronel Forster?

—Ésa es una pregunta que sólo el señor Darcy puede contestar.

—Si lo vuelve a hacer le daré a entender que sé lo que pretende. Es muy satírico, y si no empiezo siendo impertinente yo, acabaré por tenerle miedo.

Poco después se les volvió a acercar, y aunque no parecía tener intención de hablar, la señorita Lucas desafió a su amiga para que le mencionase el tema, lo que inmediatamente provocó a Elizabeth, que se volvió a él y le dijo:

—¿No cree usted, señor Darcy, que me expresé muy bien hace un momento, cuando le insistía al coronel Forster para que nos diese un baile en Meryton?

—Con gran energía; pero ése es un tema que siempre llena de energía a las mujeres.

—Es usted severo con nosotras.

—Ahora nos toca insistirte a ti —dijo la señorita Lucas—. Voy a abrir el piano y ya sabes lo que sigue, Eliza.

—¿Qué clase de amiga eres? Siempre quieres que cante y que toque delante de todo el mundo. Si me hubiese llamado Dios por el camino de la música, serías una amiga de incalculable valor; pero como no es así, preferiría no tocar delante de gente que debe estar acostumbrada a escuchar a los mejores músicos —pero como la señorita Lucas insistía, añadió—: Muy bien, si así debe ser será —y mirando fríamente a Darcy dijo—: Hay un viejo refrán que aquí todo el mundo conoce muy bien, «guárdate el aire para enfriar la sopa»[L10], y yo lo guardaré para mi canción.

El concierto de Elizabeth fue agradable, pero no extraordinario. Después de una o dos canciones y antes de que pudiese complacer las peticiones de algunos que querían que cantase otra vez, fue reemplazada al piano por su hermana Mary, que como era la menos brillante de la familia, trabajaba duramente para adquirir conocimientos y habilidades que siempre estaba impaciente por demostrar.

Mary no tenía ni talento ni gusto; y aunque la vanidad la había hecho aplicada, también le había dado un aire pedante y modales afectados que deslucirían cualquier brillantez superior a la que ella había alcanzado. A Elizabeth, aunque había tocado la mitad de bien, la habían escuchado con más agrado por su soltura y sencillez; Mary, al final de su largo concierto, no obtuvo más que unos cuantos elogios por las melodías escocesas e irlandesas que había tocado a ruegos de sus hermanas menores que, con alguna de las Lucas y dos o tres oficiales, bailaban alegremente en un extremo del salón.

Darcy, a quien indignaba aquel modo de pasar la velada, estaba callado y sin humor para hablar; se hallaba tan embebido en sus propios pensamientos que no se fijó en que sir William Lucas estaba a su lado, hasta que éste se dirigió a él.

—¡Qué encantadora diversión para la juventud, señor Darcy! Mirándolo bien, no hay nada como el baile. Lo considero como uno de los mejores refinamientos de las sociedades más distinguidas.

—Ciertamente, señor, y también tiene la ventaja de estar de moda entre las sociedades menos distinguidas del mundo; todos los salvajes bailan.

Sir William esbozó una sonrisa.

—Su amigo baila maravillosamente —continuó después de una pausa al ver a Bingley unirse al grupo— y no dudo, señor Darcy, que usted mismo sea un experto en la materia.

—Me vio bailar en Meryton, creo, señor.

—Desde luego que sí, y me causó un gran placer verle. ¿Baila usted a menudo en Saint James?

—Nunca, señor.

¿No cree que sería un cumplido para con ese lugar?

—Es un cumplido que nunca concedo en ningún lugar, si puedo evitarlo.

—Creo que tiene una casa en la capital. El señor Darcy asintió con la cabeza.

—Pensé algunas veces en fijar mi residencia en la ciudad, porque me encanta la alta sociedad; pero no estaba seguro de que el aire de Londres le sentase bien a lady Lucas.

Sir William hizo una pausa con la esperanza de una respuesta, pero su compañía no estaba dispuesto a hacer ninguna. Al ver que Elizabeth se les acercaba, se le ocurrió hacer algo que le pareció muy galante de su parte y la llamó.

—Mi querida señorita Eliza, ¿por qué no está bailando? Señor Darcy, permítame que le presente a esta joven que puede ser una excelente pareja. Estoy seguro de que no puede negarse a bailar cuando tiene usted ante usted tanta belleza.

Tomó a Elizabeth de la mano con la intención de pasársela a Darcy; quien, aunque extremadamente sorprendido, no iba a rechazarla; pero Elizabeth le volvió la espalda y le dijo a sir William un tanto desconcertada:

—De veras, señor, no tenía la menor intención de bailar. Le ruego que no suponga que he venido hasta aquí para buscar pareja.

El señor Darcy, con toda corrección le pidió que le concediese el honor de bailar con él, pero fue en vano. Elizabeth estaba decidida, y ni siquiera sir William, con todos sus argumentos, pudo persuadirla.

—Usted es excelente en el baile, señorita Eliza, y es muy cruel por su parte negarme la satisfacción de verla; y aunque a este caballero no le guste este entretenimiento, estoy seguro de que no tendría inconveniente en complacernos durante media hora.

—El señor Darcy es muy educado —dijo Elizabeth sonriendo.

—Lo es, en efecto; pero considerando lo que le induce, querida Eliza, no podemos dudar de su cortesía; porque, ¿quién podría rechazar una pareja tan encantadora?

Elizabeth les miró con coquetería y se retiró. Su resistencia no le había perjudicado nada a los ojos del caballero, que estaba pensando en ella con satisfacción cuando fue abordado por la señorita Bingley.

—Adivino por qué está tan pensativo.

—Creo que no.

—Está pensando en lo insoportable que le sería pasar más veladas de esta forma, en una sociedad como ésta; y por supuesto, soy de su misma opinión. Nunca he estado más enojada. ¡Qué gente tan insípida y qué alboroto arman! Con lo insignificantes que son y qué importancia se dan. Daría algo por oír sus críticas sobre ellos.

—Sus conjeturas son totalmente equivocadas. Mi mente estaba ocupada en cosas más agradables. Estaba meditando sobre el gran placer que pueden causar un par de ojos bonitos en el rostro de una mujer hermosa.

La señorita Bingley le miró fijamente deseando que le dijese qué dama había inspirado tales pensamientos. El señor Darcy, intrépido, contestó:

—La señorita Elizabeth Bennet.

—¡La señorita Bennet! Me deja atónita. ¿Desde cuándo es su favorita? Y dígame, ¿cuándo tendré que darle la enhorabuena?

—Ésa es exactamente la pregunta que esperaba que me hiciese. La imaginación de una dama va muy rápido y salta de la admiración al amor y del amor al matrimonio en un momento. Sabía que me daría la enhorabuena.

—Si lo toma tan en serio, creeré que es ya cosa hecha. Tendrá usted una suegra encantadora, de veras, y ni que decir tiene que estará siempre en Pemberley con ustedes.

Él la escuchaba con perfecta indiferencia, mientras ella seguía disfrutando con las cosas que le decía; y al ver, por la actitud de Darcy, que todo estaba a salvo, dejó correr su ingenio durante largo tiempo.

CAPÍTULO VII

La propiedad del señor Bennet consistía casi enteramente en una hacienda de dos mil libras al año, la cual, desafortunadamente para sus hijas, estaba destinada, por falta de herederos varones, a un pariente lejano[L11]; y la fortuna de la madre, aunque abundante para su posición, difícilmente podía suplir a la de su marido. Su padre había sido abogado en Meryton y le había dejado cuatro mil libras.

La señora Bennet tenía una hermana casada con un tal señor Phillips que había sido empleado de su padre y le había sucedido en los negocios, y un hermano en Londres que ocupaba un respetable lugar en el comercio.

El pueblo de Longbourn estaba sólo a una milla de Meryton, distancia muy conveniente para las señoritas, que normalmente tenían la tentación de ir por allí tres o cuatro veces a la semana para visitar a su tía y, de paso, detenerse en una sombrerería que había cerca de su casa. Las que más frecuentaban Meryton eran las dos menores,

Catherine y Lydia, que solían estar más ociosas que sus hermanas, y cuando no se les ofrecía nada mejor, decidían que un paseíto a la ciudad era necesario para pasar bien la mañana y así tener conversación para la tarde; porque, aunque las noticias no solían abundar en el campo, su tía siempre tenía algo que contar. De momento estaban bien provistas de chismes y de alegría ante la reciente llegada de un regimiento militar[L12] que iba a quedarse todo el invierno y tenía en Meryton su cuartel general.

Ahora las visitas a la señora Phillips proporcionaban una información de lo más interesante. Cada día añadían algo más a lo que ya sabían acerca de los nombres y las familias de los oficiales. El lugar donde se alojaban ya no era un secreto y pronto empezaron a conocer a los oficiales en persona.

El señor Phillips los conocía a todos, lo que constituía para sus sobrinas una fuente de satisfacción insospechada. No hablaba de otra cosa que no fuera de oficiales. La gran fortuna del señor Bingley, de la que tanto le gustaba hablar a su madre, ya no valía la pena comparada con el uniforme de un alférez.

Después de oír una mañana el entusiasmo con el que sus hijas hablaban del tema, el señor Bennet observó fríamente:

—Por todo lo que puedo sacar en limpio de vuestra manera de hablar debéis de ser las muchachas más tontas de todo el país. Ya había tenido mis sospechas algunas veces, pero ahora estoy convencido.

Catherine se quedó desconcertada y no contestó. Lydia, con absoluta indiferencia, siguió expresando su admiración por el capitán Carter, y dijo que esperaba verle aquel mismo día, pues a la mañana siguiente se marchaba a Londres.

—Me deja pasmada, querido —dijo la señora Bennet—, lo dispuesto que siempre estás a creer que tus hijas son tontas. Si yo despreciase a alguien, sería a las hijas de los demás, no a las mías.

—Si mis hijas son tontas, lo menos que puedo hacer es reconocerlo.

—Sí, pero ya ves, resulta que son muy listas.

—Presumo que ese es el único punto en el que no estamos de acuerdo. Siempre deseé coincidir contigo en todo, pero en esto difiero, porque nuestras dos hijas menores son tontas de remate.

Mi querido señor Bennet, no esperarás que estas niñas .tengan tanto sentido como sus padres. Cuando tengan nuestra edad apostaría a que piensan en oficiales tanto como nosotros. Me acuerdo de una época en la que me gustó mucho un casaca roja[L13], y la verdad es que todavía lo llevo en mi corazón. Y si un joven coronel con cinco o seis mil libras anuales quisiera a una de mis hijas, no le diría que no. Encontré muy bien al coronel Forster la otra noche en casa de sir William.

—Mamá —dijo Lydia, la tía dice que el coronel Forster y el capitán Carter ya no van tanto a casa de los Watson como antes. Ahora los ve mucho en la biblioteca de Clarke.

La señora Bennet no pudo contestar al ser interrumpida por la entrada de un lacayo que traía una nota para la señorita Bennet; venía de Netherfield y el criado esperaba respuesta. Los ojos de la señora Bennet brillaban de alegría y estaba impaciente por que su hija acabase de leer.

—Bien, Jane, ¿de quién es?, ¿de qué se trata?, ¿qué dice? Date prisa y dinos, date prisa, cariño.

—Es de la señorita Bingley —dijo Jane, y entonces leyó en voz alta:

«Mi querida amiga:

Si tienes compasión de nosotras, ven a cenar hoy con Louisa y conmigo, si no, estaremos en peligro de odiarnos la una a la otra el resto de nuestras vidas, porque dos mujeres juntas todo el día no pueden acabar sin pelearse. Ven tan pronto como te sea posible, después de recibir esta nota. Mi hermano y los otros señores cenarán con los oficiales. Saludos,

Caroline Bingley.»

—¡Con los oficiales! —exclamó Lydia—. ¡Qué raro que la tía no nos lo haya dicho!

—¡Cenar fuera! —dijo la señora Bennet—. ¡Qué mala suerte!

—¿Puedo llevar el carruaje? —preguntó Jane.

—No, querida; es mejor que vayas a caballo, porque parece que va a llover y así tendrás que quedarte a pasar la noche.

—Sería un buen plan —dijo Elizabeth—, si estuvieras segura de que no se van a ofrecer para traerla a casa.

—Oh, los señores llevarán el landó del señor Bingley a Meryton y los Hurst no tienen caballos propios.

—Preferiría ir en el carruaje.

—Pero querida, tu padre no puede prestarte los caballos. Me consta. Se necesitan en la granja. ¿No es así, señor Bennet?

—Se necesitan más en la granja de lo que yo puedo ofrecerlos.

—Si puedes ofrecerlos hoy —dijo Elizabeth—, los deseos de mi madre se verán cumplidos.

Al final animó al padre para que admitiese que los caballos estaban ocupados. Y, por fin, Jane se vio obligada a ir a caballo. Su madre la acompañó hasta la puerta pronosticando muy contenta un día pésimo.

Sus esperanzas se cumplieron; no hacía mucho que se había ido Jane, cuando empezó a llover a cántaros. Las hermanas se quedaron intranquilas por ella, pero su madre estaba encantada. No paró de llover en toda la tarde; era obvio que Jane no podría volver...

—Verdaderamente, tuve una idea muy acertada —repetía la señora Bennet.

Sin embargo, hasta la mañana siguiente no supo nada del resultado de su oportuna estratagema. Apenas había acabado de desayunar cuando un criado de Netherfield trajo la siguiente nota para Elizabeth:

«Mi querida Lizzy:

No me encuentro muy bien esta mañana, lo que, supongo, se debe a que ayer llegué calada hasta los huesos. Mis amables amigas no quieren ni oírme hablar de volver a casa hasta que no esté mejor. Insisten en que me vea el señor Jones; por lo tanto, no os alarméis si os enteráis de que ha venido a visitarme. No tengo nada más que dolor de garganta y dolor de cabeza. Tuya siempre,

Jane.»

—Bien, querida —dijo el señor Bennet una vez Elizabeth hubo leído la nota en alto—, si Jane contrajera una enfermedad peligrosa o se muriese sería un consuelo saber que todo fue por conseguir al señor Bingley y bajo tus órdenes.

—¡Oh! No tengo miedo de que se muera. La gente no se muere por pequeños resfriados sin importancia. Tendrá buenos cuidados. Mientras esté allí todo irá de maravilla. Iría a verla, si pudiese disponer del coche.

Elizabeth, que estaba verdaderamente preocupada, tomó la determinación de ir a verla. Como no podía disponer del carruaje y no era buena amazona, caminar era su única alternativa. Y declaró su decisión.

—¿Cómo puedes ser tan tonta? exclamó su madre—. ¿Cómo se te puede ocurrir tal cosa? ¡Con el barro que hay! ¡Llegarías hecha una facha, no estarías presentable!

—Estaría presentable para ver a Jane que es todo lo que yo deseo.

—¿Es una indirecta para que mande a buscar los caballos, Lizzy? —dijo su padre.

—No, en absoluto. No me importa caminar. No hay distancias cuando se tiene un motivo. Son sólo tres millas. Estaré de vuelta a la hora de cenar.

—Admiro la actividad de tu benevolencia —observó Mary—; pero todo impulso del sentimiento debe estar dirigido por la razón, y a mi juicio, el esfuerzo debe ser proporcional a lo que se pretende.

—Iremos contigo hasta Meryton —dijeron Catherine y Lydia. Elizabeth aceptó su compañía y las tres jóvenes salieron juntas.

—Si nos damos prisa —dijo Lydia mientras caminaba—, tal vez podamos ver al capitán Carter antes de que se vaya.

En Meryton se separaron; las dos menores se dirigieron a casa de la esposa de uno de los oficiales y Elizabeth continuó su camino sola. Cruzó campo tras campo a paso ligero, saltó cercas y sorteó charcos con impaciencia hasta que por fin se encontró ante la casa, con los tobillos empapados, las medias sucias y el rostro encendido por el ejercicio.

La pasaron al comedor donde estaban todos reunidos menos Jane, y donde su presencia causó gran sorpresa. A la señora Hurst y a la señorita Bingley les parecía increíble que hubiese caminado tres millas sola, tan temprano y con un tiempo tan espantoso. Elizabeth quedó convencida de que la hicieron de menos por ello. No obstante, la recibieron con mucha cortesía, pero en la actitud del hermano había algo más que cortesía: había buen humor y amabilidad. El señor Darcy habló poco y el señor Hurst nada de nada. El primero fluctuaba entre la admiración por la luminosidad que el ejercicio le había dado a su rostro y la duda de si la ocasión justificaba el que hubiese venido sola desde tan lejos. El segundo sólo pensaba en su desayuno.

Las preguntas que Elizabeth hizo acerca de su hermana no fueron contestadas favorablemente. La señorita Bennet había dormido mal, y aunque se había levantado, tenía mucha fiebre y no estaba en condiciones de salir de su habitación. Elizabeth se alegró de que la llevasen a verla inmediatamente; y Jane, que se había contenido de expresar en su nota cómo deseaba esa visita, por miedo a ser inconveniente o a alarmarlos, se alegró muchísimo al verla entrar. A pesar de todo no tenía ánimo para mucha conversación. Cuando la señorita Bingley las dejó solas, no pudo formular más que gratitud por la extraordinaria amabilidad con que la trataban en aquella casa. Elizabeth la atendió en silencio.

Cuando acabó el desayuno, las hermanas Bingley se reunieron con ellas; y a Elizabeth empezaron a parecerle simpáticas al ver el afecto y el interés que mostraban por Jane. Vino el médico y examinó a la paciente, declarando, como era de suponer, que había cogido un fuerte resfriado y que debían hacer todo lo posible por cuidarla. Le recomendó que se metiese otra vez en la cama y le recetó algunas medicinas. Siguieron las instrucciones del médico al pie de la letra, ya que la fiebre había aumentado y el dolor de cabeza era más agudo. Elizabeth no abandonó la habitación ni un solo instante y las otras señoras tampoco se ausentaban por mucho tiempo. Los señores estaban fuera porque en realidad nada tenían que hacer allí.

Cuando dieron las tres, Elizabeth comprendió que debía marcharse, y, aunque muy en contra de su voluntad, así lo expresó.

La señorita Bingley le ofreció el carruaje; Elizabeth sólo estaba esperando que insistiese un poco más para aceptarlo, cuando Jane comunicó su deseo de marcharse con ella; por lo que la señorita Bingley se vio obligada a convertir el ofrecimiento del landó en una invitación para que se quedase en Netherfield. Elizabeth aceptó muy agradecida, y mandaron un criado a Longbourn para hacer saber a la familia que se quedaba y para que le enviasen ropa.

CAPÍTULO VIII

A las cinco las señoras se retiraron para vestirse y a las seis y media llamaron a Elizabeth para que bajara a cenar. Ésta no pudo contestar favorablemente a las atentas preguntas que le hicieron y en las cuales tuvo la satisfacción de distinguir el interés especial del señor Bingley. Jane no había mejorado nada; al oírlo, las hermanas repitieron tres o cuatro veces cuánto lo lamentaban, lo horrible que era tener un mal resfriado y lo que a ellas les molestaba estar enfermas. Después ya no se ocuparon más del asunto. Y su indiferencia hacia Jane, en cuanto no la tenían delante, volvió a despertar en Elizabeth la antipatía que en principio había sentido por ellas.

En realidad, era a Bingley al único del grupo que ella veía con agrado. Su preocupación por Jane era evidente, y las atenciones que tenía con Elizabeth eran lo que evitaba que se sintiese como una intrusa, que era como los demás la consideraban. Sólo él parecía darse cuenta de su presencia. La señorita Bingley estaba absorta con el señor Darcy; su hermana, más o menos, lo mismo; en cuanto al señor Hurst, que estaba sentado al lado de Elizabeth, era un hombre indolente que no vivía más que para comer, beber y jugar a las cartas. Cuando supo que Elizabeth prefería un plato sencillo a un ragout[L14], ya no tuvo nada de qué hablar con ella. Cuando acabó la cena, Elizabeth volvió inmediatamente junto a Jane. Nada más salir del comedor, la señorita Bingley empezó a criticarla. Sus modales eran, en efecto, pésimos, una mezcla de orgullo e impertinencia; no tenía conversación, ni estilo, ni gusto, ni belleza. La señora Hurst opinaba lo mismo y añadió:

—En resumen, lo único que se puede decir de ella es que es una excelente caminante. Jamás olvidaré cómo apareció esta mañana. Realmente parecía medio salvaje.

En efecto, Louisa. Cuando la vi, casi no pude contenerme. ¡Qué insensatez venir hasta aquí! ¿Qué necesidad había de que corriese por los campos sólo porque su hermana tiene un resfriado? ¡Cómo traía los cabellos, tan despeinados, tan desaliñados!

—Sí. ¡Y las enaguas! ¡Si las hubieseis visto! Con más de una cuarta de barro. Y el abrigo que se había puesto para taparlas, desde luego, no cumplía su cometido.

—Tu retrato puede que sea muy exacto, Louisa —dijo Bingley—, pero todo eso a mí me pasó inadvertido. Creo que la señorita Elizabeth Bennet tenía un aspecto inmejorable al entrar en el salón esta mañana. Casi no me di cuenta de que llevaba las faldas sucias.

—Estoy segura de que usted sí que se fijó, señor Darcy —dijo la señorita Bingley--; y me figuro que no le gustaría que su hermana diese semejante espectáculo.

—Claro que no.

—¡Caminar tres millas, o cuatro, o cinco, o las que sean, con el barro hasta los tobillos y sola, completamente sola! ¿Qué querría dar a entender? Para mí, eso demuestra una abominable independencia y presunción, y una indiferencia por el decoro propio de la gente del campo.

—Lo que demuestra es un apreciable cariño por su hermana —dijo Bingley.

—Me temo, señor Darcy —observó la señorita Bingley a media voz—, que esta aventura habrá afectado bastante la admiración que sentía usted por sus bellos ojos.

—En absoluto —respondió Darcy—; con el ejercicio se le pusieron aun más brillantes.

A esta intervención siguió una breve pausa, y la señora Hurst empezó de nuevo.

—Le tengo gran estima a Jane Bennet, es en verdad una muchacha encantadora, y desearía con todo mi corazón que tuviese mucha suerte. Pero con semejantes padres y con parientes de tan poca clase, me temo que no va a tener muchas oportunidades.

—Creo que te he oído decir que su tío es abogado en Meryton.

—Sí, y tiene otro que vive en algún sitio cerca de Cheapside[L15].

—¡Colosal! añadió su hermana. Y las dos se echaron a reír a carcajadas.

—Aunque todo Cheapside estuviese lleno de tíos suyos —exclamó Bingley—, no por ello serían las Bennet menos agradables.

—Pero les disminuirá las posibilidades de casarse con hombres que figuren algo en el mundo —respondió Darcy.

Bingley no hizo ningún comentario a esta observación de Darcy. Pero sus hermanas asintieron encantadas, y estuvieron un rato divirtiéndose a costa de los vulgares parientes de su querida amiga.

Sin embargo, en un acto de renovada bondad, al salir del comedor pasaron al cuarto de la enferma y se sentaron con ella hasta que las llamaron para el café. Jane se encontraba todavía muy mal, y Elizabeth no la dejaría hasta más tarde, cuando se quedó tranquila al ver que estaba dormida, y entonces le pareció que debía ir abajo, aunque no le apeteciese nada. Al entrar en el salón los encontró a todos jugando al loo[L16], e inmediatamente la invitaron a que les acompañase. Pero ella, temiendo que estuviesen jugando fuerte, no aceptó, y, utilizando a su hermana como excusa, dijo que se entretendría con un libro durante el poco tiempo que podría permanecer abajo. El señor Hurst la miró con asombro.

—¿Prefieres leer a jugar?—le dijo—. Es muy extraño.

—La señorita Elizabeth Bennet —dijo la señorita Bingley— desprecia las cartas. Es una gran lectora y no encuentra placer en nada más.

—No merezco ni ese elogio ni esa censura exclamó Elizabeth—. No soy una gran lectora y encuentro placer en muchas cosas.

—Como, por ejemplo, en cuidar a su hermana —intervino Bingley—, y espero que ese placer aumente cuando la vea completamente repuesta.

Elizabeth se lo agradeció de corazón y se dirigió a una mesa donde había varios libros. Él se ofreció al instante para ir a buscar otros, todos los que hubiese en su biblioteca.

—Desearía que mi colección fuese mayor para beneficio suyo y para mi propio prestigio; pero soy un hombre perezoso, y aunque no tengo muchos libros, tengo más de los que pueda llegar a leer.

Elizabeth le aseguró que con los que había en la habitación tenía de sobra.

—Me extraña —dijo la señorita Bingley— que mi padre haya dejado una colección de libros tan pequeña. ¡Qué estupenda biblioteca tiene usted en Pemberley, señor Darcy!

—Tiene que ser buena —contestó—; es obra de muchas generaciones.

—Y además usted la ha aumentado considerablemente; siempre está comprando libros.

—No puedo comprender que se descuide la biblioteca de una familia en tiempos como éstos.

—¡Descuidar! Estoy segura de que usted no descuida nada que se refiera a aumentar la belleza de ese noble lugar. Charles, cuando construyas tu casa, me conformaría con que fuese la mitad de bonita que Pemberley.

—Ojalá pueda.

—Pero yo te aconsejaría que comprases el terreno cerca de Pemberley y que lo tomases como modelo. No hay condado más bonito en Inglaterra que Derbyshire.

—Ya lo creo que lo haría. Y compraría el mismo Pemberley si Darcy lo vendiera.

—Hablo de posibilidades, Charles.

—Sinceramente, Caroline, preferiría conseguir Pemberley comprándolo que imitándolo.

Elizabeth estaba demasiado absorta en lo que ocurría para poder prestar la menor atención a su libro; no tardó en abandonarlo, se acercó a la mesa de juego y se colocó entre Bingley y su hermana mayor para observar la partida.

—¿Ha crecido la señorita Darcy desde la primavera? —preguntó la señorita Bingley—. ¿Será ya tan alta como yo?

—Creo que sí. Ahora será de la estatura de la señorita Elizabeth Bennet, o más alta.

—¡Qué ganas tengo de volver a verla! Nunca he conocido a nadie que me guste tanto. ¡Qué figura, qué modales y qué talento para su edad! Toca el piano de un modo exquisito.

—Me asombra —dijo Bingley— que las jóvenes tengan tanta paciencia para aprender tanto, y lleguen a ser tan perfectas como lo son todas.

—¡Todas las jóvenes perfectas! Mi querido Charles, ¿qué dices?

—Sí, todas. Todas pintan, forran biombos y hacen bolsitas de malla. No conozco a ninguna que no sepa hacer todas estas cosas, y nunca he oído hablar de una damita por primera vez sin que se me informara de que era perfecta.

—Tu lista de lo que abarcan comúnmente esas perfecciones —dijo Darcy— tiene mucho de verdad. El adjetivo se aplica a mujeres cuyos conocimientos no son otros que hacer bolsos de malla o forrar biombos. Pero disto mucho de estar de acuerdo contigo en lo que se refiere a tu estimación de las damas en general. De todas las que he conocido, no puedo alardear de conocer más que a una media docena que sean realmente perfectas.

—Ni yo, desde luego —dijo la señorita Bingley.

—Entonces observó Elizabeth— debe ser que su concepto de la mujer perfecta es muy exigente.

—Sí, es muy exigente.

—¡Oh, desde luego! exclamó su fiel colaboradora—. Nadie puede estimarse realmente perfecto si no sobrepasa en mucho lo que se encuentra normalmente. Una mujer debe tener un conocimiento profundo de música, canto, dibujo, baile y lenguas modernas. Y además de todo esto, debe poseer un algo especial en su aire y manera de andar, en el tono de su voz, en su trato y modo de expresarse; pues de lo contrario no merecería el calificativo más que a medias.

—Debe poseer todo esto —agregó Darcy—, y a ello hay que añadir algo más sustancial en el desarrollo de su inteligencia por medio de abundantes lecturas.

—No me sorprende ahora que conozca sólo a seis mujeres perfectas. Lo que me extraña es que conozca a alguna.

—¿Tan severa es usted con su propio sexo que duda de que esto sea posible?

—Yo nunca he visto una mujer así. Nunca he visto tanta capacidad, tanto gusto, tanta aplicación y tanta elegancia juntas como usted describe.

La señora Hurst y la señorita Bingley protestaron contra la injusticia de su implícita duda, afirmando que conocían muchas mujeres que respondían a dicha descripción, cuando el señor Hurst las llamó al orden quejándose amargamente de que no prestasen atención al juego. Como la conversación parecía haber terminado, Elizabeth no tardó en abandonar el salón.

—Elizabeth —dijo la señorita Bingley cuando la puerta se hubo cerrado tras ella— es una de esas muchachas que tratan de hacerse agradables al sexo opuesto desacreditando al suyo propio; no diré que no dé resultado con muchos hombres, pero en mi opinión es un truco vil, una mala maña.

—Indudablemente —respondió Darcy, a quien iba dirigida principalmente esta observación— hay vileza en todas las artes que las damas a veces se rebajan a emplear para cautivar a los hombres. Todo lo que tenga algo que ver con la astucia es despreciable.

La señorita Bingley no quedó lo bastante satisfecha con la respuesta como para continuar con el tema. Elizabeth se reunió de nuevo con ellos sólo para decirles que su hermana estaba peor y que no podía dejarla. Bingley decidió enviar a alguien a buscar inmediatamente al doctor Jones; mientras que sus hermanas, convencidas de que la asistencia médica en el campo no servía para nada, propusieron enviar a alguien a la capital para que trajese a uno de los más eminentes doctores. Elizabeth no quiso ni oír hablar de esto último, pero no se oponía a que se hiciese lo que decía el hermano. De manera que se acordó mandar a buscar al doctor Jones temprano a la mañana siguiente si Jane no se encontraba mejor. Bingley estaba bastante preocupado y sus hermanas estaban muy afligidas. Sin embargo, más tarde se consolaron cantando unos dúos, mientras Bingley no podía encontrar mejor alivio a su preocupación que dar órdenes a su ama de llaves para que se prestase toda atención posible a la enferma y a su hermana.

CAPÍTULO IX

Elizabeth pasó la mayor parte de la noche en la habitación de su hermana, y por la mañana tuvo el placer de poder enviar una respuesta satisfactoria a las múltiples preguntas que ya muy temprano venía recibiendo, a través de una sirvienta de Bingley; y también a las que más tarde recibía de las dos elegantes damas de compañía de las hermanas. A pesar de la mejoría, Elizabeth pidió que se mandase una nota a Longbourn, pues quería que su madre viniese a visitar a Jane para que ella misma juzgase la situación. La nota fue despachada inmediatamente y la respuesta a su contenido fue cumplimentada con la misma rapidez. La señora Bennet, acompañada de sus dos hijas menores, llegó a Netherfield poco después del desayuno de la familia.

Si hubiese encontrado a Jane en peligro aparente, la señora Bennet se habría disgustado mucho; pero quedándose satisfecha al ver que la enfermedad no era alarmante, no tenía ningún deseo de que se recobrase pronto, ya que su cura significaría marcharse de Netherfield. Por este motivo se negó a atender la petición de su hija de que se la llevase a casa, cosa que el médico, que había llegado casi al mismo tiempo, tampoco juzgó prudente. Después de estar sentadas un rato con Jane, apareció la señorita Bingley y las invitó a pasar al comedor. La madre y las tres hijas la siguieron. Bingley las recibió y les preguntó por Jane con la esperanza de que la señora Bennet no hubiese encontrado a su hija peor de lo que esperaba.

—Pues verdaderamente, la he encontrado muy mal —respondió la señora Bennet—. Tan mal que no es posible llevarla a casa. El doctor Jones dice que no debemos pensar en trasladarla. Tendremos que abusar un poco más de su amabilidad.

—¡Trasladarla! —exclamó Bingley—. ¡Ni pensarlo! Estoy seguro de que mi hermana también se opondrá a que se vaya a casa.

—Puede usted confiar, señora —repuso la señorita Bingley con fría cortesía—, en que a la señorita Bennet no le ha de faltar nada mientras esté con nosotros.

—Estoy segura —añadió— de que, a no ser por tan buenos amigos, no sé qué habría sido de ella, porque está muy enferma y sufre mucho; aunque eso sí, con la mayor paciencia del mundo, como hace siempre, porque tiene el carácter más dulce que conozco. Muchas veces les digo a mis otras hijas que no valen nada a su lado. ¡Qué bonita habitación es ésta, señor Bingley, y qué encantadora vista tiene a los senderos de jardín! Nunca he visto un lugar en todo el país comparable a Netherfield. Espero que no pensará dejarlo repentinamente, aunque lo haya alquilado por poco tiempo.

—Yo todo lo hago repentinamente —respondió Bingley—. Así que si decidiese dejar Netherfield, probablemente me iría en cinco minutos. Pero, por ahora, me encuentro bien aquí.

—Eso es exactamente lo que yo me esperaba de usted —dijo Elizabeth.

—Empieza usted a comprenderme, ¿no es así? —exclamó Bingley volviéndose hacia ella.

—¡Oh, sí! Le comprendo perfectamente.

—Desearía tomarlo como un cumplido; pero me temo que el que se me conozca fácilmente es lamentable.

—Es como es. Ello no significa necesariamente que un carácter profundo y complejo sea más o menos estimable que el suyo.

—Lizzy —exclamó su madre—, recuerda dónde estás y deja de comportarte con esa conducta intolerable a la que nos tienes acostumbrados en casa.

—No sabía que se dedicase usted a estudiar el carácter de las personas —prosiguió Bingley inmediatamente—. Debe ser un estudio apasionante.

—Sí; y los caracteres complejos son los más apasionantes de todos. Por lo menos, tienen esa ventaja.

—El campo —dijo Darcy— no puede proporcionar muchos sujetos para tal estudio. En un pueblo se mueve uno en una sociedad invariable y muy limitada.

—Pero la gente cambia tanto, que siempre hay en ellos algo nuevo que observar.

—Ya lo creo que sí —exclamó la señora Bennet, ofendida por la manera en la que había hablado de la gente del campo—; le aseguro que eso ocurre lo mismo en el campo que en la ciudad.

Todo el mundo se quedó sorprendido. Darcy la miró un momento y luego se volvió sin decir nada. La señora Bennet creyó que había obtenido una victoria aplastante sobre él y continuó triunfante:

—Por mi parte no creo que Londres tenga ninguna ventaja sobre el campo, a no ser por las tiendas y los lugares públicos. El campo es mucho más agradable. ¿No es así, señor Bingley?

—Cuando estoy en el campo —contestó— no deseo irme, y cuando estoy en la ciudad me pasa lo mismo. Cada uno tiene sus ventajas y yo me encuentro igualmente a gusto en los dos sitios.

—Claro, porque usted tiene muy buen carácter. En cambio ese caballero —dijo mirando a Darcy— no parece que tenga muy buena opinión del campo.

—Mamá, estás muy equivocada —intervino Elizabeth sonrojándose por la imprudencia de su madre—, interpretas mal al señor Darcy. Él sólo quería decir que en el campo no se encuentra tanta variedad de gente como en la ciudad. Lo que debes reconocer que es cierto.

—Ciertamente, querida, nadie dijo lo contrario, pero eso de que no hay mucha gente en esta vecindad, creo que hay pocas tan grandes como la nuestra. Yo he llegado a cenar con veinticuatro familias.

Nada, si no fuese su consideración por Elizabeth, podría haber hecho contenerse a Bingley. Su hermana fue menos delicada, y miró a Darcy con una sonrisa muy expresiva. Elizabeth quiso decir algo para cambiar de conversación y le preguntó a su madre si Charlotte Lucas había estado en Longbourn desde que ella se había ido.

—Sí, nos visitó ayer con su padre. ¡Qué hombre tan agradable es sir William! ¿Verdad, señor Bingley? ¡Tan distinguido, tan gentil y tan sencillo! Siempre tiene una palabra agradable para todo el mundo. Esa es la idea que yo tengo de lo que es la buena educación; esas personas que se creen muy importantes y nunca abren la boca, no tienen idea de educación.

—¿Cenó Charlotte con vosotros?

—No, se fue a casa. Creo que la necesitaban para hacer el pastel de carne. Lo que es yo, señor Bingley, siempre tengo sirvientes que saben hacer su trabajo. Mis hijas están educadas de otro modo. Pero cada cual que se juzgue a sí mismo. Las Lucas son muy buenas chicas, se lo aseguro. ¡Es una pena que no sean bonitas! No es que crea que Charlotte sea muy fea; en fin, sea como sea, es muy amiga nuestra.

—Parece una joven muy agradable —dijo Bingley.

—¡Oh! sí, pero debe admitir que es bastante feúcha. La misma lady Lucas lo dice muchas veces, y me envidia por la belleza de Jane. No me gusta alabar a mis propias hijas, pero la verdad es que no se encuentra a menudo a alguien tan guapa como Jane. Yo no puedo ser imparcial, claro; pero es que lo dice todo el mundo. Cuando sólo tenía quince años, había un caballero que vivía en casa de mi hermano Gardiner en la ciudad, y que estaba tan enamorado de Jane que mi cuñada aseguraba que se declararía antes de que nos fuéramos. Pero no lo hizo. Probablemente pensó que era demasiado joven. Sin embargo, le escribió unos versos, y bien bonitos que eran.

—Y así terminó su amor —dijo Elizabeth con impaciencia—. Creo que ha habido muchos que lo vencieron de la misma forma. Me pregunto quién sería el primero en descubrir la eficacia de la poesía para acabar con el amor.

—Yo siempre he considerado que la poesía es el alimento del amor —dijo Darcy.

—De un gran amor, sólido y fuerte, puede. Todo nutre a lo que ya es fuerte de por sí. Pero si es solo una inclinación ligera, sin ninguna base, un buen soneto la acabaría matando de hambre.

Darcy se limitó a sonreír. Siguió un silencio general que hizo temer a Elizabeth que su madre volviese a hablar de nuevo. La señora Bennet lo deseaba, pero no sabía qué decir, hasta que después de una pequeña pausa empezó a reiterar su agradecimiento al señor Bingley por su amabilidad con Jane y se disculpó por las molestias que también pudiera estar causando Lizzy. El señor Bingley fue cortés en su respuesta, y obligó a su hermana menor a ser cortés y a decir lo que la ocasión requería. Ella hizo su papel, aunque con poca gracia, pero la señora Bennet, quedó satisfecha y poco después pidió su carruaje. Al oír esto, la más joven de sus hijas se adelantó para decir algo. Las dos muchachitas habían estado cuchicheando durante toda la visita, y el resultado de ello fue que la más joven debía recordarle al señor Bingley que cuando vino al campo por primera vez había prometido dar un baile en Netherfield.

Lydia era fuerte, muy crecida para tener quince años, tenía buena figura y un carácter muy alegre. Era la favorita de su madre que por el amor que le tenía la había presentado en sociedad a una edad muy temprana. Era muy impulsiva y se daba mucha importancia, lo que había aumentado con las atenciones que recibía de los oficiales, a lo que las cenas de su tía y sus modales sencillos contribuían. Por lo tanto, era la más adecuada para dirigirse a Bingley y recordarle su promesa; añadiendo que sería una vergüenza ante el mundo si no lo mantenía. Su respuesta a este repentino ataque fue encantadora a los oídos de la señora Bennet.

—Le aseguro que estoy dispuesto a mantener mi compromiso, en cuanto su hermana esté bien; usted misma, si gusta, podrá señalar la fecha del baile: No querrá estar bailando mientras su hermana está enferma.

Lydia se dio por satisfecha:

—¡Oh! sí, será mucho mejor esperar a que Jane esté bien; y para entonces lo más seguro es que el capitán Carter estará de nuevo en Meryton. Y cuando usted haya dado su baile —agregó—, insistiré para que den también uno ellos. Le diré al coronel Forster que sería lamentable que no lo hiciese.

Por fin la señora Bennet y sus hijas se fueron, y Elizabeth volvió al instante con Jane, dejando que las dos damas y el señor Darcy hiciesen sus comentarios acerca de su comportamiento y el de su familia. Sin embargo, Darcy no pudo compartir con los demás la censura hacia Elizabeth, a pesar de la agudeza de la señorita Bingley al hacer chistes sobre ojos bonitos.

CAPÍTULO X

El día pasó lo mismo que el anterior. La señora Hurst y la señorita Bingley habían estado por la mañana unas horas al lado de la enferma, que seguía mejorando, aunque lentamente. Por la tarde Elizabeth se reunió con ellas en el salón. Pero no se dispuso la mesa de juego acostumbrada. Darcy escribía y la señorita Bingley, sentada a su lado, seguía el curso de la carta, interrumpiéndole repetidas veces con mensajes para su hermana. El señor Hurst y Bingley jugaban al piquet[L17] y la señora Hurst contemplaba la partida.

Elizabeth se dedicó a una labor de aguja, y tenía suficiente entretenimiento con atender a lo que pasaba entre Darcy y su compañía. Los constantes elogios de ésta a la caligrafía de Darcy, a la simetría de sus renglones o a la extensión de la carta, así como la absoluta indiferencia con que eran recibidos, constituían un curioso diálogo que estaba exactamente de acuerdo con la opinión que Elizabeth tenía de cada uno de ellos.

—¡Qué contenta se pondrá la señorita Darcy cuando reciba esta carta!

Él no contestó.

—Escribe usted más deprisa que nadie. —Se equivoca. Escribo muy despacio.

—¡Cuántas cartas tendrá ocasión de escribir al cabo del año! Incluidas cartas de negocios. ¡Cómo las detesto!

—Es una suerte, pues, que sea yo y no usted, el que tenga que escribirlas.

—Le ruego que le diga a su hermana que deseo mucho verla.

—Ya se lo he dicho una vez, por petición suya.

—Me temo que su pluma no le va bien. Déjeme que se la afile, lo hago increíblemente bien.

—Gracias, pero yo siempre afilo mi propia pluma.

—¿Cómo puede lograr una escritura tan uniforme?

Darcy no hizo ningún comentario.

—Dígale a su hermana que me alegro de saber que ha hecho muchos progresos con el arpa; y le ruego que también le diga que estoy entusiasmada con el diseño de mesa que hizo, y que creo que es infinitamente superior al de la señorita Grantley.

—¿Me permite que aplace su entusiasmo para otra carta? En la presente ya no tengo espacio para más elogios.

—¡Oh!, no tiene importancia. La veré en enero. Pero, ¿siempre le escribe cartas tan largas y encantadoras, señor Darcy?

—Generalmente son largas; pero si son encantadoras o no, no soy yo quien debe juzgarlo.

—Para mí es como una norma, cuando una persona escribe cartas tan largas con tanta facilidad no puede escribir mal.

—Ese cumplido no vale para Darcy, Caroline —interrumpió su hermano—, porque no escribe con facilidad. Estudia demasiado las palabras. Siempre busca palabras complicadas de más de cuatro sílabas[L18], ¿no es así, Darcy?

—Mi estilo es muy distinto al tuyo.

—¡Oh! —exclamó la señorita Bingley—. Charles escribe sin ningún cuidado. Se come la mitad de las palabras y emborrona el resto.

—Las ideas me vienen tan rápido que no tengo tiempo de expresarlas; de manera que, a veces, mis cartas no comunican ninguna idea al que las recibe.

—Su humildad, señor Bingley —intervino Elizabeth—, tiene que desarmar todos los reproches.

—Nada es más engañoso —dijo Darcy— que la apariencia de humildad. Normalmente no es otra cosa que falta de opinión, y a veces es una forma indirecta de vanagloriarse.

—¿Y cuál de esos dos calificativos aplicas a mi reciente acto de modestia?

—Una forma indirecta de vanagloriarse; porque tú, en realidad, estás orgulloso de tus defectos como escritor, puesto que los atribuyes a tu rapidez de pensamientos y a un descuido en la ejecución, cosa que consideras, si no muy estimable, al menos muy interesante. Siempre se aprecia mucho el poder de hacer cualquier cosa con rapidez, y no se presta atención a la imperfección con la que se hace. Cuando esta mañana le dijiste a la señora Bennet que si alguna vez te decidías a dejar Netherfield, te irías en cinco minutos, fue una especie de elogio, de cumplido hacia ti mismo; y, sin embargo, ¿qué tiene de elogiable marcharse precipitadamente dejando, sin duda, asuntos sin resolver, lo que no puede ser beneficioso para ti ni para nadie?

—¡No! —exclamó Bingley—. Me parece demasiado recordar por la noche las tonterías que se dicen por la mañana. Y te doy mi palabra, estaba convencido de que lo que decía de mí mismo era verdad, y lo sigo estando ahora. Por lo menos, no adopté innecesariamente un carácter precipitado para presumir delante de las damas.

—Sí, creo que estabas convencido; pero soy yo el que no está convencido de que te fueses tan aceleradamente. Tu conducta dependería de las circunstancias, como la de cualquier persona. Y si, montado ya en el caballo, un amigo te dijese: «Bingley, quédate hasta la próxima semana», probablemente lo harías, probablemente no te irías, y bastaría sólo una palabra más para que te quedaras un mes.

—Con esto sólo ha probado —dijo Elizabeth— que Bingley no hizo justicia a su temperamento. Lo ha favorecido usted más ahora de lo que él lo había hecho.

—Estoy enormemente agradecido —dijo Bingley por convertir lo que dice mi amigo en un cumplido. Pero me temo que usted no lo interpreta de la forma que mi amigo pretendía; porque él tendría mejor opinión de mí si, en esa circunstancia, yo me negase en rotundo y partiese tan rápido como me fuese posible.

—¿Consideraría entonces el señor Darcy reparada la imprudencia de su primera intención con la obstinación de mantenerla?

—No soy yo, sino Darcy, el que debe explicarlo.

—Quieres que dé cuenta de unas opiniones que tú me atribuyes, pero que yo nunca he reconocido. Volviendo al caso, debe recordar, señorita Bennet, que el supuesto amigo que desea que se quede y que retrase su plan, simplemente lo desea y se lo pide sin ofrecer ningún argumento.

—El ceder pronto y fácilmente a la persuasión de un amigo, no tiene ningún mérito para usted. —El ceder sin convicción dice poco en favor de la inteligencia de ambos.

—Me da la sensación, señor Darcy, de que usted nunca permite que le influyan el afecto o la amistad. El respeto o la estima por el que pide puede hacernos ceder a la petición sin esperar ninguna razón o argumento. No estoy hablando del caso particular que ha supuesto sobre el señor Bingley. Además, deberíamos, quizá, esperar a que se diese la circunstancia para discutir entonces su comportamiento. Pero en general y en casos normales entre amigos, cuando uno quiere que el otro cambie alguna decisión, ¿vería usted mal que esa persona complaciese ese deseo sin esperar las razones del otro?

—¿No sería aconsejable, antes de proseguir con el tema, dejar claro con más precisión qué importancia tiene la petición y qué intimidad hay entre los amigos?

—Perfectamente —dijo Bingley—, fijémonos en todos los detalles sin olvidarnos de comparar estatura y tamaño; porque eso, señorita Bennet, puede tener más peso en la discusión de lo que parece. Le aseguro que si Darcy no fuera tan alto comparado conmigo, no le tendría ni la mitad del respeto que le tengo. Confieso que no conozco nada más imponente que Darcy en determinadas ocasiones y en determinados lugares, especialmente en su casa y en las tardes de domingo cuando no tiene nada que hacer.

El señor Darcy sonrió; pero Elizabeth se dio cuenta de que se había ofendido bastante y contuvo la risa. La señorita Bingley se molestó mucho por la ofensa que le había hecho a Darcy y censuró a su hermano por decir tales tonterías.

—Conozco tu sistema, Bingley —dijo su amigo—. No te gustan las discusiones y quieres acabar ésta.

—Quizá. Las discusiones se parecen demasiado a las disputas. Si tú y la señorita Bennet posponéis la vuestra para cuando yo no esté en la habitación, estaré muy agradecido; además, así podréis decir todo lo que queráis de mí.

—Por mi parte —dijo Elizabeth—, no hay objeción en hacer lo que pide, y es mejor que el señor Darcy acabe la carta.

Darcy siguió su consejo y acabó la carta. Concluida la tarea, se dirigió a la señorita Bingley y a Elizabeth para que les deleitasen con algo de música. La señorita Bingley se apresuró al piano, pero antes de sentarse invitó cortésmente a Elizabeth a tocar en primer lugar; ésta, con igual cortesía y con toda sinceridad rechazó la invitación; entonces, la señorita Bingley se sentó y comenzó el concierto.

La señora Hurst cantó con su hermana, y, mientras se empleaban en esta actividad, Elizabeth no podía evitar darse cuenta, cada vez que volvía las páginas de unos libros de música que había sobre el piano, de la frecuencia con la que los ojos de Darcy se fijaban en ella. Le era difícil suponer que fuese objeto de admiración ante un hombre de tal categoría; y aun sería más extraño que la mirase porque ella le desagradara. Por fin, sólo pudo imaginar que llamaba su atención porque había algo en ella peor y más reprochable, según su concepto de la virtud, que en el resto de los presentes. Esta suposición no la apenaba. Le gustaba tan poco, que la opinión que tuviese sobre ella, no le preocupaba.

Después de tocar algunas canciones italianas, la señorita Bingley varió el repertorio con un aire escocés más alegre; y al momento el señor Darcy se acercó a Elizabeth y le dijo:

—¿Le apetecería, señorita Bennet, aprovechar esta oportunidad para bailar un reel[L19]?

Ella sonrió y no contestó. Él, algo sorprendido por su silencio, repitió la pregunta.

—¡Oh! —dijo ella—, ya había oído la pregunta. Estaba meditando la respuesta. Sé que usted querría que contestase que sí, y así habría tenido el placer de criticar mis gustos; pero a mí me encanta echar por tierra esa clase de trampas y defraudar a la gente que está premeditando un desaire. Por lo tanto, he decidido decirle que no deseo bailar en absoluto. Y, ahora, desáireme si se atreve.

—No me atrevo, se lo aseguro.

Ella, que creyó haberle ofendido, se quedó asombrada de su galantería. Pero había tal mezcla de dulzura y malicia en los modales de Elizabeth, que era difícil que pudiese ofender a nadie; y Darcy nunca había estado tan ensimismado con una mujer como lo estaba con ella. Creía realmente que si no fuera por la inferioridad de su familia, se vería en peligro.

La señorita Bingley vio o sospechó lo bastante para ponerse celosa, y su ansiedad porque se restableciese su querida amiga Jane se incrementó con el deseo de librarse de Elizabeth.

Intentaba provocar a Darcy para que se desilusionase de la joven, hablándole de su supuesto matrimonio con ella y de la felicidad que esa alianza le traería.

—Espero —le dijo al día siguiente mientras paseaban por el jardín— que cuando ese deseado acontecimiento tenga lugar, hará usted a su suegra unas cuantas advertencias para que modere su lengua; y si puede conseguirlo, evite que las hijas menores anden detrás de los oficiales. Y, si me permite mencionar un tema tan delicado, procure refrenar ese algo, rayando en la presunción y en la impertinencia, que su dama posee.

—¿Tiene algo más que proponerme para mi felicidad doméstica?

—¡Oh, sí! Deje que los retratos de sus tíos, los Phillips, sean colgados en la galería de Pemberley. Póngalos al lado del tío abuelo suyo, el juez. Son de la misma profesión, aunque de distinta categoría. En cuanto al retrato de su Elizabeth, no debe permitir que se lo hagan, porque ¿qué pintor podría hacer justicia a sus hermosos ojos?

—Desde luego, no sería fácil captar su expresión, pero el color, la forma y sus bonitas pestañas podrían ser reproducidos.

En ese momento, por otro sendero del jardín, salieron a su paso la señora Hurst y Elizabeth.

—No sabía que estabais paseando —dijo la señorita Bingley un poco confusa al pensar que pudiesen haberles oído.

—Os habéis portado muy mal con nosotras —respondió la señora Hurst— al no decirnos que ibais a salir.

Y, tomando el brazo libre del señor Darcy, dejó que Elizabeth paseara sola. En el camino sólo cabían tres. El señor Darcy se dio cuenta de tal descortesía y dijo inmediatamente:

—Este paseo no es lo bastante ancho para los cuatro, salgamos a la avenida.

Pero Elizabeth, que no tenía la menor intención de continuar con ellos, contestó muy sonriente:

—No, no; quédense donde están. Forman un grupo encantador, está mucho mejor así. Una cuarta persona lo echaría a perder. Adiós.

Se fue alegremente regocijándose al pensar, mientras caminaba, que dentro de uno o dos días más estaría en su casa. Jane se encontraba ya tan bien, que aquella misma tarde tenía la intención de salir un par de horas de su cuarto.

CAPÍTULO XI

Cuando las señoras se levantaron de la mesa después de cenar, Elizabeth subió a visitar a su hermana y al ver que estaba bien abrigada la acompañó al salón, donde sus amigas le dieron la bienvenida con grandes demostraciones de contento. Elizabeth nunca las había visto tan amables como en la hora que transcurrió hasta que llegaron los caballeros. Hablaron de todo. Describieron la fiesta con todo detalle, contaron anécdotas con mucha gracia y se burlaron de sus conocidos con humor.

Pero en cuanto entraron los caballeros, Jane dejó de ser el primer objeto de atención. Los ojos de la señorita Bingley se volvieron instantáneamente hacia Darcy y no había dado cuatro pasos cuando ya tenía algo que decirle. El se dirigió directamente a la señorita Bennet y la felicitó cortésmente. También el señor Hurst le hizo una ligera inclinación de cabeza, diciéndole que se alegraba mucho; pero la efusión y el calor quedaron reservados para el saludo de Bingley, que estaba muy contento y lleno de atenciones para con ella. La primera media hora se la pasó avivando el fuego para que

Jane no notase el cambio de un habitación a la otra, y le rogó que se pusiera al lado de la chimenea, lo más lejos posible de la puerta. Luego se sentó junto a ella y ya casi no habló con nadie más. Elizabeth, enfrente, con su labor, contemplaba la escena con satisfacción.

Cuando terminaron de tomar el té, el señor Hurst recordó a su cuñada la mesa de juego, pero fue en vano; ella intuía que a Darcy no le apetecía jugar, y el señor Hurst vio su petición rechazada inmediatamente. Le aseguró que nadie tenía ganas de jugar; el silencio que siguió a su afirmación pareció corroborarla. Por lo tanto, al señor Hurst no le quedaba otra cosa que hacer que tumbarse en un sofá y dormir. Darcy cogió un libro, la señorita Bingley cogió otro, y la señora Hurst, ocupada principalmente en jugar con sus pulseras y sortijas, se unía, de vez en cuando, a la conversación de su hermano con la señorita Bennet.

La señorita Bingley prestaba más atención a la lectura de Darcy que a la suya propia. No paraba de hacerle preguntas o mirar la página que él tenía delante. Sin embargo, no consiguió sacarle ninguna conversación; se limitaba a contestar y seguía leyendo. Finalmente, angustiada con la idea de tener que entretenerse con su libro que había elegido solamente porque era el segundo tomo del que leía Darcy, bostezó largamente y exclamó:

—¡Qué agradable es pasar una velada así! Bien mirado, creo que no hay nada tan divertido como leer. Cualquier otra cosa en seguida te cansa, pero un libro, nunca. Cuando tenga—una casa propia seré desgraciadísima si no tengo una gran biblioteca.

Nadie dijo nada. Entonces volvió a bostezar, cerró el libro y paseó la vista alrededor de la habitación buscando en qué ocuparse el tiempo; cuando al oír a su hermano mencionarle un baile a la señorita Bennet, se volvió de repente hacia él y dijo:

—¿Piensas seriamente en dar un baile en Netherfield, Charles? Antes de decidirte te aconsejaría que consultases con los presentes, pues o mucho me engaño o hay entre nosotros alguien a quien un baile le parecería, más que una diversión, un castigo.

—Si te refieres a Darcy —le contestó su hermano—, puede irse a la cama antes de que empiece, si lo prefiere; pero en cuanto al baile, es cosa hecha, y tan pronto como Nicholls lo haya dispuesto todo, enviaré las invitaciones.

—Los bailes me gustarían mucho más —repuso su hermana— si fuesen de otro modo, pero esa clase de reuniones suelen ser tan pesadas que se hacen insufribles. Sería más racional que lo principal en ellas fuese la conversación y no un baile.

—Mucho más racional sí, Caroline; pero entonces ya no se parecería en nada a un baile.

La señorita Bingley no contestó; se levantó poco después y se puso a pasear por el salón. Su figura era elegante y sus andares airosos; pero Darcy, a quien iba dirigido todo, siguió enfrascado en la lectura. Ella, desesperada, decidió hacer un esfuerzo más, y, volviéndose a Elizabeth, dijo:

—Señorita Eliza Bennet, déjeme que la convenza para que siga mi ejemplo y dé una vuelta por el salón. Le aseguro que viene muy bien después de estar tanto tiempo sentada en la misma postura.

Elizabeth se quedó sorprendida, pero accedió inmediatamente. La señorita Bingley logró lo que se había propuesto con su amabilidad; el señor Darcy levantó la vista. Estaba tan extrañado de la novedad de esta invitación como podía estarlo la misma Elizabeth; inconscientemente, cerró su libro. Seguidamente, le invitaron a pasear con ellas, a lo que se negó, explicando que sólo podía haber dos motivos para que paseasen por el salón juntas, y si se uniese a ellas interferiría en los dos. «¿Qué querrá decir?» La señorita Bingley se moría de ganas por saber cuál sería el significado y le preguntó a Elizabeth si ella podía entenderlo.

—En absoluto —respondió—; pero, sea lo que sea, es seguro que quiere dejarnos mal, y la mejor forma de decepcionarle será no preguntarle nada.

Sin embargo, la señorita Bingley era incapaz de decepcionar a Darcy, e insistió, por lo tanto, en pedir que les explicase los dos motivos.

—No tengo el más mínimo inconveniente en explicarlo —dijo tan pronto como ella le permitió hablar—. Ustedes eligen este modo de pasar el tiempo o porque tienen que hacerse alguna confidencia o para hablar de sus asuntos secretos, o porque saben que paseando lucen mejor su figura; si es por lo primero, al ir con ustedes no haría más que importunarlas; y si es por lo segundo, las puedo admirar mucho mejor sentado junto al fuego.

—¡Qué horror! —gritó la señorita Bingley—. Nunca he oído nada tan abominable. ¿Cómo podríamos darle su merecido?

—Nada tan fácil, si está dispuesta a ello —dijo Elizabeth—. Todos sabemos fastidiar y mortificarnos unos a otros. Búrlese, ríase de él. Siendo tan íntima amiga suya, sabrá muy bien cómo hacerlo.

—No sé, le doy mi palabra. Le aseguro que mi gran amistad con él no me ha enseñado cuáles son sus puntos débiles. ¡Burlarse de una persona flemática, de tanta sangre fría! Y en cuanto a reírnos de él sin más ni más, no debemos exponernos; podría desafiarnos y tendríamos nosotros las de perder.

—¡Que no podemos reírnos del señor Darcy! —exclamó Elizabeth—. Es un privilegio muy extraño, y espero que siga siendo extraño, no me gustaría tener muchos conocidos así. Me encanta reírme.

—La señorita Bingley —respondió Darcy— me ha dado más importancia de la que merezco. El más sabio y mejor de los hombres o la más sabia y mejor de las acciones, pueden ser ridículos a los ojos de una persona que no piensa en esta vida más que en reírse.

—Estoy de acuerdo —respondió Elizabeth—, hay gente así, pero creo que yo no estoy entre ellos. Espero que nunca llegue a ridiculizar lo que es bueno o sabio. Las insensateces, las tonterías, los caprichos y las inconsecuencias son las cosas que verdaderamente me divierten, lo confieso, y me río de ellas siempre que puedo. Pero supongo que éstas son las cosas de las que usted carece.

—Quizá no sea posible para nadie, pero yo he pasado la vida esforzándome para evitar estas debilidades que exponen al ridículo a cualquier persona inteligente.

—Como la vanidad y el orgullo, por ejemplo.

—Sí, en efecto, la vanidad es un defecto. Pero el orgullo, en caso de personas de inteligencia superior, creo que es válido.

Elizabeth tuvo que volverse para disimular una sonrisa.

—Supongo que habrá acabado de examinar al señor Darcy —dijo la señorita Bingley , y le ruego que me diga qué ha sacado en conclusión.

—Estoy plenamente convencida de que el señor Darcy no tiene defectos. Él mismo lo reconoce claramente.

—No —dijo Darcy—, no he pretendido decir eso. Tengo muchos defectos, pero no tienen que ver con la inteligencia. De mi carácter no me atrevo a responder; soy demasiado intransigente, en realidad, demasiado intransigente para lo que a la gente le conviene. No puedo olvidar tan pronto como debería las insensateces y los vicios ajenos, ni las ofensas que contra mí se hacen. Mis sentimientos no se borran por muchos esfuerzos que se hagan para cambiarlos. Quizá se me pueda acusar de rencoroso. Cuando pierdo la buena opinión que tengo sobre alguien, es para siempre.

—Ése es realmente un defecto —replicó Elizabeth—. El rencor implacable es verdaderamente una sombra en un carácter. Pero ha elegido usted muy bien su defecto. No puedo reírme de él. Por mi parte, está usted a salvo.

—Creo que en todo individuo hay cierta tendencia a un determinado mal, a un defecto innato, que ni siquiera la mejor educación puede vencer.

—Y ese defecto es la propensión a odiar a todo el mundo.

—Y el suyo respondió él con una sonrisa— es el interpretar mal a todo el mundo intencionadamente. —Oigamos un poco de música —propuso la señorita Bingley, cansada de una conversación en la que no tomaba parte—. Louisa, ¿no te importará que despierte al señor Hurst?

Su hermana no opuso la más mínima objeción, y abrió el piano; a Darcy, después de unos momentos de recogimiento, no le pesó. Empezaba a sentir el peligro de prestarle demasiada atención a Elizabeth.

CAPÍTULO XII

De acuerdo con su hermana, Elizabeth escribió a su madre a la mañana siguiente, pidiéndole que les mandase el coche aquel mismo día. Pero la señora Bennet había calculado que sus hijas estarían en Netherfield hasta el martes en que haría una semana justa que Jane había llegado allí, y no estaba dispuesta a que regresara antes de la fecha citada. Así, pues, su respuesta no fue muy favorable o, por lo menos, no fue la respuesta que Elizabeth hubiera deseado, pues estaba impaciente por volver a su casa. La señora Bennet les contestó que no le era posible enviarles el coche antes del martes; en la posdata añadía que si el señor Bingley y su hermana les insistían para que se quedasen más tiempo, no lo dudasen, pues podía pasar muy bien sin ellas. Sin embargo, Elizabeth estaba dispuesta a no seguir allí por mucho que se lo pidieran; temiendo, al contrario, resultar molestas por quedarse más tiempo innecesariamente, rogó a Jane que le pidiese el coche a Bingley en seguida; y, por último, decidieron exponer su proyecto de salir de Netherfield aquella misma mañana y pedir que les prestasen el coche.

La noticia provocó muchas manifestaciones de preocupación; les expresaron reiteradamente su deseo de que se quedasen por los menos hasta el día siguiente, y no hubo más remedio que demorar la marcha hasta entonces. A la señorita Bingley le pesó después haber propuesto la demora, porque los celos y la antipatía que sentía por una de las hermanas era muy superior al afecto que sentía por la otra.

Al señor de la casa le causó mucha tristeza el saber que se iban a ir tan pronto, e intentó insistentemente convencer a Jane de que no sería bueno para ella, porque todavía no estaba totalmente recuperada; pero Jane era firme cuando sabía que obraba como debía.

A Darcy le pareció bien la noticia. Elizabeth había estado ya bastante tiempo en Netherfield. Le atraía más de lo que él quería y la señorita Bingley era descortés con ella, y con él más molesta que nunca. Se propuso tener especial cuidado en que no se le escapase ninguna señal de admiración ni nada que pudiera hacer creer a Elizabeth que tuviera ninguna influencia en su felicidad. Consciente de que podía haber sugerido semejante idea, su comportamiento durante el último día debía ser decisivo para confirmársela o quitársela de la cabeza. Firme en su propósito, apenas le dirigió diez palabras en todo el sábado y, a pesar de que los dejaron solos durante media hora, se metió de lleno en su libro y ni siquiera la miró.

El domingo, después del oficio religioso de la mañana, tuvo lugar la separación tan grata para casi todos. La cortesía de la señorita Bingley con Elizabeth aumentó rápidamente en el último momento, así como su afecto por Jane. Al despedirse, después de asegurar a esta última el placer que siempre le daría verla tanto en Longbourn como en Netherfield y darle un tierno abrazo, a la primera sólo le dio la mano. Elizabeth se despidió de todos con el espíritu más alegre que nunca.

La madre no fue muy cordial al darles la bienvenida. No entendía por qué habían regresado tan pronto y les dijo que hacían muy mal en ocasionarle semejante contrariedad, estaba segura de que Jane había cogido frío otra vez. Pero el padre, aunque era muy lacónico al expresar la alegría, estaba verdaderamente contento de verlas. Se había dado cuenta de la importancia que tenían en el círculo familiar. Las tertulias de la noche, cuando se reunían todos, habían perdido la animación e incluso el sentido con la ausencia de Jane y Elizabeth.

Hallaron a Mary, como de costumbre, enfrascada en el estudio profundo de la naturaleza humana; tenían que admirar sus nuevos resúmenes y escuchar las observaciones que había hecho recientemente sobre una moral muy poco convincente. Lo que Catherine y Lydia tenían que contarles era muy distinto. Se habían hecho y dicho muchas cosas en el regimiento desde el miércoles anterior; varios oficiales habían cenado recientemente con su tío, un soldado había sido azotado[L20], y corría el rumor de que el coronel Forster iba a casarse.

CAPÍTULO XIII

Espero, querida —dijo el señor Bennet a su esposa; mientras desayunaban a la mañana siguiente–, que hayas preparado una buena comida, porque tengo motivos para pensar que hoy se sumará uno más a nuestra mesa.

—¿A quién te refieres, querido? No tengo noticia de que venga nadie, a no ser que a Charlotte Lucas se le ocurra visitarnos, y me parece que mis comidas son lo bastante buenas para ella. No creo que en su casa sean mejores.

—La persona de la que hablo es un caballero, y forastero.

Los ojos de la señora Bennet relucían como chispas.

—¿Un caballero y forastero? Es el señor Bingley, no hay duda. ¿Por qué nunca dices ni palabra de estas cosas, Jane? ¡Qué cuca eres! Bien, me alegraré mucho de verlo. Pero, ¡Dios mío, qué mala suerte! Hoy no se puede conseguir ni un poco de pescado. Lydia, cariño, toca la campanilla; tengo que hablar con Hill al instante.

—No es el señor Bingley —dijo su esposo—; se trata de una persona que no he visto en mi vida. Estas palabras despertaron el asombro general; y él tuvo el placer de ser interrogado ansiosamente por su mujer y sus cinco hijas a la vez.

Después de divertirse un rato, excitando su curiosidad, les explicó:

—Hace un mes recibí esta carta, y la contesté hace unos quince días, porque pensé que se trataba de un tema muy delicado y necesitaba tiempo para reflexionar. Es de mi primo, el señor Collins, el que, cuando yo me muera, puede echaros de esta casa en cuanto le apetezca.

—¡Oh, querido! —se lamentó su esposa—. No puedo soportar oír hablar del tema. No menciones a ese hombre tan odioso. Es lo peor que te puede pasar en el mundo, que tus bienes no los puedan heredar tus hijas. De haber sido tú, hace mucho tiempo que yo habría hecho algo al respecto.

Jane y Elizabeth intentaron explicarle por qué no les pertenecía la herencia. Lo habían intentado muchas veces, pero era un tema con el que su madre perdía totalmente la razón; y siguió quejándose amargamente de la crueldad que significaba desposeer de la herencia a una familia de cinco hijas, en favor de un hombre que a ninguno le importaba nada.

—Ciertamente, es un asunto muy injusto —dijo el señor Bennet—, y no hay nada que pueda probar la culpabilidad del señor Collins por heredar Longbourn. Pero si escuchas su carta, puede que su modo de expresarse te tranquilice un poco.

—No, no la escucharé; y, además, me parece una impertinencia que te escriba, y una hipocresía. No soporto a esos falsos amigos. ¿Por qué no continúa pleiteando contigo como ya lo hizo su padre?

—Porque parece tener algún cargo de conciencia, como vas a oír:

«Hunsford, cerca de Westerham, Kent, 15 de octubre.

»Estimado señor:

»El desacuerdo subsistente entre usted y mi padre, recientemente fallecido, siempre me ha hecho sentir cierta inquietud, y desde que tuve la desgracia de perderlo, he deseado zanjar el asunto, pero durante algún tiempo me retuvieron las dudas, temiendo ser irrespetuoso a su memoria, al ponerme en buenos términos con alguien con el que él siempre estaba en discordia, tan poco tiempo después de su muerte. Pero ahora ya he tomado una decisión sobre el tema, por haber sido ordenado en Pascua, ya que he tenido la suerte de ser distinguido con el patronato de la muy honorable lady Catherine de Bourgh, viuda de sir Lewis de Bourgh, cuya generosidad y beneficencia me ha elegido a mí para hacerme cargo de la estimada rectoría de su parroquia, donde mi más firme propósito será servir a Su Señoría con gratitud y respeto, y estar siempre dispuesto a celebrar los ritos y ceremonias instituidos por la Iglesia de Inglaterra. Por otra parte, como sacerdote, creo que es mi deber promover y establecer la bendición de la paz en todas las familias a las que alcance mi influencia; y basándome en esto espero que mi presente propósito de buena voluntad sea acogido de buen grado, y que la circunstancia de que sea yo el heredero de Longbourn sea olvidada por su parte y no le lleve a rechazar la rama de olivo que le ofrezco. No puedo sino estar preocupado por perjudicar a sus agradables hijas, y suplico que se me disculpe por ello, también quiero dar fe de mi buena disposición para hacer todas las enmiendas posibles de ahora en adelante. Si no se opone a recibirme en su casa, espero tener la satisfacción de visitarle a usted y a su familia, el lunes 18 de noviembre a las cuatro, y puede que abuse de su hospitalidad hasta el sábado siguiente, cosa que puedo hacer sin ningún inconveniente, puesto que lady Catherine de Bourgh no pondrá objeción y ni siquiera desaprobaría que estuviese ausente fortuitamente el domingo, siempre que hubiese algún otro sacerdote dispuesto para cumplir con las obligaciones de ese día. Le envío afectuosos saludos para su esposa e hijas, su amigo que le desea todo bien,

William Collins.»

—Por lo tanto, a las cuatro es posible que aparezca este caballero conciliador —dijo el señor Bennet mientras doblaba la carta—. Parece ser un joven educado y atento; no dudo de que su amistad nos será valiosa, especialmente si lady Catherine es tan indulgente como para dejarlo venir a visitarnos.

—Ya ves, parece que tiene sentido eso que dice sobre nuestras hijas. Si está dispuesto a enmendarse, no seré yo la que lo desanime.

—Aunque es difícil —observó Jane— adivinar qué entiende él por esa reparación que cree que nos merecemos, debemos dar crédito a sus deseos.

A Elizabeth le impresionó mucho aquella extraordinaria deferencia hacia lady Catherine y aquella sana intención de bautizar, casar y enterrar a sus feligreses siempre que fuese preciso.

—Debe ser un poco raro —dijo—. No puedo imaginármelo. Su estilo es algo pomposo. ¿Y qué querrá decir con eso de disculparse por ser el heredero de Longbourn? Supongo que no trataría de evitarlo, si pudiese. Papá, ¿será un hombre astuto?

—No, querida, no lo creo. Tengo grandes esperanzas de que sea lo contrario. Hay en su carta una mezcla de servilismo y presunción que lo afirma. Estoy impaciente por verle.

—En cuanto a la redacción —dijo Mary—, su carta no parece tener defectos. Eso de la rama de olivo no es muy original, pero, así y todo, se expresa bien.

A Catherine y a Lydia, ni la carta ni su autor les interesaban lo más mínimo. Era prácticamente imposible que su primo se presentase con casaca escarlata, y hacía ya unas cuantas semanas que no sentían agrado por ningún hombre vestido de otro color. En lo que a la madre respecta, la carta del señor Collins había extinguido su rencor, y estaba preparada para recibirle con tal moderación que dejaría perplejos a su marido y a sus hijas.

El señor Collins llegó puntualmente a la hora anunciada y fue acogido con gran cortesía por toda la familia. El señor Bennet habló poco, pero las señoras estaban muy dispuestas a hablar, y el señor Collins no parecía necesitar que le animasen ni ser aficionado al silencio. Era un hombre de veinticinco años de edad, alto, de mirada profunda, con un aire grave y estático y modales ceremoniosos. A poco de haberse sentado, felicitó a la señora Bennet por tener unas hijas tan hermosas; dijo que había oído hablar mucho de su belleza, pero que la fama se había quedado corta en comparación con la realidad; y añadió que no dudaba que a todas las vería casadas a su debido tiempo. La galantería no fue muy del agrado de todas las oyentes; pero la señora Bennet, que no se andaba con cumplidos, contestó en seguida:

—Es usted muy amable y deseo de todo corazón que sea como usted dice, pues de otro modo quedarían las pobres bastante desamparadas, en vista de la extraña manera en que están dispuestas las cosas.

—¿Alude usted, quizá, a la herencia de esta propiedad?

—¡Ah! En efecto, señor. No me negará usted que es una cosa muy penosa para mis hijas. No le culpo; ya sabe que en este mundo estas cosas son sólo cuestión de suerte. Nadie tiene noción de qué va a pasar con las propiedades una vez que tienen que ser heredadas.

—Siento mucho el infortunio de sus lindas hijas; pero voy a ser cauto, no quiero adelantarme y parecer precipitado. Lo que sí puedo asegurar a estas jóvenes, es que he venido dispuesto a admirarlas. De momento, no diré más, pero quizá, cuando nos conozcamos mejor...

Le interrumpieron para invitarle a pasar al comedor; y las muchachas se sonrieron entre sí. No sólo ellas fueron objeto de admiración del señor Collins: examinó y elogió el vestíbulo, el comedor y todo el mobiliario; y las ponderaciones que de todo hacía, habrían llegado al corazón de la señora Bennet, si no fuese porque se mortificaba pensando que Collins veía todo aquello como su futura propiedad. También elogió la cena y suplicó se le dijera a cuál de sus hermosas primas correspondía el mérito de haberla preparado. Pero aquí, la señora Bennet le atajó sin miramiento diciéndole que sus medios le permitían tener una buena cocinera y que sus hijas no tenían nada que hacer en la cocina. El se disculpó por haberla molestado y ella, en tono muy suave, le dijo que no estaba nada ofendida. Pero Collins continuó excusándose casi durante un cuarto de hora.

CAPÍTULO XIV

El señor Bennet apenas habló durante la cena; pero cuando ya se habían retirado los criados, creyó que había llegado el momento oportuno para conversar con su huésped. Comenzó con un tema que creía sería de su agrado, y le dijo que había tenido mucha suerte con su patrona. La atención de lady Catherine de Bourgh a sus deseos y su preocupación por su bienestar eran extraordinarios. El señor Bennet no pudo haber elegido nada mejor. El señor Collins hizo el elogio de lady Catherine con gran elocuencia. El tema elevó la solemnidad usual de sus maneras, y, dándose mucha importancia, afirmó que nunca había visto un comportamiento como el suyo en una persona de su alcurnia ni tal afabilidad y condescendencia. Se había dignado dar su aprobación a los dos sermones que ya había tenido el honor de pronunciar en su presencia; le había invitado a comer dos veces en Rosings, y el mismo sábado anterior mandó a buscarle para que completase su partida de cuatrillo durante la velada. Conocía a muchas personas que tenían a lady Catherine por orgullosa, pero él no había visto nunca en ella más que afabilidad. Siempre le habló como lo haría a cualquier otro caballero; no se oponía a que frecuentase a las personas de la vecindad, ni a que abandonase por una o dos semanas la parroquia a fin de ir a ver a sus parientes. Siempre tuvo a bien recomendarle que se casara cuanto antes con tal de que eligiese con prudencia, y le había ido a visitar a su humilde casa, donde aprobó todos los cambios que él había hecho, llegando hasta sugerirle alguno ella misma, como, por ejemplo, poner algunas repisas en los armarios de las habitaciones de arriba.

—Todo eso está muy bien y es muy cortés por su parte —comentó la señora Bennet—. Debe ser una mujer muy agradable. Es una pena que las grandes damas en general no se parezcan mucho a ella. ¿Vive cerca de usted?

—Rosings Park, residencia de Su Señoría, está sólo separado por un camino de la finca en la que está ubicada mi humilde casa.

—Creo que dijo usted que era viuda. ¿Tiene familia?

—No tiene más que una hija, la heredera de Rosings y de otras propiedades extensísimas.

—¡Ay! —suspiró la señora Bennet moviendo la cabeza—. Está en mejor situación que muchas otras jóvenes. ¿Qué clase de muchacha es? ¿Es guapa?

—Es realmente una joven encantadora. La misma lady Catherine dice que, haciendo honor a la verdad, en cuanto a belleza se refiere, supera con mucho a las más hermosas de su sexo; porque hay en sus facciones ese algo que revela en una mujer su distinguida cuna. Por desgracia es de constitución enfermiza, lo cual le ha impedido progresar en ciertos aspectos de su educación que, a no ser por eso, serían muy notables, según me ha informado la señora que dirigió su enseñanza y que aún vive con ellas.
Pero es muy amable y a menudo tiene la bondad de pasar por mi humilde residencia con su pequeño faetón[L21] y sus jacas.

—¿Ha sido ya presentada en sociedad? No recuerdo haber oído su nombre entre las damas de la corte.

—El mal estado de su salud no le ha permitido, desafortunadamente, ir a la capital, y por ello, como le dije un día a lady Catherine, ha privado a la corte británica de su ornato más radiante. Su Señoría pareció muy halagada con esta apreciación; y ya pueden ustedes comprender que me complazco en dirigirles, siempre que tengo ocasión, estos pequeños y delicados cumplidos que suelen ser gratos a las damas. Más de una vez le he hecho observar a lady Catherine que su encantadora hija parecía haber nacido para duquesa y que el más elevado rango, en vez de darle importancia, quedaría enaltecido por ella. Esta clase de cosillas son las que agradan a Su Señoría y me considero especialmente obligado a tener con ella tales atenciones.

—Juzga usted muy bien —dijo el señor Bennet—, y es una suerte que tenga el talento de saber adular con delicadeza. ¿Puedo preguntarle si esos gratos cumplidos se le ocurren espontáneamente o si son el resultado de un estudio previo?

—Normalmente me salen en el momento, y aunque a veces me entretengo en meditar y preparar estos pequeños y elegantes cumplidos para poder adaptarlos en las ocasiones que se me presenten, siempre procuro darles un tono lo menos estudiado posible.

Las suposiciones del señor Bennet se habían confirmado. Su primo era tan absurdo como él creía. Le escuchaba con intenso placer, conservando, no obstante, la más perfecta compostura; y, a no ser por alguna mirada que le lanzaba de vez en cuando a Elizabeth, no necesitaba que nadie más fuese partícipe de su gozo.

Sin embargo, a la hora del té ya había tenido bastante, y el señor Bennet tuvo el placer de llevar a su huésped de nuevo al salón. Cuando el té hubo terminado, le invitó a que leyese algo en voz alta a las señoras. Collins accedió al punto y trajeron un libro; pero en cuanto lo vio —se notaba en seguida que era de una biblioteca circulante[L22]– – se detuvo, pidió que le perdonaran y dijo que jamás leía novelas. Kitty le miró con extrañeza y a Lydia se le escapó una exclamación. Le trajeron otros volúmenes y tras algunas dudas eligió los sermones de Fordyce[L23]. No hizo más que abrir el libro y ya Lydia empezó a bostezar, y antes de que Collins, con monótona solemnidad, hubiese leído tres páginas, la muchacha le interrumpió diciendo:

—¿Sabes, mamá, que el tío Phillips habla de despedir a Richard? Y si lo hace, lo contratará el coronel Forster. Me lo dijo la tía el sábado. Iré mañana a Meryton para enterarme de más y para preguntar cuándo viene de la ciudad el señor Denny.

Las dos hermanas mayores le rogaron a Lydia que se callase, pero Collins, muy ofendido, dejó el libro y exclamó:

—Con frecuencia he observado lo poco que les interesan a las jóvenes los libros de temas serios, a pesar de que fueron escritos por su bien. Confieso que me asombra, pues no puede haber nada tan ventajoso para ellas como la instrucción. Pero no quiero seguir importunando a mi primita.

Se dirigió al señor Bennet y le propuso una partida de backgammon. El señor Bennet aceptó el desafío y encontró que obraba muy sabiamente al dejar que las muchachas se divirtiesen con sus frivolidades. La señora Bennet y sus hijas se deshicieron en disculpas por la interrupción de Lydia y le prometieron que ya no volvería a suceder si quería seguir leyendo. Pero Collins les aseguró que no estaba enojado con su prima y que nunca podría interpretar lo que había hecho como una ofensa; y, sentándose en otra mesa con el señor Bennet, se dispuso a jugar al backgammon.

CAPÍTULO XV

El señor Collins no era un hombre inteligente, y a las deficiencias de su naturaleza no las había ayudado nada ni su educación ni su vida social. Pasó la mayor parte de su vida bajo la autoridad de un padre inculto y avaro; y aunque fue a la universidad, sólo permaneció en ella los cursos meramente necesarios y no adquirió ningún conocimiento verdaderamente útil. La sujeción con que le había educado su padre, le había dado, en principio, gran humildad a su carácter, pero ahora se veía contrarrestada por una vanidad obtenida gracias a su corta inteligencia, a su vida retirada y a los sentimientos inherentes a una repentina e inesperada prosperidad. Una afortunada casualidad le había colocado bajo el patronato de lady Catherine de Bourgh, cuando quedó vacante la rectoría de Hunsford, y su respeto al alto rango de la señora y la veneración que le inspiraba por ser su patrona, unidos a un gran concepto de sí mismo, a su autoridad de clérigo y a sus derechos de rector, le habían convertido en una mezcla de orgullo y servilismo, de presunción y modestia.

Puesto que ahora ya poseía una buena casa y unos ingresos más que suficientes, Collins estaba pensando en casarse. En su reconciliación con la familia de Longbourn, buscaba la posibilidad de realizar su proyecto, pues tenía pensado escoger a una de las hijas, en el caso de que resultasen tan hermosas y agradables como se decía. Éste era su plan de enmienda, o reparación, por heredar las propiedades del padre, plan que le parecía excelente, ya que era legítimo, muy apropiado, a la par que muy generoso y desinteresado por su parte.

Su plan no varió en nada al verlas. El rostro encantador de Jane le confirmó sus propósitos y corroboró todas sus estrictas nociones sobre la preferencia que debe darse a las hijas mayores; y así, durante la primera velada, se decidió definitivamente por ella. Sin embargo, a la mañana siguiente tuvo que hacer una alteración; pues antes del desayuno, mantuvo una conversación de un cuarto de hora con la señora Bennet. Empezaron hablando de su casa parroquial, lo que le llevó, naturalmente, a confesar sus esperanzas de que pudiera encontrar en Longbourn a la que había de ser señora de la misma. Entre complacientes sonrisas y generales estímulos, la señora Bennet le hizo una advertencia sobre Jane: «En cuanto a las hijas menores, no era ella quien debía argumentarlo; no podía contestar positivamente, aunque no sabía que nadie les hubiese hecho proposiciones; pero en lo referente a Jane, debía prevenirle, aunque, al fin y al cabo, era cosa que sólo a ella le incumbía, de que posiblemente no tardaría en comprometerse.»

Collins sólo tenía que sustituir a Jane por Elizabeth; y, espoleado por la señora Bennet, hizo el cambio rápidamente. Elizabeth, que seguía a Jane en edad y en belleza, fue la nueva candidata.

La señora Bennet se dio por enterada, y confiaba en que pronto tendría dos hijas casadas. El hombre de quien el día antes no quería ni oír hablar, se convirtió de pronto en el objeto de su más alta estimación.

El proyecto de Lydia de ir a Meryton seguía en pie. Todas las hermanas, menos Mary, accedieron a ir con ella. El señor Collins iba a acompañarlas a petición del señor Bennet, que tenía ganas de deshacerse de su pariente y tener la biblioteca sólo para él; pues allí le había seguido el señor Collins después del desayuno y allí continuaría, aparentemente ocupado con uno de los mayores folios de la colección, aunque, en realidad, hablando sin cesar al señor Bennet de su casa y de su jardín de Hunsford. Tales cosas le descomponían enormemente. La biblioteca era para él el sitio donde sabía que podía disfrutar de su tiempo libre con tranquilidad. Estaba dispuesto, como le dijo a Elizabeth, a soportar la estupidez y el engreimiento en cualquier otra habitación de la casa, pero en la biblioteca quería verse libre de todo eso. Así es que empleó toda su cortesía en invitar a Collins a acompañar a sus hijas en su paseo; y Collins, a quien se le daba mucho mejor pasear que leer, vio el cielo abierto. Cerró el libro y se fue.

Y entre pomposas e insulsas frases, por su parte, y corteses asentimientos, por la de sus primas, pasó el tiempo hasta llegar a Meryton. Desde entonces, las hermanas menores ya no le prestaron atención. No tenían ojos más que para buscar oficiales por las calles. Y a no ser un sombrero verdaderamente elegante o una muselina realmente nueva, nada podía distraerlas.

Pero la atención de todas las damiselas fue al instante acaparada por un joven al que no habían visto antes, que tenía aspecto de ser todo un caballero, y que paseaba con un oficial por el lado opuesto de la calle. El oficial era el señor Denny en persona, cuyo regreso de Londres había venido Lydia a averiguar, y que se inclinó para saludarlas al pasar. Todas se quedaron impresionadas con el porte del forastero y se preguntaban quién podría ser. Kitty y Lydia, decididas a indagar, cruzaron la calle con el pretexto de que querían comprar algo en la tienda de enfrente, alcanzando la acera con tanta fortuna que, en ese preciso momento, los dos caballeros, de vuelta, llegaban exactamente al mismo sitio. El señor Denny se dirigió directamente a ellas y les pidió que le permitiesen presentarles a su amigo, el señor Wickham, que había venido de Londres con él el día anterior, y había tenido la bondad de aceptar un destino en el Cuerpo. Esto ya era el colmo, pues pertenecer al regimiento era lo único que le faltaba para completar su encanto. Su aspecto decía mucho en su favor, era guapo y esbelto, de trato muy afable. Hecha la presentación, el señor Wickham inició una conversación con mucha soltura, con la más absoluta corrección y sin pretensiones. Aún estaban todos allí de pie charlando agradablemente, cuando un ruido de caballos atrajo su atención y vieron a Darcy y a Bingley que, en sus cabalgaduras, venían calle abajo. Al distinguir a las jóvenes en el grupo, los dos caballeros fueron hacia ellas y empezaron los saludos de rigor. Bingley habló más que nadie y Jane era el objeto principal de su conversación. En ese momento, dijo, iban de camino a Longbourn para saber cómo se encontraba; Darcy lo corroboró con una inclinación; y estaba procurando no fijar su mirada en Elizabeth, cuando, de repente, se quedaron paralizados al ver al forastero. A Elizabeth, que vio el semblante de ambos al mirarse, le sorprendió mucho el efecto que les había causado el encuentro. Los dos cambiaron de calor, uno se puso pálido y el otro colorado. Después de una pequeña vacilación, Wickham se llevó la mano al sombrero, a cuyo saludo se dignó corresponder Darcy. ¿Qué podría significar aquello? Era imposible imaginarlo, pero era también imposible no sentir una gran curiosidad por saberlo.

Un momento después, Bingley, que pareció no haberse enterado de lo ocurrido, se despidió y siguió adelante con su amigo.

Denny y Wickham continuaron paseando con las muchachas hasta llegar a la puerta de la casa del señor Philips, donde hicieron las correspondientes reverencias y se fueron a pesar de los insistentes ruegos de Lydia para que entrasen y a pesar también de que la señora Philips abrió la ventana del vestíbulo y se asomó para secundar a voces la invitación.

La señora Philips siempre se alegraba de ver a sus sobrinas. Las dos mayores fueron especialmente bien recibidas debido a su reciente ausencia. Les expresó su sorpresa por el rápido regreso a casa, del que nada habría sabido, puesto que no volvieron en su propio coche, a no haberse dado la casualidad de encontrarse con el mancebo del doctor Jones, quien le dijo que ya no tenía que mandar más medicinas a Netherfield porque las señoritas Bennet se habían ido. Entonces Jane le presentó al señor Collins a quien dedicó toda su atención. Le acogió con la más exquisita cortesía, a la que Collins correspondió con más finura aún, disculpándose por haberse presentado en su casa sin que ella hubiese sido advertida previamente, aunque él se sentía orgulloso de que fuese el parentesco con sus sobrinas lo que justificaba dicha intromisión. La señora Philips se quedó totalmente abrumada con tal exceso de buena educación. Pero pronto tuvo que dejar de lado a este forastero, por las exclamaciones y preguntas relativas al otro. La señora Philips no podía decir a sus sobrinas más de lo que ya sabían: que el señor Denny lo había traído de Londres y que se iba a quedar en la guarnición del condado con el grado de teniente. Agregó que lo había estado observando mientras paseaba por la calle; y si el señor Wickham hubiese aparecido entonces, también Kitty y Lydia se habrían acercado a la ventana para contemplarlo, pero por desgracia, en aquellos momentos no pasaban más que unos cuantos oficiales que, comparados con el forastero, resultaban «unos sujetos estúpidos y desagradables». Algunos de estos oficiales iban a cenar al día siguiente con los Philips, y la tía les prometió que le diría a su marido que visitase a Wickham para que lo invitase también a él, si la familia de Longbourn quería venir por la noche. Así lo acordaron, y la señora
Philips les ofreció jugar a la lotería y tomar después una cena caliente. La perspectiva de

semejantes delicias era magnífica, y las chicas se fueron muy contentas. Collins volvió a pedir disculpas al salir, y se le aseguró que no eran necesarias.

De camino a casa, Elizabeth le contó a Jane lo sucedido entre los dos caballeros, y aunque Jane los habría defendido de haber notado algo raro, en este caso, al igual que su hermana, no podía explicarse tal comportamiento.

Collins halagó a la señora Bennet ponderándole los modales y la educación de la señora Philips. Aseguró que aparte de lady Catherine y su hija, nunca había visto una mujer más elegante, pues no sólo le recibió con la más extremada cortesía, sino que, además, le incluyó en la invitación para la próxima velada, a pesar de serle totalmente desconocido. Claro que ya sabía que debía atribuirlo a su parentesco con ellos, pero no obstante, en su vida había sido tratado con tanta amabilidad.

CAPÍTULO XVI

Como no se puso ningún inconveniente al compromiso de las jóvenes con su tía y los reparos del señor Collins por no dejar a los señores Bennet ni una sola velada durante su visita fueron firmemente rechazados, a la hora adecuada el coche partió con él y sus cinco primas hacia Meryton. Al entrar en el salón de los Philips, las chicas tuvieron la satisfacción de enterarse de que Wickham había aceptado la invitación de su tío y de que estaba en la casa.

Después de recibir esta información, y cuando todos habían tomado asiento, Collins pudo observar todo a sus anchas; las dimensiones y el mobiliario de la pieza le causaron tal admiración, que confesó haber creído encontrarse en el comedorcito de verano de Rosings. Esta comparación no despertó ningún entusiasmo al principio; pero cuando la señora Philips oyó de labios de Collins lo que era Rosings y quién era su propietaria, cuando escuchó la descripción de uno de los salones de lady Catherine y supo que sólo la chimenea había costado ochocientas libras[L24], apreció todo el valor de aquel cumplido y casi no le habría molestado que hubiese comparado su salón con la habitación del ama de llaves de los Bourgh.

Collins se entretuvo en contarle a la señora Philips todas las grandezas de lady Catherine y de su mansión, haciendo mención de vez en cuando de su humilde casa y de las mejoras que estaba efectuando en ella, hasta que llegaron los caballeros. Collins encontró en la señora Philips una oyente atenta cuya buena opinión del rector aumentaba por momentos con lo que él le iba explicando, y ya estaba pensando en contárselo todo a sus vecinas cuanto antes. A las muchachas, que no podían soportar a su primo, y que no tenían otra cosa que hacer que desear tener a mano un instrumento de música y examinar las imitaciones de china de la repisa de la chimenea, se les estaba haciendo demasiado larga la espera. Pero por fin aparecieron los caballeros. Cuando Wickham entró en la estancia, Elizabeth notó que ni antes se había fijado en él ni después lo había recordado con la admiración suficiente. Los oficiales de la guarnición del condado gozaban en general de un prestigio extraordinario; eran muy apuestos y los mejores se hallaban ahora en la presente reunión. Pero Wickham, por su gallardía, por su soltura y por su airoso andar era tan superior a ellos, como ellos lo eran al rechoncho tío Philips, que entró el último en el salón apestando a oporto.

El señor Wickham era el hombre afortunado al que se tornaban casi todos los ojos femeninos; y Elizabeth fue la mujer afortunada a cuyo lado decidió él tomar asiento. Wickham inició la conversación de un modo tan agradable, a pesar de que se limitó a decir que la noche era húmeda y que probablemente llovería mucho durante toda la estación, que Elizabeth se dio cuenta de que los tópicos más comunes, más triviales y más manidos, pueden resultar interesantes si se dicen con destreza.

Con unos rivales como Wickham y los demás oficiales en acaparar la atención de las damas, Collins parecía hundirse en su insignificancia. Para las muchachas él no representaba nada. Pero la señora Philips todavía le escuchaba de vez en cuando y se cuidaba de que no le faltase ni café ni pastas.

Cuando se dispusieron las mesas de juego, Collins vio una oportunidad para devolverle sus atenciones, y se sentó a jugar con ella al whist.

—Conozco poco este juego, ahora —le dijo—, pero me gustaría aprenderlo mejor, debido a mi situación en la vida.

La señora Philips le agradeció su condescendencia, pero no pudo entender aquellas razones.

Wickham no jugaba al whist y fue recibido con verdadero entusiasmo en la otra mesa, entre Elizabeth y Lydia. Al principio pareció que había peligro de que Lydia lo absorbiese por completo, porque le gustaba hablar por los codos, pero como también era muy aficionada a la lotería, no tardó en centrar todo su interés en el juego y estaba demasiado ocupada en apostar y lanzar exclamaciones cuando tocaban los premios, para que pudiera distraerse en cualquier otra cosa. Como todo el mundo estaba concentrado en el juego, Wickham podía dedicar el tiempo a hablar con Elizabeth, y ella estaba deseando escucharle, aunque no tenía ninguna esperanza de que le contase lo que a ella más le apetecía saber, la historia de su relación con Darcy. Ni siquiera se atrevió a mencionar su nombre. Sin embargo, su curiosidad quedó satisfecha de un modo inesperado. Fue el mismo señor Wickham el que empezó el tema. Preguntó qué distancia había de Meryton a Netherfield, y después de oír la respuesta de Elizabeth y de unos segundos de titubeo, quiso saber también cuánto tiempo hacía que estaba allí el señor Darcy.

—Un mes aproximadamente —contestó Elizabeth.

Y con ansia de que no acabase ahí el tema, añadió:

—Creo que ese señor posee grandes propiedades en Derbyshire.

—Sí —repuso Wickham—, su hacienda es importante, le proporciona diez mil libras anuales. Nadie mejor que yo podría darle a usted informes auténticos acerca del señor Darcy, pues he estado particularmente relacionado con su familia desde mi infancia.

Elizabeth no pudo evitar demostrar su sorpresa.

—Le extrañará lo que digo, señorita Bennet, después de haber visto, como vio usted probablemente, la frialdad de nuestro encuentro de ayer. ¿Conoce usted mucho al señor Darcy?

—Más de lo que desearía —contestó Elizabeth afectuosamente—. He pasado cuatro días en la misma casa que él y me parece muy antipático.

—Yo no tengo derecho a decir si es o no es antipático —continuó el señor Wickham—. No soy el más indicado para ello. Le he conocido durante demasiado tiempo y demasiado bien para ser un juez justo. Me sería imposible ser imparcial. Pero creo que la opinión que tiene de él sorprendería a cualquiera y puede que no la expresaría tan categóricamente en ninguna otra parte. Aquí está usted entre los suyos.

—Le doy mi palabra de que lo que digo aquí lo diría en cualquier otra casa de la vecindad, menos en Netherfield. Darcy ha disgustado a todo el mundo con su orgullo. No encontrará a nadie que hable mejor de él.

—No puedo fingir que lo siento —dijo Wickham después de una breve pausa—. No siento que él ni nadie sean estimados sólo por sus méritos, pero con Darcy no suele suceder así. La gente se ciega con su fortuna y con su importancia o le temen por sus distinguidos y soberbios modales, y le ven sólo como a él se le antoja que le vean.

—Pues yo, a pesar de lo poco que le conozco, le tengo por una mala persona.

Wickham se limitó a mover la cabeza. Luego agregó: —Me pregunto si pensará quedarse en este condado mucho tiempo.

—No tengo ni idea; pero no oí nada de que se marchase mientras estuvo en Netherfield. Espero que la presencia de Darcy no alterará sus planes de permanecer en la guarnición del condado.

—Claro que no. No seré el que me vaya por culpa del señor Darcy, y siempre me entristece verle, pero no tengo más que una razón para esquivarle y puedo proclamarla delante de todo el mundo: un doloroso pesar por su mal trato y por ser como es. Su padre, señorita Bennet, el último señor Darcy, fue el mejor de los hombres y mi mejor amigo; no puedo hablar con Darcy sin que se me parta el alma con mil tiernos recuerdos. Su conducta conmigo ha sido indecorosa; pero confieso sinceramente que se lo perdonaría todo menos que haya frustrado las esperanzas de su padre y haya deshonrado su memoria.

Elizabeth encontraba que el interés iba en aumento y escuchaba con sus cinco sentidos, pero la índole delicada del asunto le impidió hacer más preguntas.

Wickham empezó a hablar de temas más generales: Meryton, la vecindad, la sociedad; y parecía sumamente complicado con lo que ya conocía, hablando especialmente de lo último con gentil pero comprensible galantería.

—El principal incentivo de mi ingreso en la guarnición del condado —continuó Wickham— fue la esperanza de estar en constante contacto con la sociedad, y gente de la buena sociedad. Sabía que era un Cuerpo muy respetado y agradable, y mi amigo Denny me tentó, además, describiéndome su actual residencia y las grandes atenciones y excelentes amistades que ha encontrado en Meryton. Confieso que me hace falta un poco de vida social. Soy un hombre decepcionado y mi estado de ánimo no soportaría la soledad. Necesito ocupación y compañía. No era mi intención incorporarme a la vida militar, pero las circunstancias actuales me hicieron elegirla. La Iglesia debió haber sido mi profesión; para ella me educaron y hoy estaría en posesión de un valioso rectorado si no hubiese sido por el caballero de quien estaba hablando hace un momento.

—¿De veras?

—Sí; el último señor Darcy dejó dispuesto que se me presentase para ocupar el mejor beneficio eclesiástico de sus dominios. Era mi padrino y me quería entrañablemente. Nunca podré hacer justicia a su bondad. Quería dejarme bien situado, y creyó haberlo hecho; pero cuando el puesto quedó vacante, fue concedido a otro.

—¡Dios mío! —exclamó Elizabeth—. ¿Pero cómo pudo ser eso? ¿Cómo pudieron contradecir su testamento? ¿Por qué no recurrió usted a la justicia?

—Había tanta informalidad en los términos del legado, que la ley no me hubiese dado ninguna esperanza. Un hombre de honor no habría puesto en duda la intención de dichos términos; pero Darcy prefirió dudarlo o tomarlo como una recomendación meramente condicional y afirmó que yo había perdido todos mis derechos por mi extravagancia e imprudencia; total que o por uno o por otro, lo cierto es que la rectoría quedó vacante hace dos años, justo cuando yo ya tenía edad para ocuparla, y se la dieron a otro; y no es menos cierto que yo no puedo culparme de haber hecho nada para merecer perderla. Tengo un temperamento ardiente, soy indiscreto y acaso haya manifestado mi opinión sobre Darcy algunas veces, y hasta a él mismo, con excesiva franqueza. No recuerdo ninguna otra cosa de la que se me pueda acusar. Pero el hecho es que somos muy diferentes y que él me odia.

—¡Es vergonzoso! Merece ser desacreditado en público.

—Un día u otro le llegará la hora, pero no seré yo quien lo desacredite. Mientras no pueda olvidar a su padre, nunca podré desafiarle ni desenmascararlo.

Elizabeth le honró por tales sentimientos y le pareció más atractivo que nunca mientras los expresaba.

—Pero —continuó después de una pausa—, ¿cuál puede ser el motivo? ¿Qué puede haberle inducido a obrar con esa crueldad?

—Una profunda y enérgica antipatía hacia mí que no puedo atribuir hasta cierto punto más que a los celos. Si el último señor Darcy no me hubiese querido tanto, su hijo me habría soportado mejor. Pero el extraordinario afecto que su padre sentía por mí le irritaba, según creo, desde su más tierna infancia. No tenía carácter para resistir aquella especie de rivalidad en que nos hallábamos, ni la preferencia que a menudo me otorgaba su padre.

—Recuerdo que un día, en Netherfield, se jactaba de lo implacable de sus sentimientos y de tener un carácter que no perdona. Su modo de ser es espantoso.

—No debo hablar de este tema repuso Wickham—; me resulta difícil ser justo con él.

Elizabeth reflexionó de nuevo y al cabo de unos momentos exclamó:

—¡Tratar de esa manera al ahijado, al amigo, al favorito de su padre!

Podía haber añadido: «A un joven, además, como usted, que sólo su rostro ofrece sobradas garantías de su bondad.» Pero se limitó a decir:

—A un hombre que fue seguramente el compañero de su niñez y con el que, según creo que usted ha dicho, le unían estrechos lazos.

—Nacimos en la misma parroquia, dentro de la misma finca; la mayor parte de nuestra juventud la pasamos juntos, viviendo en la misma casa, compartiendo juegos y siendo objeto de los mismos cuidados paternales. Mi padre empezó con la profesión en la que parece que su tío, el señor Philips, ha alcanzado tanto prestigio; pero lo dejó todo para servir al señor Darcy y consagró todo su tiempo a administrar la propiedad de Pemberley. El señor Darcy lo estimaba mucho y era su hombre de confianza y su más íntimo amigo. El propio señor Darcy reconocía a menudo que le debía mucho a la activa superintendencia de mi padre, y cuando, poco antes de que muriese, el señor Darcy le prometió espontáneamente encargarse de mí, estoy convencido de que lo hizo por pagarle a mi padre una deuda de gratitud a la vez que por el cariño que me tenía.

—¡Qué extraño! —exclamó Elizabeth—. ¡Qué abominable! Me asombra que el propio orgullo del señor Darcy no le haya obligado a ser justo con usted. Porque, aunque sólo fuese por ese motivo, es demasiado orgulloso para no ser honrado; y falta de honradez es como debo llamar a lo que ha hecho con usted.

Es curioso —contestó Wickham—, porque casi todas sus acciones han sido guiadas por el orgullo, que ha sido a menudo su mejor consejero. Para él, está más unido a la virtud que ningún otro sentimiento. Pero ninguno de los dos somos consecuentes; y en su comportamiento hacia mí, había impulsos incluso más fuertes que el orgullo.

—¿Es posible que un orgullo tan detestable como el suyo le haya inducido alguna vez a hacer algún bien? —Sí; le ha llevado con frecuencia a ser liberal y generoso, a dar su dinero a manos llenas, a ser hospitalario, a ayudar a sus colonos y a socorrer a los pobres. El orgullo de familia, su orgullo de hijo, porque está muy orgulloso de lo que era su padre, le ha hecho actuar de este modo. El deseo de demostrar que no desmerecía de los suyos, que no era menos querido que ellos y que no echaba a perder la influencia de la casa de Pemberley, fue para él un poderoso motivo. Tiene también un orgullo de hermano que, unido a algo de afecto fraternal, le ha convertido en un amabilísimo y solícito custodio de la señorita Darcy, y oirá decir muchas veces que es considerado como el más atento y mejor de los hermanos.

—¿Qué clase de muchacha es la señorita Darcy?

Wickham hizo un gesto con la cabeza.

—Quisiera poder decir que es encantadora. Me da pena hablar mal de un Darcy. Pero ahora se parece demasiado a su hermano, es muy orgullosa. De niña, era muy cariñosa y complaciente y me tenía un gran afecto. ¡Las horas que he pasado entreteniéndola! Pero ahora me es indiferente. Es una hermosa muchacha de quince o dieciséis años, creo que muy bien educada. Desde la muerte de su padre vive en Londres con una institutriz.

Después de muchas pausas y muchas tentativas de hablar de otros temas, Elizabeth no pudo evitar volver a lo primero, y dijo:

—Lo que me asombra es su amistad con el señor Bingley. ¡Cómo puede el señor Bingley, que es el buen humor personificado, y es, estoy convencida, verdaderamente amable, tener algo que ver con un hombre como el señor Darcy? ¿Cómo podrán llevarse bien? ¿Conoce usted al señor Bingley?

—No, no lo conozco.

—Es un hombre encantador, amable, de carácter dulce. No debe saber cómo es en realidad el señor Darcy.

—Probablemente no; pero el señor Darcy sabe cómo agradar cuando le apetece. No necesita esforzarse. Puede ser una compañía de amena conversación si cree que le merece la pena. Entre la gente de su posición es muy distinto de como es con los inferiores. El orgullo no le abandona nunca, pero con los ricos adopta una mentalidad liberal, es justo, sincero, razonable, honrado y hasta quizá agradable, debido en parte a su fortuna y a su buena presencia.

Poco después terminó la partida de whist y los jugadores se congregaron alrededor de la otra mesa. Collins se situó entre su prima Elizabeth y la señora Philips. Esta última le hizo las preguntas de rigor sobre el resultado de la partida. No fue gran cosa; había perdido todos los puntos. Pero cuando la señora Philips le empezó a decir cuánto lo sentía, Collins le aseguró con la mayor gravedad que no tenía ninguna importancia y que para él el dinero era lo de menos, rogándole que no se inquietase por ello.

—Sé muy bien, señora —le dijo—, que cuando uno se sienta a una mesa de juego ha de someterse al azar, y afortunadamente no estoy en circunstancias de tener que preocuparme por cinco chelines. Indudablemente habrá muchos que no puedan decir lo mismo, pero gracias a lady Catherine de Bourgh estoy lejos de tener que dar importancia a tales pequeñeces.

A Wickham le llamó la atención, y después de observar a Collins durante unos minutos le preguntó en voz baja a Elizabeth si su pariente era amigo de la familia de Bourgh.

Lady Catherine de Bourgh le ha dado hace poco una rectoría —contestó—. No sé muy bien quién los presentó, pero no hace mucho tiempo que la conoce. —Supongo que sabe que lady Catherine de Bourgh y lady Anne Darcy eran hermanas, y que, por consiguiente, lady Catherine es tía del actual señor Darcy. —No, ni idea; no sabía nada de la familia de lady Catherine. No tenía noción de su existencia hasta hace dos días.

—Su hija, la señorita de Bourgh, heredará una enorme fortuna, y se dice que ella y su primo unirán las dos haciendas.

Esta noticia hizo sonreír a Elizabeth al pensar en la pobre señorita Bingley. En vano eran, pues, todas sus atenciones, en vano e inútil todo su afecto por la hermana de Darcy y todos los elogios que de él hacía si ya estaba destinado a otra.

—El señor Collins —dijo Elizabeth— habla muy bien de lady Catherine y de su hija; pero por algunos detalles que ha contado de Su Señoría, sospecho que la gratitud le ciega y que, a pesar de ser su protectora, es una mujer arrogante y vanidosa.

—Creo que es ambas cosas, y en alto grado —respondió Wickham—. Hace muchos años que no la veo, pero recuerdo que nunca me gustó y que sus modales eran autoritarios e insolentes. Tiene fama de ser juiciosa e inteligente; pero me da la sensación de que parte de sus cualidades se derivan de su rango y su fortuna; otra parte, de su despotismo, y el resto, del orgullo de su sobrino que cree que todo el que esté relacionado con él tiene que poseer una inteligencia superior.

Elizabeth reconoció que la había retratado muy bien, y siguieron charlando juntos hasta que la cena puso fin al juego y permitió a las otras señoras participar de las atenciones de Wickham. No se podía entablar una conversación, por el ruido que armaban los comensales del señor Philips; pero sus modales encantaron a todo el mundo. Todo lo que decía estaba bien dicho y todo lo que hacía estaba bien hecho.

Elizabeth se fue prendada de él. De vuelta a casa no podía pensar más que en el señor Wickham y en todo lo que le había dicho; pero durante todo el camino no le dieron oportunidad ni de mencionar su nombre, ya que ni Lydia ni el señor Collins se callaron un segundo. Lydia no paraba de hablar de la lotería, de lo que había perdido, de lo que había ganado; y Collins, con elogiar la hospitalidad de los Philips, asegurar que no le habían importado nada sus pérdidas en el zvhist, enumerar todos los platos de la cena y repetir constantemente que temía que por su culpa sus primas fuesen apretadas, tuvo más que decir de lo que habría podido antes de que el carruaje parase delante de la casa de Longbourn.

CAPÍTULO XVII

Al día siguiente Elizabeth le contó a Jane todo lo que habían hablado Wickham y ella. Jane escuchó con asombro e interés. No podía creer que Darcy fuese tan indigno de la estimación de Bingley; y, no obstante, no se atrevía a dudar de la veracidad de un hombre de apariencia tan afable como Wickham. La mera posibilidad de que hubiese sufrido semejante crueldad era suficiente para avivar sus más tiernos sentimientos; de modo que no tenía más remedio que no pensar mal ni del uno ni del otro, defender la conducta de ambos y atribuir a la casualidad o al error lo que de otro modo no podía explicarse.

—Tengo la impresión —decía— de que ambos han sido defraudados, son personas, de algún modo decepcionadas por algo que nosotras no podemos adivinar. Quizá haya sido gente interesada en tergiversar las cosas la que los enfrentó. En fin, no podemos conjeturar las causas o las circunstancias que los han separado sin que ni uno ni otro sean culpables.

—Tienes mucha razón; y dime, mi querida Jane: ¿Qué tienes que decir en favor de esa gente interesada que probablemente tuvo que ver en el asunto? Defiéndelos también, si no nos veremos obligadas a hablar mal de alguien.

—Ríete de mí todo lo que quieras, pero no me harás cambiar de opinión. Querida Lizzy, ten en cuenta en qué lugar tan deshonroso sitúa al señor Darcy; tratar así al favorito de su padre, a alguien al que él había prometido darle un porvenir. Es imposible. Nadie medianamente bueno, que aprecie algo el valor de su conducta, es capaz de hacerlo. ¿Es posible que sus amigos más íntimos estén tan engañados respecto a él? ¡Oh, no!

—Creo que es más fácil que la amistad del señor Bingley sea impuesta que el señor Wickham haya inventado semejante historia con nombres, hechos, y que la cuente con tanta naturalidad. Y si no es así, que sea el señor Darcy el que lo niegue. Además, había sinceridad en sus ojos.

—Es realmente difícil, es lamentable. Uno no sabe qué pensar.

—Perdona; uno sabe exactamente qué pensar.

Las dos jóvenes charlaban en el jardín cuando fueron a avisarles de la llegada de algunas de las personas de las que estaban justamente hablando. El señor Bingley y sus hermanas venían para invitarlos personalmente al tan esperado baile de Netherfield que había sido fijado para el martes siguiente. Las Bingley se alegraron mucho de ver a su querida amiga, les parecía que había pasado un siglo desde que habían estado juntas y continuamente le preguntaban qué había sido de ella desde su separación. Al resto de la familia les prestaron poca atención, a la señora Bennet la evitaron todo lo que les fue posible, con Elizabeth hablaron muy poco y a las demás ni siquiera les dirigieron la palabra. Se fueron en seguida, levantándose de sus asientos con una rapidez que dejó pasmado a su hermano, salieron con tanta prisa que parecían estar impacientes por escapar de las atenciones de la señora Bennet.

La perspectiva del baile de Netherfield resultaba extraordinariamente apetecible a todos los miembros femeninos de la familia. La señora Bennet lo tomó como un cumplido dedicado a su hija mayor y se sentía particularmente halagada por haber recibido la invitación del señor Bingley en persona y no a través de una ceremoniosa tarjeta. Jane se imaginaba una feliz velada en compañía de sus dos amigas y con las atenciones del hermano, y Elizabeth pensaba con deleite en bailar todo el tiempo con el señor Wickham y en ver confirmada toda la historia en las miradas y el comportamiento del señor Darcy. La felicidad que Catherine y Lydia anticipaban dependía menos de un simple hecho o de una persona en particular, porque, aunque las dos, como Elizabeth, pensaban bailar la mitad de la noche con Wickham, no era ni mucho menos la única pareja que podía satisfacerlas, y, al fin y al cabo, un baile era un baile. Incluso Mary llegó a asegurar a su familia que tampoco a ella le disgustaba la idea de ir.

—Mientras pueda tener las mañanas para mí —dijo—, me basta. No me supone ningún sacrificio aceptar ocasionalmente compromisos para la noche. Todos nos debemos a la sociedad, y confieso que soy de los que consideran que los intervalos de recreo y esparcimiento son recomendables para todo el mundo.

Elizabeth estaba tan animada por la ocasión, que a pesar de que no solía hablarle a Collins más que cuando era necesario, no pudo evitar preguntarle si tenía intención de aceptar la invitación del señor Bingley y si así lo hacía, si le parecía procedente asistir a fiestas nocturnas. Elizabeth se quedó sorprendida cuando le contestó que no tenía ningún reparo al respecto, y que no temía que el arzobispo ni lady Catherine de Bourgh le censurasen por aventurarse al baile.

—Le aseguro que en absoluto creo —dijo— que un baile como éste, organizado por hombre de categoría para gente respetable, pueda tener algo de malo. No tengo ningún inconveniente en bailar y espero tener el honor de hacerlo con todas mis bellas primas. Aprovecho ahora esta oportunidad para pedirle, precisamente a usted, señorita Elizabeth, los dos primeros bailes, preferencia que confío que mi prima Jane sepa atribuir a la causa debida, y no a un desprecio hacia ella.

Elizabeth se quedó totalmente desilusionada. ¡Ella que se había propuesto dedicar esos dos bailes tan especiales al señor Wickham! ¡Y ahora tenía que bailarlos con el señor Collins! Había elegido mal momento para ponerse tan contenta. En fin, ¿qué podía hacer? No le quedaba más remedio que dejar su dicha y la de Wickham para un poco más tarde y aceptar la propuesta de Collins con el mejor ánimo posible. No le hizo ninguna gracia su galantería porque detrás de ella se escondía algo más. Por primera vez se le ocurrió pensar que era ella la elegida entre todas las hermanas para ser la señora de la casa parroquial de Hunsford y para asistir a las partidas de cuatrillo de Rosings en ausencia de visitantes más selectos. Esta idea no tardó en convertirse en convicción cuando observó las crecientes atenciones de Collins para con ella y oyó sus frecuentes tentativas de elogiar su ingenio y vivacidad. Aunque a ella, el efecto que causaban sus encantos en este caso, más que complacerla la dejaba atónita, su madre pronto le dio a entender que la posibilidad de aquel matrimonio le agradaba en exceso. Sin embargo, Elizabeth prefirió no darse por aludida, porque estaba segura de que cualquier réplica tendría como consecuencia una seria discusión. Probablemente el señor Collins nunca le haría semejante proposición, y hasta que lo hiciese era una pérdida de tiempo discutir por él.

Si no hubiesen tenido que hacer los preparativos para el baile de Netherfield, las Bennet menores habrían llegado a un estado digno de compasión, ya que desde el día de la invitación hasta el del baile la lluvia no cesó un momento, impidiéndoles ir ni una sola vez a Meryton. Ni tía, ni oficiales, ni chismes que contar. Incluso los centros de rosas para el baile de Netherfield tuvieron que hacerse por encargo. La misma Elizabeth vio su paciencia puesta a prueba con aquel mal tiempo que suspendió totalmente los progresos de su amistad con Wickham. Sólo el baile del martes pudo hacer soportable a Catherine y a Lydia un viernes, sábado, domingo y lunes como aquellos.

CAPÍTULO XVIII

Hasta que Elizabeth entró en el salón de Netherfield y buscó en vano entre el grupo de casacas rojas allí reunidas a Wickham, no se le ocurrió pensar que podía no hallarse entre los invitados. La certeza de encontrarlo le había hecho olvidarse de lo que con razón la habría alarmado. Se había acicalado con más esmero que de costumbre y estaba preparada con el espíritu muy alto para conquistar todo lo que permaneciese indómito en su corazón, confiando que era el mejor galardón que podría conseguir en el curso de la velada. Pero en un instante le sobrevino la horrible sospecha de que Wickham podía haber sido omitido de la lista de oficiales invitados de Bingley para complacer a Darcy. Ése no era exactamente el caso. Su ausencia fue definitivamente confirmada por el señor Denny, a quien Lydia se dirigió ansiosamente, y quien les contó que el señor Wickham se había visto obligado a ir a la capital para resolver unos asuntos el día antes y no había regresado todavía. Y con una sonrisa significativa añadió:

—No creo que esos asuntos le hubiesen retenido precisamente hoy, si no hubiese querido evitar encontrarse aquí con cierto caballero.

Lydia no oyó estas palabras, pero Elizabeth sí; aunque su primera sospecha no había sido cierta, Darcy era igualmente responsable de la ausencia de Wickham, su antipatía hacia el primero se exasperó de tal modo que apenas pudo contestar con cortesía a las amables preguntas que Darcy le hizo al acercarse a ella poco después. Cualquier atención o tolerancia hacia Darcy significaba una injuria para Wickham. Decidió no tener ninguna conversación con Darcy y se puso de un humor que ni siquiera pudo disimular al hablar con Bingley, pues su ciega parcialidad la irritaba.

Pero el mal humor no estaba hecho para Elizabeth, y a pesar de que estropearon todos sus planes para la noche, se le pasó pronto. Después de contarle sus penas a Charlotte Lucas, a quien hacía una semana que no veía, pronto se encontró con ánimo para transigir con todas las rarezas de su primo y se dirigió a él. Sin embargo, los dos primeros bailes le devolvieron la angustia, fueron como una penitencia. El señor Collins, torpe y solemne, disculpándose en vez de atender al compás, y perdiendo el paso sin darse cuenta, le daba toda la pena y la vergüenza que una pareja desagradable puede dar en un par de bailes. Librarse de él fue como alcanzar el éxtasis.

Después tuvo el alivio de bailar con un oficial con el que pudo hablar del señor Wickham, enterándose de que todo el mundo le apreciaba. Al terminar este baile, volvió con Charlotte Lucas, y estaban charlando, cuando de repente se dio cuenta de que el señor Darcy se había acercado a ella y le estaba pidiendo el próximo baile, la cogió tan de sorpresa que, sin saber qué hacía, aceptó. Darcy se fue acto seguido y ella, que se había puesto muy nerviosa, se quedó allí deseando recuperar la calma. Charlotte trató de consolarla.

—A lo mejor lo encuentras encantador.

—¡No lo quiera Dios! Ésa sería la mayor de todas las desgracias. ¡Encontrar encantador a un hombre que debe ser odiado! No me desees tanto mal.

Cuando se reanudó el baile, Darcy se le acercó para tomarla de la mano, y Charlotte no pudo evitar advertirle al oído que no fuera una tonta y que no dejase que su capricho por Wickham le hiciese parecer antipática a los ojos de un hombre que valía diez veces más que él. Elizabeth no contestó. Ocupó su lugar en la pista, asombrada por la dignidad que le otorgaba el hallarse frente a frente con Darcy, leyendo en los ojos de todos sus vecinos el mismo asombro al contemplar el acontecimiento. Estuvieron un rato sin decir palabra; Elizabeth empezó a pensar que el silencio iba a durar hasta el final de los dos bailes. Al principio estaba decidida a no romperlo, cuando de pronto pensó que el peor castigo para su pareja sería obligarle a hablar, e hizo una pequeña observación sobre el baile. Darcy contestó y volvió a quedarse callado. Después de una pausa de unos minutos, Elizabeth tomó la palabra por segunda vez y le dijo:

—Ahora le toca a usted decir algo, señor Darcy. Yo ya he hablado del baile, y usted debería hacer algún comentario sobre las dimensiones del salón y sobre el número de parejas.

Él sonrió y le aseguró que diría todo lo que ella desease escuchar.

—Muy bien. No está mal esa respuesta de momento. Quizá poco a poco me convenza de que los bailes privados son más agradables que los públicos; pero ahora podemos permanecer callados.

—¿Acostumbra usted a hablar mientras baila?

—Algunas veces. Es preciso hablar un poco, ¿no cree? Sería extraño estar juntos durante media hora sin decir ni una palabra. Pero en atención de algunos, hay que llevar la conversación de modo que no se vean obligados a tener que decir más de lo preciso.

—¿Se refiere a usted misma o lo dice por mí?

—Por los dos —replicó Elizabeth con coquetería—, pues he encontrado un gran parecido en nuestra forma de ser. Los dos somos insociables, taciturnos y enemigos de hablar, a menos que esperemos decir algo que deslumbre a todos los presentes y pase a la posteridad con todo el brillo de un proverbio.

—Estoy seguro de que usted no es así. En cuanto a mí, no sabría decirlo. Usted, sin duda, cree que me ha hecho un fiel retrato.

—No puedo juzgar mi propia obra.

Él no contestó, y parecía que ya no abrirían la boca hasta finalizar el baile, cuando él le preguntó si ella y sus hermanas iban a menudo a Meryton. Elizabeth contestó afirmativamente e, incapaz de resistir la tentación, añadió:

—Cuando nos encontró usted el otro día, acabábamos precisamente de conocer a un nuevo amigo. El efecto fue inmediato. Una intensa sombra de arrogancia oscureció el semblante de Darcy. Pero no dijo una palabra; Elizabeth, aunque reprochándose a sí misma su debilidad, prefirió no continuar. Al fin, Darcy habló y de forma obligada dijo:

—El señor Wickham está dotado de tan gratos modales que ciertamente puede hacer amigos con facilidad. Lo que es menos cierto, es que sea igualmente capaz de conservarlos.

—Él ha tenido la desgracia de perder su amistad —dijo Elizabeth enfáticamente—, de tal forma que sufrirá por ello toda su vida.

Darcy no contestó y se notó que estaba deseoso de cambiar de tema. En ese momento sir William Lucas pasaba cerca de ellos al atravesar la pista de baile con la intención de ir al otro extremo del salón y al ver al señor Darcy, se detuvo y le hizo una reverencia con toda cortesía para felicitarle por su modo de bailar y por su pareja.

—Estoy sumamente complacido, mi estimado señor tan excelente modo de bailar no se ve con frecuencia. Es evidente que pertenece usted a los ambientes más distinguidos. Permítame decirle, sin embargo, que su bella pareja en nada desmerece de usted, y que espero volver a gozar de este placer, especialmente cuando cierto acontecimiento muy deseado, querida Elizabeth (mirando a Jane y a Bingley), tenga lugar. ¡Cuántas felicitaciones habrá entonces! Apelo al señor Darcy. Pero no quiero interrumpirle, señor. Me agradecerá que no le prive más de la cautivadora conversación de esta señorita cuyos hermosos ojos me están también recriminando.

Darcy apenas escuchó esta última parte de su discurso, pero la alusión a su amigo pareció impresionarle mucho, y con una grave expresión dirigió la mirada hacia Bingley y Jane que bailaban juntos. No obstante, se sobrepuso en breve y, volviéndose hacia Elizabeth, dijo:

—La interrupción de sir William me ha hecho olvidar de qué estábamos hablando.

—Creo que no estábamos hablando. Sir William no podría haber interrumpido a otra pareja en todo el salón que tuviesen menos que decirse el uno al otro. Ya hemos probado con dos o tres temas sin éxito. No tengo ni idea de qué podemos hablar ahora.

—¿Qué piensa de los libros? —le preguntó él sonriendo.

—¡Los libros! ¡Oh, no! Estoy segura de que no leemos nunca los mismos o, por lo menos, no sacamos las mismas impresiones.

—Lamento que piense eso;, pero si así fuera, de cualquier modo, no nos faltaría tema. Podemos comprobar nuestras diversas opiniones.

—No, no puedo hablar de libros en un salón de baile. Tengo la cabeza ocupada con otras cosas.

—En estos lugares no piensa nada más que en el presente, ¿verdad? —dijo él con una mirada de duda.

—Sí, siempre —contestó ella sin saber lo que decía, pues se le había ido el pensamiento a otra parte, según demostró al exclamar repentinamente—: Recuerdo haberle oído decir en una ocasión que usted raramente perdonaba; que cuando había concebido un resentimiento, le era imposible aplacarlo. Supongo, por lo tanto, que será muy cauto en concebir resentimientos...

—Efectivamente —contestó Darcy con voz firme. —¿Y no se deja cegar alguna vez por los prejuicios? —Espero que no.

—Los que no cambian nunca de opinión deben cerciorarse bien antes de juzgar.

—¿Puedo preguntarle cuál es la intención de estas preguntas?

—Conocer su carácter, sencillamente —dijo Elizabeth, tratando de encubrir su seriedad—. Estoy intentando descifrarlo.

—¿Y a qué conclusiones ha llegado?

—A ninguna —dijo meneando la cabeza—. He oído cosas tan diferentes de usted, que no consigo aclararme.

—Reconozco —contestó él con gravedad— que las opiniones acerca de mí pueden ser muy diversas; y desearía, señorita Bennet, que no esbozase mi carácter en este momento, porque tengo razones para temer que el resultado no reflejaría la verdad.

—Pero si no lo hago ahora, puede que no tenga otra oportunidad.

—De ningún modo desearía impedir cualquier satisfacción suya —repuso él fríamente.

Elizabeth no habló más, y terminado el baile, se separaron en silencio, los dos insatisfechos, aunque en distinto grado, pues en el corazón de Darcy había un poderoso sentimiento de tolerancia hacia ella, lo que hizo que pronto la perdonara y concentrase toda su ira contra otro.

No hacía mucho que se habían separado, cuando la señorita Bingley se acercó a Elizabeth y con una expresión de amabilidad y desdén a la vez, le dijo:

—Así que, señorita Eliza, está usted encantada con el señor Wickham. Me he enterado por su hermana que me ha hablado de él y me ha hecho mil preguntas. Me parece que ese joven se olvidó de contarle, entre muchas otras cosas, que es el hijo del viejo Wickham, el último administrador del señor Darcy. Déjeme que le aconseje, como amiga, que no se fíe demasiado de todo lo que le cuente, porque eso de que el señor Darcy le trató mal es completamente falso; por el contrario, siempre ha sido extraordinariamente amable con él, aunque George Wickham se ha portado con el señor Darcy de la manera más infame. No conozco los pormenores, pero sé muy bien que el señor Darcy no es de ningún modo el culpable, que no puede soportar ni oír el nombre de George Wickham y que, aunque mi hermano consideró que no podía evitar incluirlo en la lista de oficiales invitados, se alegró enormemente de ver que él mismo se había apartado de su camino. El mero hecho de que haya venido aquí al campo es una verdadera insolencia, y no logro entender cómo se ha atrevido a hacerlo. La compadezco, señorita Eliza, por este descubrimiento de la culpabilidad de su favorito; pero en realidad, teniendo en cuenta su origen, no se podía esperar nada mejor.

—Su culpabilidad y su origen parece que son para usted una misma cosa —le dijo Elizabeth encolerizada—; porque de lo peor que le he oído acusarle es de ser hijo del administrador del señor Darcy, y de eso, puedo asegurárselo, ya me había informado él.

—Le ruego que me disculpe —replicó la señorita Bingley, dándose la vuelta con desprecio—. Perdone mi entrometimiento; fue con la mejor intención.

«¡Insolente! —dijo Elizabeth para sí—. Estás muy equivocada si piensas que influirás en mí con tan mezquino ataque. No veo en él más que tu terca ignorancia y la malicia de Darcy.»

Entonces miró a su hermana mayor que se había arriesgado a interrogar a Bingley sobre el mismo asunto. Jane le devolvió la mirada con una sonrisa tan dulce, con una expresión de felicidad y de tanta satisfacción que indicaban claramente que estaba muy contenta de lo ocurrido durante la velada. Elizabeth leyó al instante sus sentimientos; y en un momento toda la solicitud hacia Wickham, su odio contra los enemigos de éste, y todo lo demás desaparecieron ante la esperanza de que Jane se hallase en el mejor camino hacia su felicidad.

—Quiero saber —dijo Elizabeth tan sonriente como su hermana— lo que has oído decir del señor Wickham. Pero quizá has estado demasiado ocupada con cosas más agradables para pensar en una tercera persona... Si así ha sido, puedes estar segura de que te perdono.

—No —contestó Jane—, no me he olvidado de él, pero no tengo nada grato que contarle. El señor Bingley no conoce toda la historia e ignora las circunstancias que tanto ha ofendido al señor Darcy, pero responde de la buena conducta, de la integridad y de la honradez de su amigo, y está firmemente convencido de que el señor Wickham ha recibido más atenciones del señor Darcy de las que ha merecido; y siento decir que, según el señor Bingley y su hermana, el señor Wickham dista mucho de ser un joven respetable. Me temo que haya sido imprudente y que tenga bien merecido el haber perdido la consideración del señor Darcy.

—¿El señor Bingley no conoce personalmente al señor Wickham?

—No, no lo había visto nunca antes del otro día en Meryton.

—De modo que lo que sabe es lo que el señor Darcy le ha contado. Estoy satisfecha. ¿Y qué dice de la rectoría?

—No recuerda exactamente cómo fue, aunque se lo ha oído contar a su amigo más de una vez; pero cree que le fue legada sólo condicionalmente.

—No pongo en duda la sinceridad del señor Bingley —dijo Elizabeth acaloradamente—, pero perdona que no me convenzan sus afirmaciones. Hace muy bien en defender a su amigo; pero como desconoce algunas partes de la historia y lo único que sabe se lo ha dicho él, seguiré pensando de los dos caballeros lo mismo que pensaba antes.

Dicho esto, ambas hermanas iniciaron otra conversación mucho más grata para las dos. Elizabeth oyó encantada las felices aunque modestas esperanzas que Jane abrigaba respecto a Bingley, y le dijo todo lo que pudo para alentar su confianza. Al unírseles el señor Bingley, Elizabeth se retiró y se fue a hablar con la señorita Lucas que le preguntó si le había agradado su última pareja. Elizabeth casi no tuvo tiempo para contestar, porque allí se les presentó Collins, diciéndoles entusiasmado que había tenido la suerte de hacer un descubrimiento importantísimo.

—He sabido —dijo—, por una singular casualidad, que está en este salón un pariente cercano de mi protectora. He tenido el gusto de oír cómo el mismo caballero mencionaba a la dama que hace los honores de esta casa los nombres de su prima, la señorita de Bourgh, y de la madre de ésta, lady Catherine. ¡De qué modo tan maravilloso ocurren estas cosas! ¡Quién me iba a decir que habría de encontrar a un sobrino de lady Catherine de Bourgh en esta reunión! Me alegro mucho de haber hecho este descubrimiento a tiempo para poder presentarle mis respetos, cosa que voy a hacer ahora mismo. Confío en que me perdone por no haberlo hecho antes, pero mi total desconocimiento de ese parentesco me disculpa.

—¿No se irá a presentar usted mismo al señor Darcy?

—¡Claro que sí! Le pediré que me excuse por no haberlo hecho antes. ¿No ve que es el sobrino de lady Catherine? Podré comunicarle que Su Señoría se encontraba muy bien la última vez que la vi.

Elizabeth intentó disuadirle para que no hiciese semejante cosa asegurándole que el señor Darcy consideraría el que se dirigiese a él sin previa presentación como una impertinencia y un atrevimiento, más que como un cumplido a su tía; que no había ninguna necesidad de darse a conocer, y si la hubiese, le correspondería al señor Darcy, por la superioridad de su rango, tomar la iniciativa. Collins la escuchó decidido a seguir sus propios impulsos y, cuando Elizabeth cesó de hablar, le contestó:

—Mi querida señorita Elizabeth, tengo la mejor opinión del mundo de su excelente criterio en toda clase de asuntos, como corresponde a su inteligencia; pero permítame que le diga que debe haber una gran diferencia entre las fórmulas de cortesía establecidas para los laicos y las aceptadas para los clérigos; déjeme que le advierta que el oficio de clérigo es, en cuanto a dignidad, equivalente al más alto rango del reino, con tal que los que lo ejercen se comporten con la humildad conveniente. De modo que permítame que siga los dictados de mi conciencia que en esta ocasión me llevan a realizar lo que considero un deber. Dispense, pues, que no siga sus consejos que en todo lo demás me servirán constantemente de guía, pero creo que en este caso estoy más capacitado, por mi educación y mi estudio habitual, que una joven como usted, para decidir lo que es debido.

Collins hizo una reverencia y se alejó para ir a saludar a Darcy. Elizabeth no le perdió de vista para ver la reacción de Darcy, cuyo asombro por haber sido abordado de semejante manera fue evidente. Collins comenzó su discurso con una solemne inclinación, y, aunque ella no lo oía, era como si lo oyese, pues podía leer en sus labios las palabras «disculpas», «Hunsford» y «lady Catherine de Bourgh». Le irritaba que metiese la pata ante un hombre como Darcy. Éste le observaba sin reprimir su asombro y cuando Collins le dejó hablar le contestó con distante cortesía. Sin embargo, Collins no se desanimó y siguió hablando. El desprecio de Darcy crecía con la duración de su segundo discurso, y, al final, sólo hizo una leve inclinación y se fue a otro sitio. Collins volvió entonces hacia Elizabeth.

—Le aseguro —le dijo— que no tengo motivo para estar descontento de la acogida que el señor Darcy me ha dispensado. Mi atención le ha complacido en extremo y me ha contestado con la mayor finura, haciéndome incluso el honor de manifestar que estaba tan convencido de la buena elección de lady Catherine, que daba por descontado que jamás otorgaría una merced sin que fuese merecida. Verdaderamente fue una frase muy hermosa. En resumen, estoy muy contento de él.

Elizabeth, que no tenía el menor interés en seguir hablando con Collins, dedicó su atención casi por entero a su hermana y a Bingley; la multitud de agradables pensamientos a que sus observaciones dieron lugar, la hicieron casi tan feliz como Jane. La imaginó instalada en aquella gran casa con toda la felicidad que un matrimonio por verdadero amor puede proporcionar, y se sintió tan dichosa que creyó incluso que las dos hermanas de Bingley podrían llegar a gustarle. No le costó mucho adivinar que los pensamientos de su madre seguían los mismos derroteros y decidió no arriesgarse a acercarse a ella para no escuchar sus comentarios. Desgraciadamente, a la hora de cenar les tocó sentarse una junto a la otra. Elizabeth se disgustó mucho al ver cómo su madre no hacía más que hablarle a lady Lucas, libre y abiertamente, de su esperanza de que Jane se casara pronto con Bingley. El tema era arrebatador, y la señora Bennet parecía que no se iba a cansar nunca de enumerar las ventajas de aquella alianza. Sólo con considerar la juventud del novio, su atractivo, su riqueza y el hecho de que viviese a tres millas de Longbourn nada más, la señora Bennet se sentía feliz. Pero además había que tener en cuenta lo encantadas que estaban con Jane las dos hermanas de Bingley, quienes, sin duda, se alegrarían de la unión tanto como ella misma. Por otra parte, el matrimonio de Jane con alguien de tanta categoría era muy prometedor para sus hijas menores que tendrían así más oportunidades de encontrarse con hombres ricos. Por último, era un descanso, a su edad, poder confiar sus hijas solteras al cuidado de su hermana, y no tener que verse ella obligada a acompañarlas más que cuando le apeteciese. No había más remedio que tomarse esta circunstancia como un motivo de satisfacción, pues, en tales casos, así lo exige la etiqueta; pero no había nadie que le gustase más quedarse cómodamente en casa en cualquier época de su vida. Concluyó deseando a la señora Lucas que no tardase en ser tan afortunada como ella, aunque triunfante pensaba que no había muchas esperanzas.

Elizabeth se esforzó en vano en reprimir las palabras de su madre, y en convencerla de que expresase su alegría un poquito más bajo; porque, para mayor contrariedad, notaba que Darcy, que estaba sentado enfrente de ellas, estaba oyendo casi todo. Lo único que hizo su madre fue reprenderla por ser tan necia.

—¿Qué significa el señor Darcy para mí? Dime, ¿por qué habría de tenerle miedo? No le debemos ninguna atención especial como para sentirnos obligadas a no decir nada que pueda molestarle.

—¡Por el amor de Dios, mamá, habla más bajo! ¿Qué ganas con ofender al señor Darcy? Lo único que conseguirás, si lo haces, es quedar mal con su amigo.

Pero nada de lo que dijo surtió efecto. La madre siguió exponiendo su parecer con el mismo desenfado. Elizabeth cada vez se ponía más colorada por la vergüenza y el disgusto que estaba pasando. No podía dejar de mirar a Darcy con frecuencia, aunque cada mirada la convencía más de lo que se estaba temiendo. Darcy rara vez fijaba sus ojos en la madre, pero Elizabeth no dudaba de que su atención estaba pendiente de lo que decían. La expresión de su cara iba gradualmente del desprecio y la indignación a una imperturbable seriedad.

Sin embargo, llegó un momento en que la señora Bennet ya no tuvo nada más que decir, y lady Lucas, que había estado mucho tiempo bostezando ante la repetición de delicias en las que no veía la posibilidad de participar, se entregó a los placeres del pollo y del jamón. Elizabeth respiró. Pero este intervalo de tranquilidad no duró mucho; después de la cena se habló de cantar, y tuvo que pasar por el mal rato de ver que Mary, tras muy pocas súplicas, se disponía a obsequiar a los presentes con su canto. Con miradas significativas y silenciosos ruegos, Elizabeth trató de impedir aquella muestra de condescendencia, pero fue inútil. Mary no podía entender lo que quería decir.

Semejante oportunidad de demostrar su talento la embelesaba, y empezó su canción. Elizabeth no dejaba de mirarla con una penosa sensación, observaba el desarrollo del concierto con una impaciencia que no fue recompensada al final, pues Mary, al recibir entre las manifestaciones de gratitud de su auditorio una leve insinuación para que continuase, después de una pausa de un minuto, empezó otra canción. Las facultades de Mary no eran lo más a propósito para semejante exhibición; tenía poca voz y un estilo afectado. Elizabeth pasó una verdadera agonía. Miró a Jane para ver cómo lo soportaba ella, pero estaba hablando tranquilamente con Bingley. Miró a las hermanas de éste y vio que se hacían señas de burla entre ellas, y a Darcy, que seguía serio e imperturbable. Miró, por último, a su padre implorando su intervención para que Mary no se pasase toda la noche cantando. El cogió la indirecta y cuando Mary terminó su segunda canción, dijo en voz alta:

—Niña, ya basta. Has estado muy bien, nos has deleitado ya bastante; ahora deja que se luzcan las otras señoritas.

Mary, aunque fingió que no oía, se quedó un poco desconcertada. A Elizabeth le dio pena de ella y sintió que su padre hubiese dicho aquello. Se dio cuenta de que por su inquietud, no había obrado nada bien. Ahora les tocaba cantar a otros.

—Si yo —dijo entonces Collins— tuviera la suerte de ser apto para el canto, me gustaría mucho obsequiar a la concurrencia con una romanza. Considero que la música es una distracción inocente y completamente compatible con la profesión de clérigo. No quiero decir, por esto, que esté bien el consagrar demasiado tiempo a la música, pues hay, desde luego, otras cosas que atender. El rector de una parroquia tiene mucho trabajo. En primer lugar tiene que hacer un ajuste de los diezmos que resulte beneficioso para él y no sea oneroso para su patrón. Ha de escribir los sermones, y el tiempo que le queda nunca es bastante para los deberes de la parroquia y para el cuidado y mejora de sus feligreses cuyas vidas tiene la obligación de hacer lo más llevaderas posible. Y estimo como cosa de mucha importancia que sea atento y conciliador con todo el mundo, y en especial con aquellos a quienes debe su cargo. Considero que esto es indispensable y no puedo tener en buen concepto al hombre que desperdiciara la ocasión de presentar sus respetos a cualquiera que esté emparentado con la familia de sus bienhechores.

Y con una reverencia al señor Darcy concluyó su discurso pronunciado en voz tan alta que lo oyó la mitad del salón. Muchos se quedaron mirándolo fijamente, muchos sonrieron, pero nadie se había divertido tanto como el señor Bennet, mientras que su esposa alabó en serio a Collins por haber hablado con tanta sensatez, y le comentó en un cuchicheo a lady Lucas que era muy buena persona y extremadamente listo.

A Elizabeth le parecía que si su familia se hubiese puesto de acuerdo para hacer el ridículo en todo lo posible aquella noche, no les habría salido mejor ni habrían obtenido tanto éxito; y se alegraba mucho de que Bingley y su hermana no se hubiesen enterado de la mayor parte del espectáculo y de que Bingley no fuese de esa clase de personas que les importa o les molesta la locura de la que hubiese sido testigo. Ya era bastante desgracia que las hermanas y Darcy hubiesen tenido la oportunidad de burlarse de su familia; y no sabía qué le resultaba más intolerable: si el silencioso desprecio de Darcy o las insolentes sonrisitas de las damas.

El resto de la noche transcurrió para ella sin el mayor interés. Collins la sacó de quicio con su empeño en no separarse de ella. Aunque no consiguió convencerla de que bailase con él otra vez, le impidió que bailase con otros. Fue inútil que le rogase que fuese a charlar con otras personas y que se ofreciese para presentarle a algunas señoritas de la fiesta. Collins aseguró que el bailar le tenía sin cuidado y que su principal deseo era hacerse agradable a sus ojos con delicadas atenciones, por lo que había decidido estar a su lado toda la noche. No había nada que discutir ante tal proyecto. Su amiga la señorita Lucas fue la única que la consoló sentándose a su lado con frecuencia y desviando hacia ella la conversación de Collins.

Por lo menos así se vio libre de Darcy que, aunque a veces se hallaba a poca distancia de ellos completamente desocupado, no se acercó a hablarles. Elizabeth lo atribuyó al resultado de sus alusiones a Wickham y se alegró de ello.

La familia de Longbourn fue la última en marcharse. La señora Bennet se las arregló para que tuviesen que esperar por los carruajes hasta un cuarto de hora después de haberse ido todo el mundo, lo cual les permitió darse cuenta de las ganas que tenían algunos de los miembros de la familia Bingley de que desapareciesen. La señora Hurst y su hermana apenas abrieron la boca para otra cosa que para quejarse de cansancio; se les notaba impacientes por quedarse solas en la casa. Rechazaron todos los intentos de conversación de la señora Bennet y la animación decayó, sin que pudieran elevarla los largos discursos de Collins felicitando a Bingley y a sus hermanas por la elegancia de la fiesta y por la hospitalidad y fineza con que habían tratado a sus invitados. Darcy no dijo absolutamente nada. El señor Bennet, tan callado como él, disfrutaba de la escena. Bingley y Jane estaban juntos y un poco separados de los demás, hablando el uno con el otro. Elizabeth guardó el mismo silencio que la señora Hurst y la señorita Bingley.
Incluso Lydia estaba demasiado agotada para poder decir más que «¡Dios mío! ¡Qué cansada estoy!» en medio de grandes bostezos.

Cuando, por fin, se levantaron para despedirse, la señora Bennet insistió con mucha cortesía en su deseo de ver pronto en Longbourn a toda la familia, se dirigió especialmente a Bingley para manifestarle que se verían muy honrados si un día iba a su casa a almorzar con ellos en familia, sin la etiqueta de una invitación formal. Bingley se lo agradeció encantado y se comprometió en el acto a aprovechar la primera oportunidad que se le presentase para visitarles, a su regreso de Londres, adonde tenía que ir al día siguiente, aunque no tardaría en estar de vuelta.

La señora Bennet no cabía en sí de gusto y salió de la casa convencida de que contando el tiempo necesario para los preparativos de la celebración, compra de nuevos coches y trajes de boda, iba a ver a su hija instalada en Netherfield dentro de tres o cuatro meses. Con la misma certeza y con considerable, aunque no igual agrado, esperaba tener pronto otra hija casada con Collins. Elizabeth era a la que menos quería de todas sus hijas, y si bien el pretendiente y la boda eran más que suficientes para ella, quedaban eclipsados por Bingley y por Netherfield.

CAPÍTULO XIX

Al día siguiente, hubo otro acontecimiento en Longbourn. Collins se declaró formalmente. Resolvió hacerlo sin pérdida de tiempo, pues su permiso expiraba el próximo sábado; y como tenía plena confianza en el éxito, emprendió la tarea de modo metódico y con todas las formalidades que consideraba de rigor en tales casos. Poco después del desayuno encontró juntas a la señora Bennet, a Elizabeth y a una de las hijas menores, y se dirigió a la madre con estas palabras:

—¿Puedo esperar, señora, dado su interés por su bella hija Elizabeth, que se me conceda el honor de una entrevista privada con ella, en el transcurso de esta misma mañana?

Antes de que Elizabeth hubiese tenido tiempo de nada más que de ponerse roja por la sorpresa, la señora Bennet contestó instantáneamente:

—¡Oh, querido! ¡No faltaba más! Estoy segura de que Elizabeth estará encantada y de que no tendrá ningún inconveniente. Ven, Kitty, te necesito arriba.

Y recogiendo su labor se apresuró a dejarlos solos. Elizabeth la llamó diciendo:

—Mamá, querida, no te vayas. Te lo ruego, no te vayas. El señor Collins me disculpará; pero no tiene nada que decirme que no pueda oír todo el mundo. Soy yo la que me voy.

—No, no seas tonta, Lizzy. Quédate donde estás. Y al ver que Elizabet, disgustada y violenta, estaba a punto de marcharse, añadió:

—Lizzy, te ordeno que te quedes y que escuches al señor Collins.

Elizabeth no pudo desobedecer semejante mandato. En un momento lo pensó mejor y creyó más sensato acabar con todo aquello lo antes posible en paz y tranquilidad. Se volvió a sentar y trató de disimular con empeño, por un lado, la sensación de malestar, y por otro, lo que le divertía aquel asunto. La señora Bennet y Kitty se fueron, y entonces Collins empezó:

—Créame, mi querida señorita Elizabeth, que su modestia, en vez de perjudicarla, viene a sumarse a sus otras perfecciones. Me habría parecido usted menos adorable si no hubiese mostrado esa pequeña resistencia. Pero permítame asegurarle que su madre me ha dado licencia para esta entrevista. Ya debe saber cuál es el objeto de mi discurso; aunque su natural delicadeza la lleve a disimularlo; mis intenciones han quedado demasiado patentes para que puedan inducir a error. Casi en el momento en que pisé esta casa, la elegí a usted para futura compañera de mi vida. Pero antes de expresar mis sentimientos, quizá sea aconsejable que exponga las razones que tengo para casarme, y por qué vine a Hertfordshire con la idea de buscar una esposa precisamente aquí.

A Elizabeth casi le dio la risa al imaginárselo expresando sus sentimientos; y no pudo aprovechar la breve pausa que hizo para evitar que siguiese adelante. Collins continuó:

—Las razones que tengo para casarme son: primero, que la obligación de un clérigo en circunstancias favorables como las mías, es dar ejemplo de matrimonio en su parroquia; segundo, que estoy convencido de que eso contribuirá poderosamente a mi felicidad; y tercero, cosa que tal vez hubiese debido advertir en primer término, que es el particular consejo y recomendación de la nobilísima dama a quien tengo el honor de llamar mi protectora. Por dos veces se ha dignado indicármelo, aun sin habérselo yo insinuado, y el mismo sábado por la noche, antes de que saliese de Hunsford y durante nuestra partida de cuatrillo, mientras la señora Jenkinson arreglaba el silletín de la señorita de Bourgh, me dijo: «Señor Collins, tiene usted que casarse. Un clérigo como usted debe estar casado. Elija usted bien, elija pensando en mí y en usted mismo; procure que sea una persona activa y útil, de educación no muy elevada, pero capaz de sacar buen partido a pequeños ingresos. Éste es mi consejo. Busque usted esa mujer cuanto antes, tráigala a Hunsford y que yo la vea.» Permítame, de paso, decirle, hermosa prima, que no estimo como la menor de las ventajas que puedo ofrecerle, el conocer y disfrutar de las bondades de lady Catherine de Bourgh. Sus modales le parecerán muy por encima de cuanto yo pueda describirle, y la viveza e ingenio de usted le parecerán a ella muy aceptables, especialmente cuando se vean moderados por la discreción y el respeto que su alto rango impone inevitablemente. Esto es todo en cuanto a mis propósitos generales en favor del matrimonio; ya no me queda por decir más, que el motivo de que me haya dirigido directamente a Longbourn en vez de buscar en mi propia localidad, donde, le aseguro, hay muchas señoritas encantadoras. Pero es el caso que siendo como soy el heredero de Longbourn a la muerte de su honorable padre, que ojalá viva muchos años, no estaría satisfecho si no eligiese esposa entre sus hijas, para atenuar en todo lo posible la pérdida que sufrirán al sobrevenir tan triste suceso que, como ya le he dicho, deseo que no ocurra hasta dentro de muchos años. Éste ha sido el motivo, hermosa prima, y tengo la esperanza de que no me hará desmerecer en su estima. Y ahora ya no me queda más que expresarle, con las más enfáticas palabras, la fuerza de mi afecto. En lo relativo a su dote, me es en absoluto indiferente, y no he de pedirle a su padre nada que yo sepa que no pueda cumplir; de modo que no tendrá usted que aportar más que las mil libras al cuatro por ciento que le tocarán a la muerte de su madre. Pero no seré exigente y puede usted tener la certeza de que ningún reproche interesado saldrá de mis labios en cuanto estemos casados.

Era absolutamente necesario interrumpirle de inmediato.

—Va usted demasiado de prisa —exclamó Elizabeth—. Olvida que no le he contestado. Déjeme que lo haga sin más rodeos. Le agradezco su atención y el honor que su proposición significa, pero no puedo menos que rechazarla.

—Sé de sobra —replicó Collins con un grave gesto de su mano— que entre las jóvenes es muy corriente rechazar las proposiciones del hombre a quien, en el fondo, piensan aceptar, cuando pide su preferencia por primera vez, y que la negativa se repite una segunda o incluso una tercera vez. Por esto no me descorazona en absoluto lo que acaba de decirme, y espero llevarla al altar dentro de poco.

—¡Caramba, señor! —exclamó Elizabeth—. ¡No sé qué esperanzas le pueden quedar después de mi contestación! Le aseguro que no soy de esas mujeres, si es que tales mujeres existen, tan temerarias que arriesgan su felicidad al azar de que las soliciten una segunda vez. Mi negativa es muy en serio. No podría hacerme feliz, y estoy convencida de que yo soy la última mujer del mundo que podría hacerle feliz a usted. Es más, si su amiga lady Catherine me conociera, me da la sensación que pensaría que soy, en todos los aspectos, la menos indicada para usted.

—Si fuera cierto que lady Catherine lo pensara... —dijo Collins con la mayor gravedad— pero estoy seguro de que Su Señoría la aprobaría. Y créame —que cuando tenga el honor de volver a verla, le hablaré en los términos más encomiásticos de su modestia, de su economía y de sus otras buenas cualidades.

—Por favor, señor Collins, todos los elogios que me haga serán innecesarios.
Déjeme juzgar por mí misma y concédame el honor de creer lo que le digo. Le deseo que consiga ser muy feliz y muy rico, y al rechazar su mano hago todo lo que está a mi alcance para que no sea de otro modo. Al hacerme esta proposición debe estimar satisfecha la delicadeza de sus sentimientos respecto a mi familia, y cuando llegue la

hora podrá tomar posesión de la herencia de Longbourn sin ningún cargo de conciencia. Por lo tanto, dejemos este asunto definitivamente zanjado.

Mientras acababa de decir esto, se levantó, y estaba a punto de salir de la sala, cuando Collins le volvió a insistir:

—La próxima vez que tenga el honor de hablarle de este tema de nuevo, espero recibir contestación más favorable que la que me ha dado ahora; aunque estoy lejos de creer que es usted cruel conmigo, pues ya sé que es costumbre incorregible de las mujeres rechazar a los hombres la primera vez que se declaran, y puede que me haya dicho todo eso sólo para hacer más consistente mi petición como corresponde a la verdadera delicadeza del carácter femenino.

—Realmente, señor Collins —exclamó Elizabeth algo acalorada— me confunde usted en exceso. Si todo lo que he dicho hasta ahora lo interpreta como un estímulo, no sé de qué modo expresarle mi repulsa para que quede usted completamente convencido.

—Debe dejar que presuma, mi querida prima, que su rechazó ha sido sólo de boquilla. Las razones que tengo para creerlo, son las siguientes: no creo que mi mano no merezca ser aceptada por usted ni que la posición que le ofrezco deje de ser altamente apetecible. Mi situación en la vida, mi relación con la familia de Bourgh y mi parentesco con usted son circunstancias importantes en mi favor. Considere, además, que a pesar de sus muchos atractivos, no es seguro que reciba otra proposición de matrimonio. Su fortuna es tan escasa que anulará, por desgracia, los efectos de su belleza y buenas cualidades. Así pues, como no puedo deducir de todo esto que haya procedido sinceramente al rechazarme, optaré por atribuirlo a su deseo de acrecentar mi amor con el suspense, de acuerdo con la práctica acostumbrada en las mujeres elegantes.

—Le aseguro a usted, señor, que no me parece nada elegante atormentar a un hombre respetable. Preferiría que me hiciese el cumplido de creerme. Le agradezco una y mil veces el honor que me ha hecho con su proposición, pero me es absolutamente imposible aceptarla. Mis sentimientos, en todos los aspectos, me lo impiden. ¿Se puede hablar más claro? No me considere como a una mujer elegante que pretende torturarle, sino como a un ser racional que dice lo que siente de todo corazón.

—¡Es siempre encantadora! —exclamó él con tosca galantería—. No puedo dudar de que mi proposición será aceptada cuando sea sancionada por la autoridad de sus excelentes padres.

Ante tal empeño de engañarse a sí mismo, Elizabeth no contestó y se fue al instante sin decir palabra, decidida, en el caso de que Collins persistiese en considerar sus reiteradas negativas como un frívolo sistema de estímulo, a recurrir a su padre, cuyo rechazo sería formulado de tal modo que resultaría inapelable y cuya actitud, al menos, no podría confundirse con la afectación y la coquetería de una dama elegante.

CAPÍTULO XX

A Collins no lo dejaron mucho tiempo meditar en silencio el éxito de su amor; porque la señora Bennet que se había quedado en el vestíbulo esperando el final de la conversación, en cuanto vio que Elizabeth abría la puerta y se dirigía con paso veloz a la escalera, entró en el comedor y felicitó a Collins, congratulándose por el venturoso proyecto de la cercana unión. Después de aceptar y devolver esas felicitaciones con el mismo alborozo, Collins procedió a explicar los detalles de la entrevista, de cuyo resultado estaba satisfecho, pues la firme negativa de su prima no podía provenir, naturalmente, más que de su tímida modestia y de la delicadeza de su carácter.

Pero sus noticias sobresaltaron a la señora Bennet. También ella hubiese querido creer que su hija había tratado únicamente de animar a Collins al rechazar sus proposiciones; pero no se atrevía a admitirlo, y así se lo manifestó a Collins.

—Lo importante —añadió— es que Lizzy entre en razón. Hablaré personalmente con ella de este asunto. Es una chica muy terca y muy loca y no sabe lo que le conviene, pero ya se lo haré saber yo.

—Perdóneme que la interrumpa —exclamó Collins—, pero si en realidad es terca y loca, no sé si, en conjunto, es una esposa deseable para un hombre en mi situación, que naturalmente busca felicidad en el matrimonio. Por consiguiente, si insiste en rechazar mi petición, acaso sea mejor no forzarla a que me acepte, porque si tiene esos defectos, no contribuiría mucho que digamos a mi ventura.

—Me ha entendido mal —dijo la señora Bennet alarmada—. Lizzy es terca sólo en estos asuntos. En todo lo demás es la muchacha más razonable del mundo. Acudiré directamente al señor Bennet y no dudo de que pronto nos habremos puesto de acuerdo con ella.

Sin darle tiempo a contestar, voló al encuentro de su marido y al entrar en la biblioteca exclamó: –¡Oh, señor Bennet! Te necesitamos urgentemente. Estamos en un aprieto. Es preciso que vayas y convenzas a Elizabeth de que se case con Collins, pues ella ha jurado que no lo hará y si no te das prisa, Collins cambiará de idea y ya no la querrá.

Al entrar su mujer, el señor Bennet levantó los ojos del libro y los fijó en su rostro con una calmosa indiferencia que la noticia no alteró en absoluto. —No he tenido el placer de entenderte —dijo cuando ella terminó su perorata—. ¿De qué estás hablando?

—Del señor Collins y Lizzy. Lizzy dice que no se casará con el señor Collins, y el señor Collins empieza a decir que no se casará con Lizzy.

—¿Y qué voy a hacer yo? Me parece que no tiene remedio.

—Háblale tú a Lizzy. Dile que quieres que se case con él.

—Mándale que baje. Oirá mi opinión.

La señora Bennet tocó la campanilla y Elizabeth fue llamada a la biblioteca.

—Ven, hija mía —dijo su padre en cuanto la joven entró—. Te he enviado a buscar para un asunto importante. Dicen que Collins te ha hecho proposiciones de matrimonio, ¿es cierto?

Elizabeth dijo que sí.

—Muy bien; y dicen que las has rechazado.

—Así es, papá.

—Bien. Ahora vamos al grano. Tu madre desea que lo aceptes. ¿No es verdad, señora Bennet?

Sí, o de lo contrario no la quiero ver más.

—Tienes una triste alternativa ante ti, Elizabeth. Desde hoy en adelante tendrás que renunciar a uno de tus padres. Tu madre no quiere volver a verte si no te casas con Collins, y yo no quiero volver a verte si te casas con él.

Elizabeth no pudo menos que sonreír ante semejante comienzo; pero la señora Bennet, que estaba convencida de que su marido abogaría en favor de aquella boda, se quedó decepcionada.

—¿Qué significa, señor Bennet, ese modo de hablar? Me habías prometido que la obligarías a casarse con el señor Collins.

—Querida mía —contestó su marido—, tengo que pedirte dos pequeños favores: primero, que me dejes usar libremente mi entendimiento en este asunto, y segundo, que me dejes disfrutar solo de mi biblioteca en cuanto puedas.

Sin embargo, la señora Bennet, a pesar de la decepción que se había llevado con su marido, ni aun así se dio por vencida. Habló a Elizabeth una y otra vez, halagándola y amenazándola alternativamente. Trató de que Jane se pusiese de su parte; pero Jane, con toda la suavidad posible, prefirió no meterse. Elizabeth, unas veces con verdadera seriedad, y otras en broma, replicó a sus ataques; y aunque cambió de humor, su determinación permaneció inquebrantable.

Collins, mientras tanto, meditaba en silencio todo lo que había pasado. Tenía demasiado buen concepto de sí mismo para comprender qué motivos podría tener su prima para rechazarle, y, aunque herido en su amor propio, no sufría lo más mínimo. Su interés por su prima era meramente imaginario; la posibilidad de que fuera merecedora de los reproches de su madre, evitaba que él sintiese algún pesar.

Mientras reinaba en la familia esta confusión, llegó Charlotte Lucas que venía a pasar el día con ellos. Se encontró con Lydia en el vestíbulo, que corrió hacia ella para contarle en voz baja lo que estaba pasando.

—¡Me alegro de que hayas venido, porque hay un jaleo aquí...! ¿Qué crees que ha pasado esta mañana? El señor Collins se ha declarado a Elizabeth y ella le ha dado calabazas.

Antes de que Charlotte hubiese tenido tiempo para contestar, apareció Kitty, que venía a darle la misma noticia. Y en cuanto entraron en el comedor, donde estaba sola la señora Bennet, ella también empezó a hablarle del tema. Le rogó que tuviese compasión y que intentase convencer a Lizzy de que cediese a los deseos de toda la familia.

—Te ruego que intercedas, querida Charlotte —añadió en tono melancólico—, ya que nadie está de mi parte, me tratan cruelmente, nadie se compadece de mis pobres nervios.

Charlotte se ahorró la respuesta, pues en ese momento entraron Jane y Elizabeth.

—Ahí está —continuó la señora Bennet—, como si no pasase nada, no le importamos un bledo, se desentiende de todo con tal de salirse con la suya. Te voy a decir una cosa: si se te mete en la cabeza seguir rechazando de esa manera todas las ofertas de matrimonio que te hagan, te quedarás solterona; y no sé quién te va a mantener cuando muera tu padre. Yo no podré, te lo advierto. Desde hoy, he acabado contigo para siempre. Te he dicho en la biblioteca que no volvería a hablarte nunca; y lo que digo, lo cumplo. No le encuentro el gusto a hablar con hijas desobedientes. Ni con nadie. Las personas que como yo sufrimos de los nervios, no somos aficionados a la charla. ¡Nadie sabe lo que sufro! Pero pasa siempre lo mismo. A los que no se quejan, nadie les compadece.

Las hijas escucharon en silencio los lamentos de su madre. Sabían que si intentaban hacerla razonar o calmarla, sólo conseguirían irritarla más. De modo que siguió hablando sin que nadie la interrumpiera, hasta que entró Collins con aire más solemne que de costumbre. Al verle, la señora Bennet dijo a las muchachas:

—Ahora os pido que os calléis la boca y nos dejéis al señor Collins y a mí para que podamos hablar un rato.

Elizabeth salió en silencio del cuarto; Jane y Kitty la siguieron, pero Lydia no se movió, decidida a escuchar todo lo que pudiera. Charlotte, detenida por la cortesía del señor Collins, cuyas preguntas acerca de ella y de su familia se sucedían sin interrupción, y también un poco por la curiosidad, se limitó a acercarse a la ventana fingiendo no escuchar. Con voz triste, la señora Bennet empezó así su conversación:

—¡Oh, señor Collins!

—Mi querida señora —respondió él—, ni una palabra más sobre este asunto. Estoy muy lejos —continuó con un acento que denotaba su indignación— de tener resentimientos por la actitud de su hija. Es deber de todos resignarse por los males inevitables; y es especialmente un deber para mí, que he tenido la fortuna de verme tan joven en tal elevada posición; confío en que sabré resignarme. Puede que mi hermosa prima, al no querer honrarme con su mano, no haya disminuido mi positiva felicidad. He observado a menudo que la resignación nunca es tan perfecta como cuando la dicha negada comienza a perder en nuestra estimación algo de valor. Espero que no supondrá usted que falto al respeto de su familia, mi querida señora, al retirar mis planes acerca de su hija sin pedirles a usted y al señor Bennet que interpongan su autoridad en mi favor. Temo que mi conducta, por haber aceptado mi rechazo de labios de su hija y no de los de ustedes, pueda ser censurable. Pero todos somos capaces de cometer errores. Estoy seguro de haber procedido con la mejor intención en este asunto. Mi objetivo era procurarme una amable compañera con la debida consideración a las ventajas que ello había de aportar a toda su familia. Si mi proceder ha sido reprochable, les ruego que me perdonen.

CAPÍTULO XXI

Las discusiones sobre el ofrecimiento de Collins tocaban a su fin; Elizabeth ya no tenía que soportar más que esa sensación incómoda, que inevitablemente se deriva de tales situaciones, y, de vez en cuando algunas alusiones puntillosas de su madre. En cuanto al caballero, no demostraba estar turbado, ni abatido, ni trataba de evitar a Elizabeth, sino que expresaba sus sentimientos con una actitud de rigidez y con un resentido silencio. Casi no le hablaba; y aquellas asiduas atenciones tan de apreciar por su parte, las dedicó todo el día a la señorita Lucas que le escuchaba amablemente, proporcionando a todos y en especial a su amiga Elizabeth un gran alivio.

A la mañana siguiente, el mal humor y el mal estado de salud de la señora Bennet no habían amainado. El señor Collins también sufría la herida de su orgullo. Elizabeth creyó que su resentimiento acortaría su visita; pero los planes del señor Collins no parecieron alterarse en lo más mínimo. Había pensado desde un principio marcharse el sábado y hasta el sábado pensaba quedarse.

Después del almuerzo las muchachas fueron a Meryton para averiguar si Wickham había regresado, y lamentar su ausencia en el baile de Netherfield. Le encontraron al entrar en el pueblo y las acompañó a casa de su tía, donde se charló largo y tendido sobre su ausencia y su desgracia y la consternación que a todos había producido. Pero ante Elizabeth reconoció voluntariamente que su ausencia había sido premeditada.

—Al acercarse el momento —dijo— me pareció que haría mejor en no encontrarme con Darcy, pues el estar juntos en un salón durante tantas horas hubiera sido superior a mis fuerzas y la situación podía haberse hecho desagradable, además, a otras personas.

Elizabeth aprobó por completo la conducta de Wickham y ambos la discutieron ampliamente haciéndose elogios mutuos mientras iban hacia Longbourn, adonde Wickham y otro oficial acompañaron a las muchachas. Durante el paseo Wickham se dedicó por entero a Elizabeth, y le proporcionó una doble satisfacción: recibir sus cumplidos y tener la ocasión de— presentárselo a sus padres.

Al poco rato de haber llegado, trajeron una carta para Jane. Venía de Netherfield y la joven la abrió inmediatamente. El sobre contenía una hojita de papel muy elegante y satinado, cubierta por la escritura de una hermosa y ágil mano de mujer. Elizabeth notó que el semblante de su hermana cambiaba al leer y que se detenía fijamente en determinados párrafos. Jane se sobrepuso en seguida; dejó la carta y trató de intervenir con su alegría de siempre en la conversación de todos; pero Elizabeth sentía tanta curiosidad que incluso dejó de prestar atención a Wickham. Y en cuanto él y su compañero se fueron, Jane la invitó con una mirada a que la acompañase al piso de arriba. Una vez en su cuarto, Jane le mostró la carta y le dijo:

—Es de Caroline Bingley; su contenido me ha sorprendido muchísimo. Todos los de la casa han abandonado Netherfield y a estas horas están de camino a la capital, de donde no piensan regresar. Oye lo que dice.

Jane leyó en voz alta el primer párrafo donde se manifestaba que habían decidido ir con su hermano a Londres y que tenían la intención de comer aquel mismo día en la calle Grosvenor[L25], donde el señor Hurst tenía su casa. Lo siguiente estaba redactado de la siguiente forma: «No siento dejar Hertfordshire más que por ti, queridísima amiga; pero espero volver a disfrutar más adelante de los deliciosos momentos que pasamos juntas y entre tanto podemos aminorar la pena de la separación con cartas muy frecuentes y efusivas. Cuento con tu correspondencia.» Elizabeth escuchó todas estas soberbias expresiones con impasibilidad por la desconfianza que le merecían. Le sorprendía la precipitación con la que se habían marchado, pero en realidad no veía por qué lamentarlo. No podía suponerse que el hecho de que ellas no estuviesen en Netherfield impidiese venir a Bingley; y en cuanto a la ausencia de las damas, estaba segura de que Jane se consolaría con la presencia del hermano.

—Es una lástima —le dijo después de una breve pausa— que no hayas podido ver a tus amigas antes de que se fueran. Pero ¿no podemos tener la esperanza de que ese «más adelante» de futura felicidad que tu amiga tanto desea llegue antes de lo que ella cree y que esa estupenda relación que habéis tenido como amigas se renueve con mayor satisfacción como hermanas? Ellas no van a detener al señor Bingley en Londres.

—Caroline dice que decididamente ninguno volverá a Hertfordshire este invierno. Te lo leeré: «Cuando mi hermano nos dejó ayer, se imaginaba que los asuntos que le llamaban a Londres podrían despacharse en tres o cuatro días; pero como sabemos que no será así y convencidas, al mismo tiempo, de que cuando Charles va a la capital no tiene prisa por volver, hemos determinado irnos con él para que no tenga que pasarse las horas que le quedan libres en un hotel, sin ninguna comodidad. Muchas de nuestras relaciones están ya allí para pasar el invierno; me gustaría saber si usted, queridísima amiga, piensa hacer lo mismo; pero no lo creo posible. Deseo sinceramente que las navidades en Hertfordshire sean pródigas en las alegrías propias de esas festividades, y que sus galanes sean tan numerosos que les impidan sentir la pérdida de los tres caballeros que les arrebatamos.»

—Por lo tanto, es evidente —añadió Jane— que el señor Bingley no va a volver este invierno.

—Lo único que es evidente es que la señorita Bingley es la que dice que él no va a volver.

—¿Por qué lo crees así? Debe de ser cosa del señor Bingley: No depende de nadie. Pero no lo sabes todo aún. Voy a leerte el pasaje que más me hiere. No quiero ocultarte nada. «El señor Darcy está impaciente por ver a su hermana, y la verdad es que nosotras no estamos menos deseosas de verla. Creo que Georgina Darcy no tiene igual por su belleza, elegancia y talento, y el afecto que nos inspira a Louisa y a mí aumenta con la esperanza que abrigamos de que sea en el futuro nuestra hermana. No sé si alguna vez le he manifestado a usted mi sentir sobre este particular; pero no quiero irme sin confiárselo, y me figuro que lo encontrará muy razonable. Mi hermano ya siente gran admiración por ella, y ahora tendrá frecuentes ocasiones de verla con la mayor intimidad. La familia de Georgina desea esta unión tanto como nosotras, y no creo que me ciegue la pasión de hermana al pensar que Charles es muy capaz de conquistar el corazón de cualquier mujer. Con todas estas circunstancias en favor de esta relación y sin nada que la impida, no puedo equivocarme, queridísima Jane, si tengo la esperanza de que se realice el acontecimiento que traería la felicidad a tantos seres.»

—¿Qué opinas de este párrafo, Lizzy? —preguntó Jane al terminar de leer—. ¿No está bastante claro? ¿No expresa claramente que Caroline ni espera ni desea que yo sea su hermana, que está completamente convencida de la indiferencia de su hermano, y que si sospecha la naturaleza de mis sentimientos hacia él, se propone, con toda amabilidad, eso sí, ponerme en guardia? ¿Puede darse otra interpretación a este asunto?

—Sí se puede. Yo lo interpreto de modo muy distinto. ¿Quieres saber cómo?

—Claro que sí.

—Te lo diré en pocas palabras. La señorita Bingley se ha dado cuenta de que su hermano está enamorado de ti y ella quiere que se case con la señorita Darcy. Se ha ido a la capital detrás de él, con la esperanza de retenerlo allí, y trata de convencerte de que a Bingley no le importas nada.

Jane lo negó con la cabeza.

—Así es, Jane; debes creerme. Nadie que os haya visto juntos puede dudar del cariño de Bingley. Su hermana no lo duda tampoco, no es tan tonta. Si hubiese visto en Darcy la mitad de ese afecto hacia ella, ya habría encargado el traje de novia. Pero lo que pasa es lo siguiente: que no somos lo bastante ricas ni lo bastante distinguidas para ellos. Si la señorita Bingley tiene tal afán en casar a la señorita Darcy con su hermano, es porque de este modo le sería a ella menos difícil casarse con el propio Darcy; lo que me parece un poco ingenuo por su parte. Pero me atrevería a creer que lograría sus anhelos si no estuviese de por medio la señorita de Bourgh. Sin embargo, tú no puedes pensar en serio que por el hecho de que la señorita Bingley te diga que a su hermano le gusta la señorita Darcy, él esté menos enamorado de ti de lo que estaba el jueves al despedirse; ni que le sea posible a su hermana convencerle de que en vez de quererte a ti quiera a la señorita Darcy.

—Si nuestra opinión sobre la señorita Bingley fuese la misma —repuso Jane—, tu explicación me tranquilizaría. Pero me consta que eres injusta con ella. Caroline es incapaz de engañar a nadie; lo único que puedo esperar en este caso es que se esté engañando a sí misma.

—Eso es. No podía habérsete ocurrido una idea mejor, ya que la mía no te consuela. Supón que se engaña. Así quedarás bien con ella y verás que no tienes por qué preocuparte.

—Pero Lizzy, ¿puedo ser feliz, aun suponiendo lo mejor, al aceptar a un hombre cuyas hermanas y amigos desean que se case con otra?

—Eso debes decidirlo tú misma —dijo Elizabeth—, si después de una madura reflexión encuentras que la desgracia de disgustar a sus hermanas es más que equivalente a la felicidad de ser su mujer, te aconsejo, desde luego, que rechaces a Bingley.

—¡Qué cosas tienes! dijo Jane con una leve sonrisa—. Debes saber que aunque me apenaría mucho su desaprobación, no vacilaría.

—Ya me lo figuraba, y siendo así, no creo que pueda compadecerme de tu situación.

—Pero si no vuelve en todo el invierno, mi elección no servirá de nada. ¡Pueden pasar tantas cosas en seis meses!

Elizabeth rechazaba la idea de que Bingley no volviese; le parecía sencillamente una sugerencia de los interesados deseos de Caroline, y no podía suponer ni por un momento que semejantes deseos, tanto si los manifestaba clara o encubiertamente, influyesen en el ánimo de un hombre tan independiente.

Expuso a su hermana lo más elocuentemente que pudo su modo de ver, y no tardó en observar el buen efecto de sus palabras. Jane era por naturaleza optimista, lo que la fue llevando gradualmente a la esperanza de que Bingley volvería a Netherfield y llenaría todos los anhelos de su corazón, aunque la duda la asaltase de vez en cuando.

Acordaron que no informarían a la señora Bennet más que de la partida de la familia, para que no se alarmase demasiado; pero se alarmó de todos modos bastante; y lamentó la tremenda desgracia de que las damas se hubiesen marchado precisamente cuando habían intimado tanto. Se dolió mucho de ello, pero se consoló pensando que Bingley no tardaría en volver para comer en Longbourn, y acabó declarando que a pesar de que le habían invitado a comer sólo en familia, tendría buen cuidado de preparar para aquel día dos platos de primera.

CAPÍTULO XXII

Los Bennet fueron invitados a comer con los Lucas, y de nuevo la señorita Lucas tuvo la amabilidad de escuchar a Collins durante la mayor parte del día. Elizabeth aprovechó la primera oportunidad para darle las gracias.

—Esto le pone de buen humor. Te estoy más agradecida de lo que puedas imaginar —le dijo.

Charlotte le aseguró que se alegraba de poder hacer algo por ella, y que eso le compensaba el pequeño sacrificio que le suponía dedicarle su tiempo. Era muy amable de su parte, pero la amabilidad de Charlotte iba más lejos de lo que Elizabeth podía sospechar: su objetivo no era otro que evitar que Collins le volviese a dirigir sus cumplidos a su amiga, atrayéndolos para sí misma. Éste era el plan de Charlotte, y las apariencias le fueron tan favorables que al separarse por la noche casi habría podido dar por descontado el éxito, si Collins no tuviese que irse tan pronto de Hertfordshire. Pero al concebir esta duda, no hacía justicia al fogoso e independiente carácter de Collins; a la mañana siguiente se escapó de Longbourn con admirable sigilo y corrió a casa de los Lucas para rendirse a sus pies. Quiso ocultar su salida a sus primas porque si le hubiesen visto habrían descubierto su intención, y no quería publicarlo hasta estar seguro del éxito; aunque se sentía casi seguro del mismo, pues Charlotte le había animado lo bastante, pero desde su aventura del miércoles estaba un poco falto de confianza. No obstante, recibió una acogida muy halagüeña. La señorita Lucas le vio llegar desde una ventana, y al instante salió al camino para encontrarse con él como de casualidad. Pero poco podía ella imaginarse cuánto amor y cuánta elocuencia le esperaban.

En el corto espacio de tiempo que dejaron los interminables discursos de Collins, todo quedó arreglado entre ambos con mutua satisfacción. Al entrar en la casa, Collins le suplicó con el corazón que señalase el día en que iba a hacerle el más feliz de los hombres; y aunque semejante solicitud debía ser aplazada de momento, la dama no deseaba jugar con su felicidad. La estupidez con que la naturaleza la había dotado privaba a su cortejo de los encantos que pueden inclinar a una mujer a prolongarlo; a la señorita Lucas, que lo había aceptado solamente por el puro y desinteresado deseo de casarse, no le importaba lo pronto que este acontecimiento habría de realizarse.

Se lo comunicaron rápidamente a sir William y a lady Lucas para que les dieran su consentimiento, que fue otorgado con la mayor presteza y alegría. La situación de Collins le convertía en un partido muy apetecible para su hija, a quien no podían legar más que una escasa fortuna, y las perspectivas de un futuro bienestar eran demasiado tentadoras. Lady Lucas se puso a calcular seguidamente y con más interés que nunca cuántos años más podría vivir el señor Bennet, y sir William expresó su opinión de que cuando Collins fuese dueño de Longbourn sería muy conveniente que él y su mujer hiciesen su aparición en St. James. Total que toda la familia se regocijó muchísimo por la noticia. Las hijas menores tenían la esperanza de ser presentadas en sociedad[L26] un año o dos antes de lo que lo habrían hecho de no ser por esta circunstancia. Los hijos se vieron libres del temor de que Charlotte se quedase soltera. Charlotte estaba tranquila. Había ganado la partida y tenía tiempo para considerarlo. Sus reflexiones eran en general satisfactorias. A decir verdad, Collins no era ni inteligente ni simpático, su compañía era pesada y su cariño por ella debía de ser imaginario. Pero, al fin y al cabo, sería su marido. A pesar de que Charlotte no tenía una gran opinión de los hombres ni del matrimonio, siempre lo había ambicionado porque era la única colocación honrosa para una joven bien educada y de fortuna escasa, y, aunque no se pudiese asegurar que fuese una fuente de felicidad, siempre sería el más grato recurso contra la necesidad. Este recurso era el que acababa de conseguir, ya que a los veintisiete años de edad, sin haber sido nunca bonita, era una verdadera suerte para ella. Lo menos agradable de todo era la sorpresa que se llevaría Elizabeth Bennet, cuya amistad valoraba más que la de cualquier otra persona. Elizabeth se quedaría boquiabierta y probablemente no lo aprobaría; y, aunque la decisión ya estaba tomada, la desaprobación de Elizabeth le iba a doler mucho. Resolvió comunicárselo ella misma, por lo que recomendó a Collins, cuando regresó a Longbourn a comer, que no dijese nada de lo sucedido. Naturalmente, él le prometió como era debido que guardaría el secreto; pero su trabajo le costó, porque la curiosidad que había despertado su larga ausencia estalló a su regreso en preguntas tan directas que se necesitaba mucha destreza para evadirlas; por otra parte, representaba para Collins una verdadera abnegación, pues estaba impaciente por pregonar a los cuatro vientos su éxito amoroso.

Al día siguiente tenía que marcharse, pero como había de ponerse de camino demasiado temprano para poder ver a algún miembro de la familia, la ceremonia de la despedida tuvo lugar en el momento en que las señoras fueron a acostarse. La señora Bennet, con gran cortesía y cordialidad, le dijo que se alegraría mucho de verle en Longbourn de nuevo cuando sus demás compromisos le permitieran visitarles.

—Mi querida señora —repuso Collins—, agradezco particularmente esta invitación porque deseaba mucho recibirla; tenga la seguridad de que la aprovecharé lo antes posible.

Todos se quedaron asombrados, y el señor Bennet, que de ningún modo deseaba tan rápido regreso, se apresuró a decir:

—Pero, ¿no hay peligro de que lady Catherine lo desapruebe esta vez? Vale más que sea negligente con sus parientes que corra el riesgo de ofender a su patrona.

—Querido señor —respondió Collins—, le quedo muy reconocido por esta amistosa advertencia, y puede usted contar con que no daré un solo paso que no esté autorizado por Su Señoría.

—Todas las precauciones son pocas. Arriésguese a cualquier cosa menos a incomodarla, y si cree usted que pueden dar lugar a ello sus visitas a nuestra casa, cosa que considero más que posible, quédese tranquilamente en la suya y consuélese pensando que nosotros no nos ofenderemos.

—Créame, mi querido señor, mi gratitud aumenta con sus afectuosos consejos, por lo que le prevengo que en breve recibirá una carta de agradecimiento por lo mismo y por todas las otras pruebas de consideración que usted me ha dado durante mi permanencia en Hertfordshire. En cuanto a mis hermosas primas, aunque mi ausencia no ha de ser tan larga como para que haya necesidad de hacerlo, me tomaré la libertad de desearles salud y felicidad, sin exceptuar a mi prima Elizabeth.

Después de los cumplidos de rigor, las señoras se retiraron. Todas estaban igualmente sorprendidas al ver que pensaba volver pronto. La señora Bennet quería atribuirlo a que se proponía dirigirse a una de sus hijas menores, por lo que determinó convencer a Mary para que lo aceptase. Esta, en efecto, apreciaba a Collins más que las otras; encontraba en sus reflexiones una solidez que a menudo la deslumbraba, y aunque de ningún modo le juzgaba tan inteligente como ella, creía que si se le animaba a leer y a aprovechar un ejemplo como el suyo, podría llegar a ser un compañero muy agradable. Pero a la mañana siguiente todo el plan se quedó en agua de borrajas, pues la señorita Lucas vino a visitarles justo después del almuerzo y en una conversación privada con Elizabeth le relató el suceso del día anterior.

A Elizabeth ya se le había ocurrido uno o dos días antes la posibilidad de que Collins se creyese enamorado de su amiga, pero que Charlotte le alentase le parecía tan imposible como que ella misma lo hiciese. Su asombro, por consiguiente, fue tan grande que sobrepasó todos los límites del decoro y no pudo reprimir gritarle:

—¡Comprometida con el señor Collins! ¿Cómo es posible, Charlotte?

Charlotte había contado la historia con mucha serenidad, pero ahora se sentía momentáneamente confusa por haber recibido un reproche tan directo; aunque era lo que se había esperado. Pero se recuperó pronto y dijo con calma:

—¿De qué te sorprendes, Elizabeth? ¿Te parece increíble que el señor Collins haya sido capaz de procurar la estimación de una mujer por el hecho de no haber sido afortunado contigo?

Pero, entretanto, Elizabeth había recuperado la calma, y haciendo un enorme esfuerzo fue capaz de asegurarle con suficiente firmeza que le encantaba la idea de su parentesco y que le deseaba toda la felicidad del mundo.

—Sé lo que sientes —repuso Charlotte—. Tienes que estar sorprendida, sorprendidísima, haciendo tan poco que el señor Collins deseaba casarse contigo. Pero cuando hayas tenido tiempo de pensarlo bien, espero que comprenderás lo que he hecho. Sabes que no soy romántica. Nunca lo he sido. No busco más que un hogar confortable, y teniendo en cuenta el carácter de Collins, sus relaciones y su posición, estoy convencida de que tengo tantas probabilidades de ser feliz con él, como las que puede tener la mayoría de la gente que se casa.

Elizabeth le contestó dulcemente:

—Es indudable.

Y después de una pausa algo embarazosa, fueron a reunirse con el resto de la familia. Charlotte se marchó en seguida y Elizabeth se quedó meditando lo que acababa de escuchar. Tardó mucho en hacerse a la idea de un casamiento tan disparatado. Lo raro que resultaba que Collins hubiese hecho dos proposiciones de matrimonio en tres días, no era nada en comparación con el hecho de que hubiese sido aceptado. Siempre creyó que las teorías de Charlotte sobre el matrimonio no eran exactamente como las suyas, pero nunca supuso que al ponerlas en práctica sacrificase sus mejores sentimientos a cosas mundanas. Y al dolor que le causaba ver cómo su amiga se había desacreditado y había perdido mucha de la estima que le tenía, se añadía el penoso convencimiento de que le sería imposible ser feliz con la suerte que había elegido.

CAPÍTULO XXIII

Elizabeth estaba sentada con su madre y sus hermanas meditando sobre lo que había escuchado y sin saber si debía o no contarlo, cuando apareció el propio Sir William Lucas, enviado por su hija, para anunciar el compromiso a la familia. Entre muchos cumplidos y congratulándose de la unión de las dos casas, reveló el asunto a una audiencia no sólo estupefacta, sino también incrédula, pues la señora Bennet, con más obstinación que cortesía, afirmó que debía de estar completamente equivocado, y Lydia, siempre indiscreta y a menudo mal educada, exclamó alborotadamente:

—¡Santo Dios! ¿Qué está usted diciendo, sir William? ¿No sabe que el señor Collins quiere casarse con Elizabeth?

Sólo la condescendencia de un cortesano podía haber soportado, sin enfurecerse, aquel comportamiento; pero la buena educación de sir William estaba por encima de todo. Rogó que le permitieran garantizar la verdad de lo que decía, pero escuchó todas aquellas impertinencias con la más absoluta corrección.

Elizabeth se sintió obligada a ayudarle a salir de tan enojosa situación, y confirmó sus palabras, revelando lo que ella sabía por la propia Charlotte. Trató de poner fin a las exclamaciones de su madre y de sus hermanas felicitando calurosamente a sir William, en lo que pronto fue secundada por Jane, y comentando la felicidad que se podía esperar del acontecimiento, dado el excelente carácter del señor Collins y la conveniente distancia de Hunsford a Londres.

La señora Bennet estaba ciertamente demasiado sobrecogida para hablar mucho mientras sir William permaneció en la casa; pero, en cuanto se fue, se desahogó rápidamente. Primero, insistía en no creer ni una palabra; segundo, estaba segura de que a Collins lo habían engañado; tercero, confiaba en que nunca serían felices juntos; y cuarto, la boda no se llevaría a cabo. Sin embargo, de todo ello se desprendían claramente dos cosas: que Elizabeth era la verdadera causa de toda la desgracia, y que ella, la señora Bennet, había sido tratada de un modo bárbaro por todos. El resto del día lo pasó despotricando, y no hubo nada que pudiese consolarla o calmarla. Tuvo que pasar una semana antes de que pudiese ver a Elizabeth sin reprenderla; un mes, antes de que dirigiera la palabra a sir William o a lady Lucas sin ser grosera; y mucho, antes de que perdonara a Charlotte.

El estado de ánimo del señor Bennet ante la noticia era más tranquilo; es más, hasta se alegró, porque de este modo podía comprobar, según dijo, que Charlotte Lucas, a quien nunca tuvo por muy lista, era tan tonta como su mujer, y mucho más que su hija.

Jane confesó que se había llevado una sorpresa; pero habló menos de su asombro que de sus sinceros deseos de que ambos fuesen felices, ni siquiera Elizabeth logró hacerle ver que semejante felicidad era improbable. Catherine y Lydia estaban muy lejos de envidiar a la señorita Lucas, pues Collins no era más que un clérigo y el suceso no tenía para ellas más interés que el de poder difundirlo por Meryton.

Lady Lucas no podía resistir la dicha de poder desquitarse con la señora Bennet manifestándole el consuelo que le suponía tener una hija casada; iba a Longbourn con más frecuencia que de costumbre para contar lo feliz que era, aunque las poco afables miradas y los comentarios mal intencionados de la señora Bennet podrían haber acabado con toda aquella felicidad.

Entre Elizabeth y Charlotte había una barrera que les hacía guardar silencio sobre el tema, y Elizabeth tenía la impresión de que ya no volvería a existir verdadera confianza entre ellas. La decepción que se había llevado de Charlotte le hizo volverse hacia su hermana con más cariño y admiración que nunca, su rectitud y su delicadeza le garantizaban que su opinión sobre ella nunca cambiaría, y cuya felicidad cada día la tenía más preocupada, pues hacía ya una semana que Bingley se había marchado y nada se sabía de su regreso.

Jane contestó en seguida la carta de Caroline Bingley, y calculaba los días que podía tardar en recibir la respuesta. La prometida carta de Collins llegó el martes, dirigida al padre y escrita con toda la solemnidad de agradecimiento que sólo un año de vivir con la familia podía haber justificado. Después de disculparse al principio, procedía a informarle, con mucha grandilocuencia, de su felicidad por haber obtenido el afecto de su encantadora vecina la señorita Lucas, y expresaba luego que sólo con la intención de gozar de su compañía se había sentido tan dispuesto a acceder a sus amables deseos de volverse a ver en Longbourn, adonde esperaba regresar del lunes en quince días; pues lady Catherine, agregaba, aprobaba tan cordialmente su boda, que deseaba se celebrase cuanto antes, cosa que confiaba sería un argumento irrebatible para que su querida Charlotte fijase el día en que habría de hacerle el más feliz de los hombres.

La vuelta de Collins a Hertfordshire ya no era motivo de satisfacción para la señora Bennet. Al contrario, lo deploraba más que su marido: «Era muy raro que Collins viniese a Longbourn en vez de ir a casa de los Lucas; resultaba muy inconveniente y extremadamente embarazoso. Odiaba tener visitas dado su mal estado de salud, y los novios eran los seres más insoportables del mundo.» Éstos eran los continuos murmullos de la señora Bennet, que sólo cesaban ante una angustia aún mayor: la larga ausencia del señor Bingley.

Ni Jane ni Elizabeth estaban tranquilas con este tema. Los días pasaban sin que tuviese más noticia que la que pronto se extendió por Meryton: que los Bingley no volverían en todo el invierno. La señora Bennet estaba indignada y no cesaba de desmentirlo, asegurando que era la falsedad más atroz que oír se puede.

Incluso Elizabeth comenzó a temer, no que Bingley hubiese olvidado a Jane, sino que sus hermanas pudiesen conseguir apartarlo de ella. A pesar de no querer admitir una idea tan desastrosa para la felicidad de Jane y tan indigna de la firmeza de su enamorado, Elizabeth no podía evitar que con frecuencia se le pasase por la mente. Temía que el esfuerzo conjunto de sus desalmadas hermanas y de su influyente amigo, unido a los atractivos de la señorita Darcy y a los placeres de Londres, podían suponer demasiadas cosas a la vez en contra del cariño de Bingley.

En cuanto a Jane, la ansiedad que esta duda le causaba era, como es natural, más penosa que la de Elizabeth; pero sintiese lo que sintiese, quería disimularlo, y por esto entre ella y su hermana nunca se aludía a aquel asunto. A su madre, sin embargo, no la contenía igual delicadeza y no pasaba una hora sin que hablase de Bingley, expresando su impaciencia por su llegada o pretendiendo que Jane confesase que, si no volvía, la habrían tratado de la manera más indecorosa. Se necesitaba toda la suavidad de Jane para aguantar estos ataques con tolerable tranquilidad.

Collins volvió puntualmente del lunes en quince días; el recibimiento que se le hizo en Longbourn no fue tan cordial como el de la primera vez. Pero el hombre era demasiado feliz para que nada le hiciese mella, y por suerte para todos, estaba tan ocupado en su cortejo que se veían libres de su compañía mucho tiempo. La mayor parte del día se lo pasaba en casa de los Lucas, y a veces volvía a Longbourn sólo con el tiempo justo de excusar su ausencia antes de que la familia se acostase.

La señora Bennet se encontraba realmente en un estado lamentable. La sola mención de algo concerniente a la boda le producía un ataque de mal humor, y dondequiera que fuese podía tener por seguro que oiría hablar de dicho acontecimiento. El ver a la señorita Lucas la descomponía. La miraba con horror y celos al imaginarla su sucesora en aquella casa. Siempre que Charlotte venía a verlos, la señora Bennet llegaba a la conclusión de que estaba anticipando la hora de la toma de posesión, y todas las veces que le comentaba algo en voz baja a Collins, estaba convencida de que hablaban de la herencia de Longbourn y planeaban echarla a ella y a sus hijas en cuanto el señor Bennet pasase a mejor vida. Se quejaba de ello amargamente a su marido.

—La verdad, señor Bennet —le decía—, es muy duro pensar que Charlotte Lucas será un día la dueña de esta casa, y que yo me veré obligada a cederle el sitio y a vivir viéndola en mi lugar.

—Querida, no pienses en cosas tristes. Tengamos esperanzas en cosas mejores. Animémonos con la idea de que puedo sobrevivirte.

No era muy consolador, que digamos, para la señora Bennet; sin embargó, en vez de contestar, continuó:

—No puedo soportar el pensar que lleguen a ser dueños de toda esta propiedad. Si no fuera por el legado, me traería sin cuidado.

—¿Qué es lo que te traería sin cuidado?

—Me traería sin cuidado absolutamente todo.

—Demos gracias, entonces, de que te salven de semejante estado de insensibilidad.

—Nunca podré dar gracias por nada que se refiera al legado. No entenderé jamás que alguien pueda tener la conciencia tranquila desheredando a sus propias hijas. Y para colmo, ¡que el heredero tenga que ser el señor Collins! ¿Por qué él, y no cualquier otro?

—Lo dejo a tu propia consideración.

CAPÍTULO XXIV

La carta de la señorita Bingley llegó, y puso fin a todas las dudas. La primera frase ya comunicaba que todos se habían establecido en Londres para pasar el invierno, y al final expresaba el pesar del hermano por no haber tenido tiempo, antes de abandonar el campo, de pasar a presentar sus respetos a sus amigos de Hertfordshire.

No había esperanza, se había desvanecido por completo. Jane siguió leyendo, pero encontró pocas cosas, aparte de las expresiones de afecto de su autora, que pudieran servirle de alivio. El resto de la carta estaba casi por entero dedicado a elogiar a la señorita Darcy. Insistía de nuevo sobre sus múltiples atractivos, y Caroline presumía muy contenta de su creciente intimidad con ella, aventurándose a predecir el cumplimiento de los deseos que ya manifestaba en la primera carta. También le contaba con regocijo que su hermano era íntimo de la familia Darcy, y mencionaba con entusiasmo ciertos planes de este último, relativos al nuevo mobiliario.

Elizabeth, a quien Jane comunicó en seguida lo más importante de aquellas noticias, la escuchó en silencio y muy indignada. Su corazón fluctuaba entre la preocupación por su hermana y el odio a todos los demás. No daba crédito a la afirmación de Caroline de que su hermano estaba interesado por la señorita Darcy. No dudaba, como no lo había dudado jamás, que Bingley estaba enamorado de Jane; pero Elizabeth, que siempre le tuvo tanta simpatía, no pudo pensar sin rabia, e incluso sin desprecio, en aquella debilidad de carácter y en su falta de decisión, que le hacían esclavo de sus intrigantes amigos y le arrastraban a sacrificar su propia felicidad al capricho de los deseos de aquellos. Si no sacrificase más que su felicidad, podría jugar con ella como se le antojase; pero se trataba también de la felicidad de Jane, y pensaba que él debería tenerlo en cuenta. En fin, era una de esas cosas con las que es inútil romperse la cabeza.

Elizabeth no podía pensar en otra cosa; y tanto si el interés de Bingley había muerto realmente, como si había sido obstaculizado por la intromisión de sus amigos; tanto si Bingley sabía del afecto de Jane, como si le había pasado inadvertido; en cualquiera de los casos, y aunque la opinión de Elizabeth sobre Bingley pudiese variar según las diferencias, la situación de Jane seguía siendo la misma y su paz se había perturbado.

Un día o dos transcurrieron antes de que Jane tuviese el valor de confesar sus sentimientos a su hermana; pero, al fin, en un momento en que la señora Bennet las dejó solas después de haberse irritado más que de costumbre con el tema de Netherfield y su dueño, la joven no lo pudo resistir y exclamó:

—¡Si mi querida madre tuviese más dominio de sí misma! No puede hacerse idea de lo que me duelen sus continuos comentarios sobre el señor Bingley. Pero no me pondré triste. No puede durar mucho. Lo olvidaré y todos volveremos a ser como antes.

Elizabeth, solícita e incrédula, miró a su hermana, pero no dijo nada.

—¿Lo dudas? —preguntó Jane ligeramente ruborizada—. No tienes motivos. Le recordaré siempre como el mejor hombre que he conocido, eso es todo. Nada tengo que esperar ni que temer, y nada tengo que reprocharle. Gracias a Dios, no me queda esa pena. Así es que dentro de poco tiempo, estaré mucho mejor.

Con voz más fuerte añadió después:

—Tengo el consuelo de pensar que no ha sido más que un error de la imaginación por mi parte y que no ha perjudicado a nadie más que a mí misma.

—¡Querida Jane! —exclamó Elizabeth—. Eres demasiado buena. Tu dulzura y tu desinterés son verdaderamente angelicales. No sé qué decirte. Me siento como si nunca te hubiese hecho justicia, o como si no te hubiese querido todo lo que mereces.

Jane negó vehementemente que tuviese algún mérito extraordinario y rechazó los elogios de su hermana que eran sólo producto de su gran afecto.

—No —dijo Elizabeth—, eso no está bien. Todo el mundo te parece respetable y te ofendes si yo hablo mal de alguien. Tú eres la única a quien encuentro perfecta y tampoco quieres que te lo diga. No temas que me exceda apropiándome de tu privilegio de bondad universal. No hay peligro. A poca gente quiero de verdad, y de muy pocos tengo buen concepto. Cuanto más conozco el mundo, más me desagrada, y el tiempo me confirma mi creencia en la inconsistencia del carácter humano, y en lo poco que se puede uno fiar de las apariencias de bondad o inteligencia. Últimamente he tenido dos ejemplos: uno que no quiero mencionar, y el otro, la boda de Charlotte. ¡Es increíble! ¡Lo mires como lo mires, es increíble!

—Querida Lizzy, no debes tener esos sentimientos, acabarán con tu felicidad. No tienes en consideración las diferentes situaciones y la forma de ser de las personas. Ten en cuenta la respetabilidad del señor Collins y el carácter firme y prudente de Charlotte. Recuerda que pertenece a una familia numerosa, y en lo que se refiere a la fortuna, es una boda muy deseable, debes creer, por el amor de Dios, que puede que sienta cierto afecto y estima por nuestro primo.

—Por complacerte, trataría de creer lo que dices, pero nadie saldría beneficiado, porque si sospechase que Charlotte siente algún interés por el señor Collins, tendría peor opinión de su inteligencia de la que ahora tengo de su corazón. Querida Jane, el señor Collins es un hombre engreído, pedante, cerril y mentecato; lo sabes tan bien como yo; y como yo también debes saber que la mujer que se case con él no puede estar en su sano juicio. No la defiendas porque sea Charlotte Lucas. Por una persona en concreto no debes trastocar el significado de principio y de integridad, ni intentar convencerte a ti misma o a mí, de que el egoísmo es prudencia o de que la insensibilidad ante el peligro es un seguro de felicidad.

—Hablas de los dos con demasiada dureza —repuso Jane—, y espero que lo admitirás cuando veas que son felices juntos. Pero dejemos esto. Hiciste alusión a otra cosa. Mencionaste dos ejemplos. Ya sé de qué se trata, pero te ruego, querida Lizzy, que no me hagas sufrir culpando a esa persona y diciendo que has perdido la buena opinión que tenías de él. No debemos estar tan predispuestos a imaginarnos que nos han herido intencionadamente. No podemos esperar que un hombre joven y tan vital sea siempre tan circunspecto y comedido. A menudo lo que nos engaña es únicamente nuestra propia vanidad. Las mujeres nos creemos que la admiración significa más de lo que es en realidad.

—Y los hombres se cuidan bien de que así sea.

—Si lo hacen premeditadamente, no tienen justificación; pero me parece que no hay tanta premeditación en el mundo como mucha gente se figura.

—No pretendo atribuir a la premeditación la conducta del señor Bingley; pero sin querer obrar mal o hacer sufrir a los demás, se pueden cometer errores y hacer mucho daño. De eso se encargan la inconsciencia, la falta de atención a los sentimientos de otras personas y la falta de decisión.

—¿Achacas lo ocurrido a algo de eso?

—Sí, a lo último. Pero si sigo hablando, te disgustaré diciendo lo que pienso de personas que tú estimas. Vale más que procures que me calle.

¿Persistes en suponer, pues, que las hermanas influyen en él?

—Sí, junto con su amigo.

—No lo puedo creer. ¿Por qué iba a hacerlo? Sólo pueden desear su felicidad; y si él me quiere a mí, ninguna otra mujer podrá proporcionársela.

Tu primera suposición es falsa. Pueden desear muchas cosas además de su felicidad; pueden desear que aumente su riqueza, con lo que ello trae consigo; pueden desear que se case con una chica que tenga toda la importancia que da el dinero, las grandes familias y el orgullo.

—O sea que desean que elija a la señorita Darcy —replicó Jane—; pero quizá les muevan mejores intenciones de las que crees. La han tratado mucho más que a mí, es lógico que la quieran más. Pero cualesquiera que sean sus deseos, es muy poco probable que se hayan opuesto a los de su hermano. ¿Qué hermana se creería con derecho a hacerlo, a no ser que hubiese algo muy grave que objetar? Si hubiesen visto que se interesaba mucho por mí, no habrían procurado separarnos; y si él estuviese efectivamente tan interesado, todos sus esfuerzos serían inútiles. Al suponer que me quiere, sólo consigues atribuir un mal comportamiento y una actitud errónea a todo el mundo y hacerme a mí sufrir más todavía. No me avergüenzo de haberme equivocado y si me avergonzara, mi sufrimiento no sería nada en comparación con el dolor que me causaría pensar mal de Bingley o de sus hermanas. Déjame interpretarlo del mejor modo posible, del modo que lo haga más explicable.

Elizabeth no podía oponerse a tales deseos; y desde entonces el nombre de Bingley pocas veces se volvió a pronunciar entre ellas.

La señora Bennet seguía aún extrañada y murmurando al ver que Bingley no regresaba; y aunque no pasaba día sin que Elizabeth le hiciese ver claramente lo que sucedía, no parecía que la madre dejase de extrañarse. Su hija intentaba convencerla de lo que ella misma no creía, diciéndole que las atenciones de Bingley para con Jane habían sido efecto de un capricho corriente y pasajero que cesó al dejar de verla; pero aunque la señora Bennet no vacilaba en admitir esa posibilidad, no podía dejar de repetir todos los días la misma historia. Lo único que la consolaba era que Bingley tenía que volver en verano.

El señor Bennet veía la cosa de muy distinta manera.

De modo, Lizzy —le dijo un día—, que tu hermana ha tenido un fracaso amoroso. Le doy la enhorabuena. Antes de casarse, está bien que una chica tenga algún fracaso; así se tiene algo en qué pensar, y le da cierta distinción entre sus amistades. ¿Y a ti, cuándo te toca? No te gustaría ser menos que Jane.

Aprovéchate ahora. Hay en Meryton bastantes oficiales como para engañar a todas las chicas de la comarca. Elige a Wickham. Es un tipo agradable, y es seguro que te dará calabazas.

—Gracias, papá, pero me conformaría con un hombre menos agradable. No todos podemos esperar tener tan buena suerte como Jane.

—Es verdad —dijo el señor Bennet—, pero es un consuelo pensar que, suceda lo que suceda, tienes una madre cariñosa que siempre te ayudará.

La compañía de Wickham era de gran utilidad para disipar la tristeza que los últimos y desdichados sucesos habían producido a varios miembros de la familia de Longbourn. Le veían a menudo, y a sus otras virtudes unió en aquella ocasión la de una franqueza absoluta. Todo lo que Elizabeth había oído, sus quejas contra Darcy y los agravios que le había inferido, pasaron a ser del dominio público; todo el mundo se complacía en recordar lo antipático que siempre había sido Darcy, aun antes de saber nada de todo aquello.

Jane era la única capaz de suponer que hubiese en este caso alguna circunstancia atenuante desconocida por los vecinos de Hertfordshire. Su dulce e invariable candor reclamaba indulgencia constantemente y proponía la posibilidad de una equivocación; pero todo el mundo tenía a Darcy por el peor de los hombres.

CAPÍTULO XXV

Después de una semana, pasada entre promesas de amor y planes de felicidad, Collins tuvo que despedirse de su amada Charlotte para llegar el sábado a Hunsford. Pero la pena de la separación se aliviaba por parte de Collins con los preparativos que tenía que hacer para la recepción de su novia; pues tenía sus razones para creer que a poco de su próximo regreso a Hertfordshire se fijaría el día que habría de hacerle el más feliz de los hombres. Se despidió de sus parientes de Longbourn con la misma solemnidad que la otra vez; deseó de nuevo a sus bellas primas salud y venturas, y prometió al padre otra carta de agradecimiento.

El lunes siguiente, la señora Bennet tuvo el placer de recibir a su hermano y a la esposa de éste, que venían, como de costumbre, a pasar las Navidades en Longbourn. El señor Gardiner era un hombre inteligente y caballeroso, muy superior a su hermana por naturaleza y por educación. A las damas de Netherfield se les hubiese hecho difícil creer que aquel hombre que vivía del comercio y se hallaba siempre metido en su almacén, pudiera estar tan bien educado y resultar tan agradable. La señora Gardiner, bastante más joven que la señora Bennet y que la señora Philips, era una mujer encantadora y elegante, a la que sus sobrinas de Longbourn adoraban. Especialmente las dos mayores, con las que tenía una particular amistad. Elizabeth y Jane habían estado muchas veces en su casa de la capital. Lo primero que hizo la señora Gardiner al llegar fue distribuir sus regalos y describir las nuevas modas. Una vez hecho esto, dejó de llevar la voz cantante de la conversación; ahora le tocaba escuchar. La señora Bennet tenía que contarle sus muchas desdichas y sus muchas quejas. Había sufrido muchas humillaciones desde la última vez que vio a su cuñada. Dos de sus hijas habían estado a punto de casarse, pero luego todo había quedado en nada.

—No culpo a Jane continuó—, porque se habría casado con el señor Bingley, si hubiese podido; pero Elizabeth... ¡Ah, hermana mía!, es muy duro pensar que a estas horas podría ser la mujer de Collins si no hubiese sido por su testarudez. Le hizo una proposición de matrimonio en esta misma habitación y lo rechazó. A consecuencia de ello lady Lucas tendrá una hija casada antes que yo, y la herencia de Longbourn pasará a sus manos. Los Lucas son muy astutos, siempre se aprovechan de lo que pueden. Siento tener que hablar de ellos de esta forma pero es la verdad. Me pone muy nerviosa y enferma que mi propia familia me contraríe de este modo, y tener vecinos que no piensan más que en sí mismos. Menos mal que tenerte a ti aquí en estos precisos momentos, me consuela enormemente; me encanta lo que nos cuentas de las mangas largas.

La señora Gardiner, que ya había tenido noticias del tema por la correspondencia que mantenía con Jane y Elizabeth, dio una respuesta breve, y por compasión a sus sobrinas, cambió de conversación.

Cuando estuvo a solas luego con Elizabeth, volvió a hablar del asunto:

—Parece ser que habría sido un buen partido para Jane —dijo—. Siento que se haya estropeado. ¡Pero estas cosas ocurren tan a menudo! Un joven como Bingley, tal y como tú me lo describes, se enamora con facilidad de una chica bonita por unas cuantas semanas y, si por casualidad se separan, la olvida con la misma facilidad. Esas inconstancias son muy frecuentes.

—Si hubiera sido así, sería un gran consuelo —dijo Elizabeth—, pero lo nuestro es diferente. Lo que nos ha pasado no ha sido casualidad. No es tan frecuente que unos amigos se interpongan y convenzan a un joven independiente de que deje de pensar en una muchacha de la que estaba locamente enamorado unos días antes.

—Pero esa expresión, «locamente enamorado», está tan manida, es tan ambigua y tan indefinida, que no me dice nada. Lo mismo se aplica a sentimientos nacidos a la media hora de haberse conocido, que a un cariño fuerte y verdadero. Explícame cómo era el amor del señor Bingley.

—Nunca vi una atracción más prometedora. Cuando estaba con Jane no prestaba atención a nadie más, se dedicaba por entero a ella. Cada vez que se veían era más cierto y evidente. En su propio baile desairó a dos o tres señoritas al no sacarlas a bailar y yo le dirigí dos veces la palabra sin obtener respuesta. ¿Puede haber síntomas más claros? ¿No es la descortesía con todos los demás, la esencia misma del amor?

—De esa clase de amor que me figuro que sentía Bingley, sí. ¡Pobre Jane! Lo siento por ella, pues dado su modo de ser, no olvidará tan fácilmente. Habría sido mejor que te hubiese ocurrido a ti, Lizzy; tú te habrías resignado más pronto. Pero, ¿crees que podremos convencerla de que venga con nosotros a Londres? Le conviene un cambio de aires, y puede que descansar un poco de su casa le vendría mejor que ninguna otra cosa.

A Elizabeth le pareció estupenda esta proposición y no dudó de que su hermana la aceptaría.

—Supongo —añadió— que no la detendrá el pensar que pueda encontrarse con ese joven. Vivimos en zonas de la ciudad opuestas, todas nuestras amistades son tan distintas y, como tú sabes, salimos tan poco, que es muy poco probable que eso suceda, a no ser que él venga expresamente a verla.

—Y eso es imposible, porque ahora se halla bajo la custodia de su amigo, y el señor Darcy no permitiría que visitase a Jane en semejante parte de Londres. Querida tía, ¿qué te parece? Puede que Darcy haya oído hablar de un lugar como la calle Gracechurch[L27], pero creería que ni las abluciones de todo un mes serían suficientes para limpiarle de todas sus impurezas, si es que alguna vez se dignase entrar en esa calle. Y puedes tener por seguro que Bingley no daría un paso sin él.

—Mucho mejor. Espero que no se vean nunca. Pero, ¿no se escribe Jane con la hermana? Entonces, la señorita Bingley no tendrá disculpa para no ir a visitarla.

—Romperá su amistad por completo.

Pero, a pesar de que Elizabeth estuviese tan segura sobre este punto, y, lo que era aún más interesante, a pesar de que a Bingley le impidiesen ver a Jane, la señora Gardiner se convenció, después de examinarlo bien, de que había todavía una esperanza. Era posible, y a veces creía que hasta provechoso, que el cariño de Bingley se reanimase y luchara contra la influencia de sus amigos bajo la influencia más natural de los encantos de Jane.

Jane aceptó gustosa la invitación de su tía, sin pensar en los Bingley, aunque esperaba que, como Caroline no vivía en la misma casa que su hermano, podría pasar alguna mañana con ella sin el peligro de encontrarse con él.

Los Gardiner estuvieron en Longbourn una semana; y entre los Philips, los Lucas y los oficiales, no hubo un día sin que tuviesen un compromiso. La señora Bennet se había cuidado tanto de prepararlo todo para que su hermano y su cuñada lo pasaran bien, que ni una sola vez pudieron disfrutar de una comida familiar. Cuando el convite era en casa, siempre concurrirían algunos oficiales entre los que Wickham no podía faltar. En estas ocasiones, la señora Gardiner, que sentía curiosidad por los muchos elogios que Elizabeth le tributaba, los observó a los dos minuciosamente. Dándose cuenta, por lo que veía, de que no estaban seriamente enamorados; su recíproca preferencia era demasiado evidente. No se quedó muy tranquila, de modo que antes de irse de Hertfordshire decidió hablar con Elizabeth del asunto advirtiéndole de su imprudencia por alentar aquella relación.

Wickham, aparte de sus cualidades, sabía cómo agradar a la señora Gardiner. Antes de casarse, diez o doce años atrás, ella había pasado bastante tiempo en el mismo lugar de Derbyshire donde Wickham había nacido. Poseían, por lo tanto, muchas amistades en común; y aunque Wickham se marchó poco después del fallecimiento del padre de Darcy, ocurrido hacía cinco años, todavía podía contarle cosas de sus antiguos amigos, más recientes que las que ella sabía.

La señora Gardiner había estado en Pemberley y había conocido al último señor Darcy a la perfección. Éste era, por consiguiente, un tema de conversación inagotable. Comparaba sus recuerdos de Pemberley con la detallada descripción que Wickham hacía, y elogiando el carácter de su último dueño, se deleitaban los dos. Al enterarse del comportamiento de Darcy con Wickham, la señora Gardiner creía recordar algo de la mala fama que tenía cuando era aún muchacho, lo que encajaba en este caso; por fin, confesó que se acordaba que ya entonces se hablaba del joven Fitzwilliam Darcy como de un chico malo y orgulloso.

CAPÍTULO XXVI

A señora Gardiner hizo a Elizabeth la advertencia susodicha puntual y amablemente, a la primera oportunidad que tuvo de hablar a solas con ella. Después de haberle dicho honestamente lo que pensaba, añadió:

—Eres una chica demasiado sensata, Lizzy, para enamorarte sólo porque se te haya advertido que no lo hicieses; y por eso, me atrevo a hablarte abiertamente. En serio, ten cuidado. No te comprometas, ni dejes que él se vea envuelto en un cariño que la falta de fortuna puede convertir en una imprudencia. Nada tengo que decir contra él; es un muchacho muy interesante, y si tuviera la posición que debería tener, me parecería inmejorable. Pero tal y como están las cosas, no puedes cegarte. Tienes mucho sentido, y todos esperamos que lo uses. Tu padre confía en tu firmeza y en tu buena conducta. No vayas a defraudarle.

—Querida tía, esto es serio de veras.

—Sí, y ojalá que tú también te lo tomes en serio.

—Bueno, no te alarmes. Me cuidaré de Wickham. Si lo puedo evitar, no se enamorará de mí.

—Elizabeth, no estás hablando en serio.

—Perdóname. Lo intentaré otra vez. Por ahora, no estoy enamorada de Wickham; es verdad, no lo estoy. Pero es, sin comparación, el hombre más agradable que jamás he visto; tanto, que no me importaría que se sintiese atraído por mí. Sé que es una imprudencia. ¡Ay, ese abominable Darcy! La opinión que mi padre tiene de mí, me honra; y me daría muchísima pena perderla. Sin embargo, mi padre es partidario del señor Wickham. En fin, querida tía, sentiría mucho haceros sufrir a alguno de vosotros; pero cuando vemos a diario que los jóvenes, si están enamorados suelen hacer caso omiso de la falta de fortuna a la hora de comprometerse, ¿cómo podría prometer yo ser más lista que tantas de mis congéneres, si me viera tentada? O ¿cómo sabría que obraría con inteligencia si me resisto? Así es que lo único que puedo prometerte es que no me precipitaré. No me apresuraré en creer que soy la mujer de sus sueños. Cuando esté a su lado, no le demostraré que me gusta. O sea, que me portaré lo mejor que pueda.

—Tal vez lo conseguirías, si procuras que no venga aquí tan a menudo. Por lo menos, no deberías recordar a tu madre que lo invite.

—Como hice el otro día —repuso Elizabeth con maliciosa sonrisa—. Es verdad, sería lo más oportuno. Pero no vayas a imaginar que viene tan a menudo. Si le hemos invitado tanto esta semana, es porque tú estabas aquí. Ya sabes la obsesión de mi madre de que sus visitas estén constantemente acompañadas. Pero de veras, te doy mi palabra de que trataré siempre de hacer lo que crea más sensato. Espero que ahora estarás más contenta.

Su tía le aseguró que lo estaba; Elizabeth le agradeció sus amables advertencias, y se fueron. Su conversación había constituido un admirable ejemplo de saber aconsejar sin causar resentimiento.

Poco después de haberse ido los Gardiner y Jane, Collins regresó a Hertfordshire; pero como fue a casa de los Lucas, la señora Bennet no se incomodó por su llegada. La boda se aproximaba y la señora Bennet se había resignado tanto que ya la daba por inevitable e incluso repetía, eso sí, de mal talante, que deseaba que fuesen felices. La boda se iba a celebrar el jueves, y, el miércoles vino la señorita Lucas a hacer su visita de despedida. Cuando la joven se levantó para irse, Elizabeth, sinceramente conmovida, y avergonzada por la desatenta actitud y los fingidos buenos deseos de su madre, salió con ella de la habitación y la acompañó hasta la puerta. Mientras bajaban las escaleras, Charlotte dijo:

—Confío en que tendré noticias tuyas muy a menudo, Eliza.

—Las tendrás.

—Y quiero pedirte otro favor. ¿Vendrás a verme?

—Nos veremos con frecuencia en Hertfordshire, espero.

—Me parece que no podré salir de Kent hasta dentro de un tiempo. Prométeme, por lo tanto, venir a Hunsford.

A pesar de la poca gracia que le hacía la visita, Elizabeth no pudo rechazar la invitación de Charlotte.

—Mi padre y María irán a verme en marzo ——añadió Charlotte— y quisiera que los acompañases. Te aseguro, Eliza, que serás tan bien acogida como ellos.

Se celebró la boda; el novio y la novia partieron hacia Kent desde la puerta de la iglesia, y todo el mundo tuvo algún comentario que hacer o que oír sobre el particular, como de costumbre. Elizabeth no tardó en recibir carta de su amiga, y su correspondencia fue tan regular y frecuente como siempre. Pero ya no tan franca. A Elizabeth le era imposible dirigirse a Charlotte sin notar que toda su antigua confianza había desaparecido, y, aunque no quería interrumpir la correspondencia, lo hacía más por lo que su amistad había sido que por lo que en realidad era ahora. Las primeras cartas de Charlotte las recibió con mucha impaciencia; sentía mucha curiosidad por ver qué le decía de su nuevo hogar, por saber si le habría agradado lady Catherine y hasta qué punto se atrevería a confesar que era feliz. Pero al leer aquellas cartas, Elizabeth observó que Charlotte se expresaba exactamente tal como ella había previsto. Escribía alegremente, parecía estar rodeada de comodidades, y no mencionaba nada que no fuese digno de alabanza. La casa, el mobiliario, la vecindad y las carreteras, todo era de su gusto, y lady Catherine no podía ser más sociable y atenta. Era el mismo retrato de Hunsford y de Rosings que había hecho el señor Collins, aunque razonablemente mitigado. Elizabeth comprendió que debía aguardar a su propia visita para conocer el resto.

Jane ya le había enviado unas líneas a su hermana anunciándole su feliz llegada a Londres; y cuando le volviese a escribir, Elizabeth tenía esperanza de que ya podría contarle algo de los Bingley.

Su impaciencia por esta segunda carta recibió la recompensa habitual a todas las impaciencias: Jane llevaba una semana en la capital sin haber visto o sabido nada de Caroline. Sin embargo, se lo explicaba suponiendo que la última carta que le mandó a su amiga desde Longbourn se habría perdido.

«Mi tía —continuó— irá mañana a esa parte de la ciudad y tendré ocasión de hacer una visita a Caroline en la calle Grosvenor.»

Después de la visita mencionada, en la que vio a la señorita Bingley, Jane volvió a escribir: «Caroline no estaba de buen humor, pero se alegró mucho de verme y me reprochó que no le hubiese notificado mi llegada a Londres. Por lo tanto, yo tenía razón: no había recibido mi carta. Naturalmente, le pregunté por su hermano. Me dijo que estaba bien, pero que anda tan ocupado con el señor Darcy, que ella apenas le ve. Casualmente esperaban a la señorita Darcy para comer; me gustaría verla. Mi visita no fue larga, pues Caroline y la señora Hurst tenían que salir. Supongo que pronto vendrán a verme.»

Elizabeth movió la cabeza al leer la carta. Vio claramente que sólo por casualidad podría Bingley descubrir que Jane estaba en Londres.

Pasaron cuatro semanas sin que Jane supiese nada de él. Trató de convencerse a sí misma de que no lo lamentaba; pero de lo que no podía estar ciega más tiempo, era del desinterés de la señorita Bingley. Después de esperarla en casa durante quince días todas las mañanas e inventarle una excusa todas las tardes, por fin, recibió su visita; pero la brevedad de la misma y, lo que es más, su extraña actitud no dejaron que Jane siguiera engañándose. La carta que escribió entonces a su hermana demostraba lo que sentía:

«Estoy segura, mi queridísima Lizzy, de que serás incapaz de vanagloriarte a costa mía por tu buen juicio, cuando te confiese que me ha desengañado completamente del afecto de la señorita Bingley. De todos modos, aunque los hechos te hayan dado la razón, no me creas obstinada si aún afirmo que, dado su comportamiento conmigo, mi confianza era tan natural como tus recelos. A pesar de todo, no puedo comprender por qué motivo quiso ser amiga mía; pero si las cosas se volviesen a repetir, no me cabe la menor duda de que me engañaría de nuevo. Caroline no me devolvió la visita hasta ayer, y entretanto no recibí ni una nota ni una línea suya. Cuando vino se vio bien claro que era contra su voluntad; me dio una ligera disculpa, meramente formal, por no haber venido antes; no dijo palabra de cuándo volveríamos a vernos y estaba tan alterada que, cuando se fue, decidí firmemente poner fin a nuestras relaciones. Me da pena, aunque no puedo evitar echarle la culpa a ella. Hizo mal en elegirme a mí como amiga. Pero puedo decir con seguridad que fue ella quien dio el primer paso para intimar conmigo. De cualquier modo, la compadezco porque debe de comprender que se ha portado muy mal, y porque estoy segura de que la preocupación por su hermano fue la causa de todo. Y aunque nos consta que esa preocupación es innecesaria, el hecho de sentirla justifica su actitud para conmigo, y como él merece cumplidamente que su hermana le adore, toda la inquietud que le inspire es natural y apreciable. Pero no puedo menos que

preguntarme por qué sigue teniendo esos temores, pues si él se hubiese interesado por mí, nos hubiésemos visto hace ya mucho tiempo. El sabe que estoy en la ciudad; lo deduzco por algo que ella misma dijo; y todavía parecía, por su modo de hablar, que necesitaba convencerse a sí misma de que Bingley está realmente interesado por la señorita Darcy. No lo entiendo. Si no temiera juzgar con dureza, casi diría que en todo esto hay más vueltas de lo que parece. Pero procuraré ahuyentar todos estos penosos pensamientos, y pensaré sólo en lo que me hace ser feliz: tu cariño y la inalterable bondad de nuestros queridos tíos. Escríbeme pronto. La señorita Bingley habló de que nunca volverían a Netherfield y de que se desharían de la casa, pero no con mucha certeza. Vale más que no mencione estas cosas. Me alegro mucho de que hayas tenido tan buenas noticias de nuestros amigos de Hunsford. Haz el favor de ir a verlos con sir William y María. Estoy segura de que te encontrarás bien allí. Tuya,
Jane.»

A Elizabeth le dio un poco de pena esta carta, pero recuperó el ánimo al pensar que al menos ya no volvería a dejarse tomar el pelo por la señorita Bingley. Toda esperanza con respecto al hermano se había desvanecido por completo. Ni siquiera deseaba que se reanudasen sus relaciones. Cada vez que pensaba en él, más le decepcionaba su carácter. Y como un castigo para él y en beneficio de Jane, Elizabeth deseaba que se casara con la hermana del señor Darcy cuanto antes, pues, por lo que Wickham decía, ella le haría arrepentirse con creces por lo que había despreciado.

A todo esto, la señora Gardiner recordó a Elizabeth su promesa acerca de Wickham, y quiso saber cómo andaban las cosas. Las noticias de Elizabeth eran más favorables para la tía que para ella misma. El aparente interés de Wickham había desaparecido, así como sus atenciones. Ahora era otra a la que admiraba. Elizabeth era lo bastante observadora como para darse cuenta de todo, pero lo veía y escribía de ello sin mayor pesar. No había hecho mucha mella en su corazón, y su vanidad quedaba satisfecha con creer que habría sido su preferida si su fortuna se lo hubiese permitido. La repentina adquisición de diez mil libras era el encanto más notable de la joven a la que ahora Wickham rendía su atención. Pero Elizabeth, menos perspicaz tal vez en este caso que en el de Charlotte, no le echó en cara su deseo de independencia. Al contrario, le parecía lo más natural del mundo, y como presumía que a él le costaba algún esfuerzo renunciar a ella, estaba dispuesta a considerar que era la medida más sabia y deseable para ambos, y podía desearle de corazón mucha felicidad.

Le comunicó todo esto a la señora Gardiner; y después de relatarle todos los pormenores, añadió: «Estoy convencida, querida tía, de que nunca he estado muy enamorada, pues si realmente hubiese sentido esa pasión pura y elevada del amor, detestaría hasta su nombre y le desearía los mayores males. Pero no sólo sigo apreciándolo a él, sino que no siento ninguna aversión por la señorita King. No la odio, no quiero creer que es una mala chica. Esto no puede ser amor. Mis precauciones han sido eficaces; y aunque mis amistades se preocuparían mucho más por mí, si yo estuviese locamente enamorada de él, no puedo decir que lamente mi relativa insignificancia. La importancia se paga a veces demasiado cara. Kitty y Lydia se toman más a pecho que yo la traición de Wickham. Son jóvenes aún para ver la realidad del mundo y adquirir la humillante convicción de que los hombres guapos deben tener algo de qué vivir, al igual que los feos.»

CAPÍTULO XXVII

Sin otros acontecimientos importantes en la familia de Longbourn, ni más variación que los paseos a Meryton, unas veces con lodo y otras con frío, transcurrieron los meses de enero y febrero. Marzo era el mes en el que Elizabeth iría a Hunsford. Al principio no pensaba en serio ir. Pero vio que Charlotte lo daba por descontado, y poco a poco fue haciéndose gustosamente a la idea hasta decidirse. Con la ausencia, sus deseos de ver a Charlotte se habían acrecentado y la manía que le tenía a Collins había disminuido. El proyecto entrañaba cierta novedad, y como con tal madre y tan insoportables hermanas, su casa no le resultaba un lugar muy agradable, no podía menospreciar ese cambio de aires. El viaje le proporcionaba, además, el placer de ir a dar un abrazo a Jane; de tal manera que cuando se acercó la fecha, hubiese sentido tener que aplazarla.

Pero todo fue sobre ruedas y el viaje se llevó a efecto según las previsiones de Charlotte. Elizabeth acompañaría a sir William y a su segunda hija. Y para colmo, decidieron pasar una noche en Londres; el plan quedó tan perfecto que ya no se podía pedir más.

Lo único que le daba pena a Elizabeth era separarse de su padre, porque sabía que la iba a echar de menos, y cuando llegó el momento de la partida se entristeció tanto que le encargó a su hija que le escribiese e incluso prometió contestar a su carta.

La despedida entre Wickham y Elizabeth fue muy cordial, aún más por parte de Wickham. Aunque en estos momentos estaba ocupado en otras cosas, no podía olvidar que ella fue la primera que excitó y mereció su atención, la primera en escucharle y compadecerle y la primera en agradarle. Y en su manera de decirle adiós, deseándole que lo pasara bien, recordándole lo que le parecía lady Catherine de Bourgh y repitiéndole que sus opiniones sobre la misma y sobre todos los demás coincidirían siempre, hubo tal solicitud y tal interés, que Elizabeth se sintió llena del más sincero afecto hacia él y partió convencida de que siempre consideraría a Wickham, soltero o casado, como un modelo de simpatía y sencillez.

Sus compañeros de viaje del día siguiente no eran los más indicados para que Elizabeth se acordase de Wickham con menos agrado. Sir William y su hija María, una muchacha alegre pero de cabeza tan hueca como la de su padre, no dijeron nada que valiese la pena escuchar; de modo que oírles a ellos era para Elizabeth lo mismo que oír el traqueteo del carruaje. A Elizabeth le divertían los despropósitos, pero hacía ya demasiado tiempo que conocía a sir William y no podía decirle nada nuevo acerca de las maravillas de su presentación en la corte y de su título de «Sir», y sus cortesías eran tan rancias como sus noticias.

El viaje era sólo de veinticuatro millas y lo emprendieron tan temprano que a mediodía estaban ya en la calle Gracechurch. Cuando se dirigían a la puerta de los Gardiner, Jane estaba en la ventana del salón contemplando su llegada; cuando entraron en el vestíbulo, ya estaba allí para darles la bienvenida. Elizabeth la examinó con ansiedad y se alegró de encontrarla tan sana y encantadora como siempre. En las escaleras había un tropel de niñas y niños demasiado impacientes por ver a su prima como para esperarla en el salón, pero su timidez no les dejaba acabar de bajar e ir a su encuentro, pues hacía más de un año que no la veían. Todo era alegría y atenciones. El día transcurrió agradablemente; por la tarde callejearon y recorrieron las tiendas, y por la noche fueron a un teatro.

Elizabeth logró entonces sentarse al lado de su tía. El primer tema de conversación fue Jane; después de oír las respuestas a las minuciosas preguntas que le hizo sobre su hermana, Elizabeth se quedó más triste que sorprendida al saber que Jane, aunque se esforzaba siempre por mantener alto el ánimo, pasaba por momentos de gran abatimiento. No obstante, era razonable esperar que no durasen mucho tiempo. La señora Gardiner también le contó detalles de la visita de la señorita Bingley a Gracechurch, y le repitió algunas conversaciones que había tenido después con Jane que demostraban que esta última había dado por terminada su amistad.

La señora Gardiner consoló a su sobrina por la traición de Wickham y la felicitó por lo bien que lo había tomado.

—Pero dime, querida Elizabeth —añadió—, ¿qué clase de muchacha es la señorita King? Sentiría mucho tener que pensar que nuestro amigo es un cazador de dotes.

—A ver, querida tía, ¿cuál es la diferencia que hay en cuestiones matrimoniales, entre los móviles egoístas y los prudentes? ¿Dónde acaba la discreción y empieza la avaricia? Las pasadas Navidades temías que se casara conmigo porque habría sido imprudente, y ahora porque él va en busca de una joven con sólo diez mil libras de renta, das por hecho que es un cazador de dotes.

—Dime nada más qué clase de persona es la señorita King, y podré formar juicio.

—Creo que es una buena chica. No he oído decir nada malo de ella.

—Pero él no le dedicó la menor atención hasta que la muerte de su abuelo la hizo dueña de esa fortuna...

—Claro, ¿por qué había de hacerlo? Si no podía permitirse conquistarme a mí porque yo no tenía dinero, ¿qué motivos había de tener para hacerle la corte a una muchacha que nada le importaba y que era tan pobre como yo?

—Pero resulta indecoroso que le dirija sus atenciones tan poco tiempo después de ese suceso.

—Un hombre que está en mala situación, no tiene tiempo, como otros, para observar esas elegantes delicadezas. Además, si ella no se lo reprocha, ¿por qué hemos de reprochárselo nosotros?

—El que a ella no le importe no justifica a Wickham. Sólo demuestra que esa señorita carece de sentido o de sensibilidad.

—Bueno ——exclamó Elizabeth—, como tú quieras. Pongamos que él es un cazador de dotes y ella una tonta.

—No, Elizabeth, eso es lo que no quiero. Ya sabes que me dolería pensar mal de un joven que vivió tanto tiempo en Derbyshire.

—¡Ah!, pues si es por esto, yo tengo muy mal concepto de los jóvenes que viven en Derbyshire, cuyos íntimos amigos, que viven en Hertfordshire, no son mucho mejores. Estoy harta de todos ellos. Gracias a Dios, mañana voy a un sitio en donde encontraré a un hombre que no tiene ninguna cualidad agradable, que no tiene ni modales ni aptitudes para hacerse simpático. Al fin y al cabo, los hombres estúpidos son los únicos que vale la pena conocer.

—¡Cuidado, Lizzy! Esas palabras suenan demasiado a desengaño.

Antes de separarse por haber terminado la obra, Elizabeth tuvo la inesperada dicha de que sus tíos la invitasen a acompañarlos en un viaje que pensaban emprender en el verano.

—Todavía no sabemos hasta dónde iremos —dijo la señora Gardiner—, pero quizá nos lleguemos hasta los Lagos[L28].

Ningún otro proyecto podía serle a Elizabeth tan agradable. Aceptó la invitación al instante, sumamente agradecida.

—Querida, queridísima tía exclamó con entusiasmo—, ¡qué delicia!, ¡qué felicidad! Me haces revivir, esto me da fuerzas. ¡Adiós al desengaño y al rencor! ¿Qué son los hombres al lado de las rocas y de las montañas? ¡Oh, qué horas de evasión pasaremos! Y al regresar no seremos como esos viajeros que no son capaces de dar una idea exacta de nada. Nosotros sabremos adónde hemos ido, y recordaremos lo que hayamos visto. Los lagos, los ríos y las montañas no estarán confundidos en nuestra memoria, ni cuando queramos describir un paisaje determinado nos pondremos a discutir sobre su relativa situación. ¡Que nuestras primeras efusiones no sean como las de la mayoría de los viajeros!

CAPÍTULO XXVIII

Al día siguiente todo era nuevo e interesante para Elizabeth. Estaba dispuesta a pasarlo bien y muy animada, pues había encontrado a su hermana con muy buen aspecto y todos los temores que su salud le inspiraba se habían desvanecido. Además, la perspectiva de un viaje por el Norte era para ella una constante fuente de dicha.

Cuando dejaron el camino real para entrar en el sendero de Hunsford, los ojos de todos buscaban la casa del párroco y a cada revuelta creían que iban a divisarla. A un lado del sendero corría la empalizada de la finca de Rosings. Elizabeth sonrió al acordarse de todo lo que había oído decir de sus habitantes.

Por fin vislumbraron la casa parroquial. El jardín que se extendía hasta el camino, la casa que se alzaba en medio, la verde empalizada y el seto de laurel indicaban que ya habían llegado. Collins y Charlotte aparecieron en la puerta, y el carruaje se detuvo ante una pequeña entrada que conducía a la casa a través de un caminito de gravilla, entre saludos y sonrisas generales. En un momento se bajaron todos del landó, alegrándose mutuamente al verse. La señora Collins dio la bienvenida a su amiga con el más sincero agrado, y Elizabeth, al ser recibida con tanto cariño, estaba cada vez más contenta de haber venido. Observó al instante que las maneras de su primo no habían cambiado con el matrimonio; su rigida cortesía era exactamente la misma de antes, y la tuvo varios minutos en la puerta para hacerle preguntas sobre toda la familia. Sin más dilación que las observaciones de Collins a sus huéspedes sobre la pulcritud de la entrada, entraron en la casa. Una vez en el recibidor, Collins con rimbombante formalidad, les dio por segunda vez la bienvenida a su humilde casa, repitiéndoles punto por punto el ofrecimiento que su mujer les había hecho de servirles un refresco.

Elizabeth estaba preparada para verlo ahora en su ambiente, y no pudo menos que pensar que al mostrarles las buenas proporciones de la estancia, su aspecto y su mobiliario, Collins se dirigía especialmente a ella, como si deseara hacerle sentir lo que había perdido al rechazarle. Pero aunque todo parecía reluciente y confortable, Elizabeth no pudo gratificarle con ninguna señal de arrepentimiento, sino que más bien se admiraba de que su amiga pudiese tener una aspecto tan alegre con semejante compañero. Cuando Collins decía algo que forzosamente tenía que avergonzar a su mujer, lo que sucedía no pocas veces, Elizabeth volvía involuntariamente los ojos hacia Charlotte. Una vez o dos pudo descubrir que ésta se sonrojaba ligeramente; pero, por lo común, Charlotte hacía como que no le oía. Después de estar sentados durante un rato, el suficiente para admirar todos y cada uno de los muebles, desde el aparador a la rejilla de la chimenea, y para contar el viaje y todo lo que había pasado en Londres, el señor Collins les invitó a dar un paseo por el jardín, que era grande y bien trazado y de cuyo cuidado se encargaba él personalmente. Trabajar en el jardín era uno de sus más respetados placeres; Elizabeth admiró la seriedad con la que Charlotte hablaba de lo saludable que era para Collins y confesó que ella misma lo animaba a hacerlo siempre que le fuera posible. Guiándoles a través de todas las sendas y recovecos y sin dejarles apenas tiempo de expresar las alabanzas que les exigía, les fue señalando todas las vistas con una minuciosidad que estaba muy por encima de su belleza. Enumeraba los campos que se divisaban en todas direcciones y decía cuántos árboles había en cada uno. Pero de todas las vistas de las que su jardín, o la campiña, o todo el reino podía enardecerse, no había otra que pudiese compararse a la de Rosings, que se descubría a través de un claro de los árboles que limitaban la finca en la parte opuesta a la fachada de su casa. La mansión era bonita, moderna y estaba muy bien situada, en una elevación del terreno.

Desde el jardín, Collins hubiese querido llevarles a recorrer sus dos praderas, pero las señoras no iban calzadas a propósito para andar por la hierba aún helada y desistieron. Sir William fue el único que le acompañó. Charlotte volvió a la casa con su hermana y Elizabeth, sumamente contenta probablemente por poder mostrársela sin la ayuda de su marido. Era pequeña pero bien distribuida, todo estaba arreglado con orden y limpieza, mérito que Elizabeth atribuyó a Charlotte. Cuando se podía olvidar a Collins, se respiraba un aire más agradable en la casa; y por la evidente satisfacción de su amiga, Elizabeth pensó que debería olvidarlo más a menudo.

Ya le habían dicho que lady Catherine estaba todavía en el campo. Se volvió a hablar de ella mientras cenaban, y Collins, sumándose a la conversación, dijo:

—Sí, Elizabeth; tendrá usted el honor de ver a lady Catherine de Bourgh el próximo domingo en la iglesia, y no necesito decirle lo que le va a encantar. Es toda afabilidad y condescendencia, y no dudo que la honrará dirigiéndole la palabra en cuanto termine el oficio religioso. Casi no dudo tampoco de que usted y mi cuñada María serán incluidas en todas las invitaciones con que nos honre durante la estancia de ustedes aquí. Su actitud para con mi querida Charlotte es amabilísima. Comemos en Rosings dos veces a la semana y nunca consiente que volvamos a pie. Siempre pide su carruaje para que nos lleve, mejor dicho, uno de sus carruajes, porque tiene varios.

—Lady Catherine es realmente una señora muy respetable y afectuosa —añadió Charlotte—, y una vecina muy atenta.

—Muy cierto, querida; es exactamente lo que yo digo: es una mujer a la que nunca se puede considerar con bastante deferencia.

Durante la velada se habló casi constantemente de Hertfordshire y se repitió lo que ya se había dicho por escrito. Al retirarse, Elizabeth, en la soledad de su aposento, meditó sobre el bienestar de Charlotte y sobre su habilidad y discreción en sacar partido y sobrellevar a su esposo, reconociendo que lo hacía muy bien. Pensó también en cómo transcurriría su visita, a qué se dedicarían, en las fastidiosas interrupciones de Collins y en lo que se iba a divertir tratando con la familia de Rosings. Su viva imaginación lo planeó todo en seguida.

Al día siguiente, a eso de las doce, estaba en su cuarto preparándose para salir a dar un paseo, cuando oyó abajo un repentino ruido que pareció que sembraba la confusión en toda la casa. Escuchó un momento y advirtió que alguien subía la escalera apresuradamente y la llamaba a voces. Abrió la puerta y en el corredor se encontró con María agitadísima y sin aliento, que exclamó:

—¡Oh, Elizabeth querida! ¡Date prisa, baja al comedor y verás! No puedo decirte lo que es. ¡Corre, ven en seguida!

En vano preguntó Elizabeth lo que pasaba. María no quiso decirle más, ambas acudieron al comedor, cuyas ventanas daban al camino, para ver la maravilla. Ésta consistía sencillamente en dos señoras que estaban paradas en la puerta del jardín en un faetón bajo.

—¿Y eso es todo? —exclamó Elizabeth—. ¡Esperaba por lo menos que los puercos hubiesen invadido el jardín, y no veo más que a lady Catherine y a su hija!

—¡Oh, querida! —repuso María extrañadísima por la equivocación—. No es lady Catherine. La mayor es la señora Jenkinson, que vive con ellas. La otra es la señorita de Bourgh. Mírala bien. Es una criaturita. ¡Quién habría creído que era tan pequeña y tan delgada!

—Es una grosería tener a Charlotte en la puerta con el viento que hace. ¿Por qué no entra esa señorita?

—Charlotte dice que casi nunca lo hace. Sería el mayor de los favores que la señorita de Bourgh entrase en la casa.

—Me gusta su aspecto —dijo Elizabeth, pensando en otras cosas—. Parece enferma y malhumorada. Sí, es la mujer apropiada para él, le va mucho.

Collins y su esposa conversaban con las dos señoras en la verja del jardín, y Elizabeth se divertía de lo lindo viendo a sir William en la puerta de entrada, sumido en la contemplación de la grandeza que tenía ante sí y haciendo una reverencia cada vez que la señorita de Bourgh dirigía la mirada hacia donde él estaba.

Agotada la conversación, las señoras siguieron su camino, y los demás entraron en la casa. Collins, en cuanto vio a las dos muchachas, las felicitó por la suerte que habían tenido. Dicha suerte, según aclaró Charlotte, era que estaban todos invitados a cenar en Rosings al día siguiente.

CAPÍTULO XXIX

La satisfacción de Collins por esta invitación era completa. No había cosa que le hiciese más ilusión que poder mostrar la grandeza de su patrona a sus admirados invitados y hacerles ver la cortesía con la que esta dama les trataba a él y a su mujer; y el que se le diese ocasión para ello tan pronto era un ejemplo de la condescendencia de lady Catherine que no sabría cómo agradecer.

—Confieso —dijo— que no me habría sorprendido que Su Señoría nos invitase el domingo a tomar el té y a pasar la tarde en Rosings. Más bien me lo esperaba, porque conozco su afabilidad. Pero, ¿quién habría podido imaginarse una atención como ésta? ¿Quién podría haber imaginado que recibiríamos una invitación para cenar; invitación, además, extensiva a todos los de la casa, tan poquísimo tiempo después de que llegasen ustedes?

—A mí no me sorprende —replicó sir William—, porque mi situación en la vida me ha permitido conocer el verdadero modo de ser de los grandes. En la corte esos ejemplos de educación tan elegante son muy normales.

En todo el día y en la mañana siguiente casi no se habló de otra cosa que de la visita a Rosings. Collins les fue instruyendo cuidadosamente de lo que iban a tener ante sus ojos, para que la vista de aquellas estancias, de tantos criados y de tan espléndida comida, no les dejase boquiabiertos.

Cuando las señoras fueron a vestirse, le dijo a Elizabeth:

—No se preocupe por su atavío, querida prima. Lady Catherine está lejos de exigir de nosotros la elegancia en el vestir que a ella y a su hija corresponde. Sólo querría advertirle que se ponga el mejor traje que tenga; no hay ocasión para más. Lady Catherine no pensará mal de usted por el hecho de que vaya vestida con sencillez. Le gusta que se le reserve la distinción debida a su rango.

Mientras se vestían, Collins fue dos o tres veces a llamar a las distintas puertas, para recomendarles que se dieran prisa, pues a lady Catherine le incomodaba mucho tener que esperar para comer. Tan formidables informes sobre Su Señoría y su manera de vivir habían intimidado a María Lucas, poco acostumbrada a la vida social, que aguardaba su entrada en Rosings con la misma aprensión que su padre había experimentado al ser presentado en St. James.

Como hacía buen tiempo, el paseo de media milla a través de la finca de Rosings fue muy agradable. Todas las fincas tienen su belleza y sus vistas, y Elizabeth estaba encantada con todo lo que iba viendo, aunque no demostraba el entusiasmo que Collins esperaba, y escuchó con escaso interés la enumeración que él le hizo de las ventanas de la fachada, y la relación de lo que las vidrieras le habían costado a sir Lewis de Bourgh.

Mientras subían la escalera que llevaba al vestíbulo, la excitación de María iba en aumento y ni el mismo sir William las tenía todas consigo. En cambio, a Elizabeth no le fallaba su valor. No había oído decir nada de lady Catherine que le hiciese creer que poseía ningún talento extraordinario ni virtudes milagrosas, y sabía que la mera majestuosidad del dinero y de la alcurnia no le haría perder la calma.

Desde el vestíbulo de entrada, cuyas armoniosas proporciones y delicado ornato hizo notar Collins con entusiasmo, los criados les condujeron, a través de una antecámara, a la estancia donde se encontraban lady Catherine, su hija y la señora Jenkinson. Su Señoría se levantó con gran amabilidad para recibirlos. Y como la señora Collins había acordado con su marido que sería ella la que haría las presentaciones, éstas tuvieron lugar con normalidad, sin las excusas ni las manifestaciones de gratitud que él habría juzgado necesarias.

A pesar de haber estado en St. James, sir William se quedó tan apabullado ante la grandeza que le rodeaba, que apenas si tuvo ánimos para hacer una profunda reverencia, y se sentó sin decir una palabra. Su hija, asustada y como fuera de sí, se sentó también en el borde de una silla, sin saber para dónde mirar. Elizabeth estaba como siempre, y pudo observar con calma a las tres damas que tenía delante. Lady Catherine era una mujer muy alta y corpulenta, de rasgos sumamente pronunciados que debieron de haber sido hermosos en su juventud. Tenía aires de suficiencia y su manera de recibirles no era la más apropiada para hacer olvidar a sus invitados su inferior rango. Cuando estaba callada no tenía nada de terrible; pero cuando hablaba lo hacía en un tono tan autoritario que su importancia resultaba avasalladora. Elizabeth se acordó de Wickham, y sus observaciones durante la velada le hicieron comprobar que lady Catherine era exactamente tal como él la había descrito.

Después de examinar a la madre, en cuyo semblante y conducta encontró en seguida cierto parecido con Darcy, volvió los ojos hacia la hija, y casi se asombró tanto como María al verla tan delgada y tan menuda. Tanto su figura como su cara no tenían nada que ver con su madre. La señorita de Bourgh era pálida y enfermiza; sus facciones, aunque no feas, eran insignificantes; hablaba poco y sólo cuchicheaba con la señora Jenkinson, en cuyo aspecto no había nada notable y que no hizo más que escuchar lo que la niña le decía y colocar un cancel[L29] en la dirección conveniente para protegerle los ojos del sol.

Después de estar sentados unos minutos, los llevaron a una de las ventanas para que admirasen el panorama; el señor Collins los acompañó para indicarles bien su belleza, y lady Catherine les informó amablemente de que en verano la vista era mucho mejor.

La cena fue excelente y salieron a relucir en ella todos los criados y la vajilla de plata que Collins les había prometido; y tal como les había pronosticado, tomó asiento en la cabecera de la mesa por deseo de Su Señoría, con lo cual parecía que para él la vida ya no tenía nada más importante que ofrecerle. Trinchaba, comía y lo alababa todo con deleite y alacridad. Cada plato era ponderado primero por él y luego por sir William, que se hallaba ya lo suficientemente recobrado como para hacerse eco de todo lo que decía su yerno, de tal modo, que Elizabeth no comprendía cómo lady Catherine podía soportarlos. Pero lady Catherine parecía complacida con tan excesiva admiración, y sonreía afable especialmente cuando algún plato resultaba una novedad para ellos. Los demás casi no decían nada. Elizabeth estaba dispuesta a hablar en cuanto le dieran oportunidad; pero estaba sentada entre Charlotte y la señorita de Bourgh, y la primera se dedicaba a escuchar a lady Catherine, mientras que la segunda no abrió la boca en toda la comida. La principal ocupación de la señorita Jenkinson era vigilar lo poco que comía la señorita de Bourgh, pidiéndole insistentemente que tomase algún otro plato, temiendo todo el tiempo que estuviese indispuesta. María creyó conveniente no hablar y los caballeros no hacían más que comer y alabar.

Cuando las señoras volvieron al salón[L30], no tuvieron otra cosa que hacer que oír hablar a lady Catherine, cosa que hizo sin interrupción hasta que sirvieron el café, exponiendo su opinión sobre toda clase de asuntos de un modo tan decidido que demostraba que no estaba acostumbrada a que le llevasen la contraria. Interrogó a Charlotte minuciosamente y con toda familiaridad sobre sus quehaceres domésticos, dándole multitud de consejos; le dijo que todo debía estar muy bien organizado en una familia tan reducida como la suya, y la instruyó hasta en el cuidado de las vacas y las gallinas. Elizabeth vio que no había nada que estuviese bajo la atención de esta gran dama que no le ofreciera la ocasión de dictar órdenes a los demás. En los intervalos de su discurso a la señora Collins, dirigió varias preguntas a María y a Elizabeth, pero especialmente a la última, de cuya familia no sabía nada, y que, según le dijo a la señora Collins, le parecía una muchacha muy gentil y bonita. Le preguntó, en distintas ocasiones, cuántas hermanas tenía, si eran mayores o menores que ella, si había alguna que estuviera para casarse, si eran guapas, dónde habían sido educadas, qué clase de carruaje tenía su padre y cuál había sido el apellido de soltera de su madre. Elizabeth notó la impertinencia de sus preguntas, pero contestó a todas ellas con mesura. Lady Catherine observó después:

—Tengo entendido que la propiedad de su padre debe heredarla el señor Collins. Lo celebro por usted —dijo volviéndose hacia Charlotte—; pero no veo motivo para legar las posesiones fuera de la línea femenina. En la familia de sir Lewis de Bourgh no se hizo así. ¿Sabe tocar y cantar, señorita Bennet?

—Un poco.

—¡Ah!, entonces tendremos el gusto de escucharla en algún momento. Nuestro piano es excelente, probablemente mejor que el de... Un día lo probará usted. Y sus hermanas, ¿tocan y cantan también?

—Una de ellas sí.

—¿Y por qué no todas? Todas debieron aprender. Las señoritas Webb tocan todas y sus padres no son tan ricos como los suyos. ¿Dibuja usted?

—No, nada.

—¿Cómo? ¿Ninguna de ustedes?

—Ninguna.

—Es muy raro. Supongo que no habrán tenido oportunidad. Su madre debió haberlas llevado a la ciudad todas las primaveras para poder tener buenos maestros.

—Mi madre no se habría opuesto, pero mi padre odia Londres.

—¿Y su institutriz sigue aún con ustedes?

—Nunca hemos tenido institutriz.

—¡Que no han tenido nunca institutriz! ¿Cómo es posible? ¡Cinco hijas educadas en casa sin institutriz! Nunca vi nada igual. Su madre debe haber sido una verdadera esclava de su educación.

Elizabeth casi no pudo reprimir una sonrisa al asegurarle que no había sido así.

—Entonces, ¿quién las educó? ¿Quién las cuidó? Sin institutriz deben de haber estado desatendidas.

—En comparación con algunas familias, no digo que no; pero a las que queríamos aprender, nunca nos faltaron los medios. Siempre fuimos impulsadas a la lectura, y teníamos todos los maestros que fueran necesarios. Verdad es que las que preferían estar ociosas, podían estarlo.

—¡Sí, no lo dudo!, y eso es lo que una institutriz puede evitar, y si yo hubiese conocido a su madre, habría insistido con todas mis fuerzas para que tomase una. Siempre sostengo que en materia de educación no se consigue nada sin una instrucción sólida y ordenada, y sólo una institutriz la puede dar. ¡Hay que ver la cantidad de familias a quienes he orientado en este sentido! Me encanta ver a las chicas bien situadas. Cuatro sobrinas de la señora Jenkinson se colocaron muy bien gracias a mí, y el otro día mismo recomendé a otra joven de quien me hablaron por casualidad, y la familia está contentísima con ella. Señora Collins, ¿le dije a usted que ayer estuvo aquí lady Metcalfe para darme las gracias? Asegura que la señorita Pope es un tesoro. «Lady Catherine —me dijo—, me ha dado usted un tesoro.» ¿Ha sido ya presentada en sociedad alguna de sus hermanas menores, señorita Bennet?

—Sí, señora, todas.

—¡Todas! ¡Cómo! ¿Las cinco a la vez? ¡Qué extraño! Y usted es sólo la segunda. ¡Las menores presentadas en sociedad antes de casarse las mayores! Sus hermanas deben de ser muy jóvenes...

—Sí; la menor no tiene aún dieciséis años. Quizá es demasiado joven para haber sido presentada en sociedad. Pero en realidad, señora, creo que sería muy injusto que las hermanas menores no pudieran disfrutar de la sociedad y de sus amenidades, por el hecho de que las mayores no tuviesen medios o ganas de casarse pronto. La última de las hijas tiene tanto derecho a los placeres de la juventud como la primera. Demorarlos por ese motivo creo que no sería lo más adecuado para fomentar el cariño fraternal y la delicadeza de pensamiento.

—¡Caramba! —dijo Su Señoría—. Para ser usted tan joven da sus opiniones de modo muy resuelto. Dígame, ¿qué edad tiene?

—Con tres hermanas detrás ya crecidas —contestó Elizabeth sonriendo—, Su Señoría no puede esperar que se lo confiese.

Lady Catherine se quedó asombradísima de no haber recibido una respuesta directa; y Elizabeth sospechaba que había sido ella la primera persona que se había atrevido a burlarse de tan majestuosa impertinencia.

—No puede usted tener más de veinte, estoy segura; así que no necesita ocultar su edad.

—Aún no he cumplido los veintiuno.

Cuando los caballeros entraron y acabaron de tomar el té, se dispusieron las mesitas de juego. Lady Catherine, sir William y los esposos Collins se sentaron a jugar una partida de cuatrillo, y como la señorita de Bourgh prefirió jugar al casino, Elizabeth y María tuvieron el honor de ayudar a la señora Jenkinson a completar su mesa, que fue aburrida en grado superlativo. Apenas se pronunció una sílaba que no se refiriese al juego, excepto cuando la señora Jenkinson expresaba sus temores de que la señorita de Bourgh tuviese demasiado calor o demasiado frío, demasiada luz o demasiado poca. La otra mesa era mucho más animada. Lady Catherine casi no paraba de hablar poniendo de relieve las equivocaciones de sus compañeros de juego o relatando alguna anécdota de sí misma. Collins no hacía más que afirmar todo lo que decía Su Señoría, dándole las gracias cada vez que ganaba y disculpándose cuando creía que su ganancia era excesiva. Sir William no decía mucho. Se dedicaba a recopilar en su memoria todas aquellas anécdotas y tantos nombres ilustres.

Cuando lady Catherine y su hija se cansaron de jugar, se recogieron las mesas y le ofrecieron el coche a la señora Collins, que lo aceptó muy agradecida, e inmediatamente dieron órdenes para traerlo. La reunión se congregó entonces junto al fuego para oír a lady Catherine pronosticar qué tiempo iba a hacer al día siguiente. En éstas les avisaron de que el coche estaba en la puerta, y con muchas reverencias por parte de sir William y muchos discursos de agradecimiento por parte de Collins, se despidieron. En cuanto dejaron atrás el zaguán, Collins invitó a Elizabeth a que expresara su opinión sobre lo que había visto en Rosings, a lo que accedió, sólo por Charlotte, exagerándolo más de lo que sentía. Pero por más que se esforzó su elogio no satisfizo a Collins, que no tardó en verse obligado a encargarse él mismo de alabar a Su Señoría.

CAPÍTULO XXX

Sir William no pasó más que una semana en Hunsford pero fue suficiente para convencerse de que su hija estaba muy bien situada y de que un marido así y una vecindad como aquélla no se encontraban a menudo. Mientras estuvo allí, Collins dedicaba la mañana a pasearlo en su calesín[L31] para mostrarle la campiña; pero en cuanto se fue, la familia volvió a sus ocupaciones habituales. Elizabeth agradeció que con el cambio de vida ya no tuviese que ver a su primo tan frecuentemente, pues la mayor parte del tiempo que mediaba entre el almuerzo y la cena, Collins lo empleaba en trabajar en el jardín, en leer, en escribir o en mirar por la ventana de su despacho, que daba al camino. El cuarto donde solían quedarse las señoras daba a la parte trasera de la casa. Al principio a Elizabeth le extrañaba que Charlotte no prefiriese estar en el comedor, que era una pieza más grande y de aspecto más agradable. Pero pronto vio que su amiga tenía excelentes razones para obrar así, pues Collins habría estado menos tiempo en su aposento, indudablemente, si ellas hubiesen disfrutado de uno tan grande como el suyo. Y Elizabeth aprobó la actitud de Charlotte.

Desde el salón no podían ver el camino, de modo que siempre era Collins el que le daba cuenta de los coches que pasaban y en especial de la frecuencia con que la señorita de Bourgh cruzaba en su faetón, cosa que jamás dejaba de comunicarles aunque sucediese casi todos los días. La señorita solía detenerse en la casa para conversar unos minutos con Charlotte, pero era difícil convencerla de que bajase del carruaje.

Pasaban pocos días sin que Collins diese un paseo hasta Rosings y su mujer creía a menudo un deber hacer lo propio; Elizabeth, hasta que recordó que podía haber otras familias dispuestas a hacer lo mismo, no comprendió el sacrificio de tantas horas. De vez en cuando les honraba con una visita, en el transcurso de la cual, nada de lo que ocurría en el salón le pasaba inadvertido. En efecto, se fijaba en lo que hacían, miraba sus labores y les aconsejaba hacerlas de otro modo, encontraba defectos en la disposición de los muebles o descubría negligencias en la criada; si aceptaba algún refrigerio parecía que no lo hacía más que para advertir que los cuartos de carne eran demasiado grandes para ellos.

Pronto se dio cuenta Elizabeth de que aunque la paz del condado no estaba encomendada a aquella gran señora, era una activa magistrada en su propia parroquia, cuyas minucias le comunicaba Collins, y siempre que alguno de los aldeanos estaba por armar gresca o se sentía descontento o desvalido, lady Catherine se personaba en el lugar requerido para zanjar las diferencias y reprenderlos, restableciendo la armonía o procurando la abundancia.

La invitación a cenar en Rosings se repetía un par de veces por semana, y desde la partida de sir William, como sólo había una mesa de juego durante la velada, el entretenimiento era siempre el mismo. No tenían muchos otros compromisos, porque el estilo de vida del resto de los vecinos estaba por debajo del de los Collins. A Elizabeth no le importaba, estaba a gusto así, pasaba largos ratos charlando amenamente con Charlotte; y como el tiempo era estupendo, a pesar de la época del año, se distraía saliendo a caminar. Su paseo favorito, que a menudo recorría mientras los otros visitaban a lady Catherine, era la alameda que bordeaba un lado de la finca donde había un sendero muy bonito y abrigado que nadie más que ella parecía apreciar, y en el cual se hallaba fuera del alcance de la curiosidad de lady Catherine.

Con esta tranquilidad pasó rápidamente la primera quincena de su estancia en Hunsford. Se acercaba la Pascua y la semana anterior a ésta iba a traer un aditamento a la familia de Rosings, lo cual, en aquel círculo tan reducido, tenía que resultar muy importante. Poco después de su llegada, Elizabeth oyó decir que Darcy iba a llegar dentro de unas semanas, y aunque hubiese preferido a cualquier otra de sus amistades, lo cierto era que su presencia podía aportar un poco de variedad a las veladas de Rosings y que podría divertirse viendo el poco fundamento de las esperanzas de la señorita Bingley mientras observaba la actitud de Darcy con la señorita de Bourgh, a quien, evidentemente, le destinaba lady Catherine. Su Señoría hablaba de su venida con enorme satisfacción, y de él, en términos de la más elevada admiración; y parecía que le molestaba que la señorita Lucas y Elizabeth ya le hubiesen visto antes con frecuencia.

Su llegada se supo en seguida, pues Collins llevaba toda la mañana paseando con la vista fija en los templetes de la entrada al camino de Hunsford; en cuanto vio que el coche entraba en la finca, hizo su correspondiente reverencia, y corrió a casa a dar la magna noticia. A la mañana siguiente voló a Rosings a presentarle sus respetos. Pero había alguien más a quien presentárselos, pues allí se encontró con dos sobrinos de lady Catherine. Darcy había venido con el coronel Fitzwilliam, hijo menor de su tío Lord; y con gran sorpresa de toda la casa, cuando Collins regresó ambos caballeros le acompañaron. Charlotte los vio desde el cuarto de su marido cuando cruzaban el camino, y se precipitó hacia el otro cuarto para poner en conocimiento de las dos muchachas el gran honor que les esperaba, y añadió:

—Elizabeth, es a ti a quien debo agradecer esta muestra de cortesía. El señor Darcy no habría venido tan pronto a visitarme a mí.

Elizabeth apenas tuvo tiempo de negar su derecho a semejante cumplido, pues en seguida sonó la campanilla anunciando la llegada de los dos caballeros, que poco después entraban en la estancia.

El coronel Fitzwilliam iba delante; tendría unos treinta años, no era guapo, pero en su trato y su persona se distinguía al caballero. Darcy estaba igual que en Hertfordshire; cumplimentó a la señora Collins con su habitual reserva, y cualesquiera que fuesen sus sentimientos con respecto a Elizabeth, la saludó con aparente impasibilidad. Elizabeth se limitó a inclinarse sin decir palabra. El coronel Fitzwilliam tomó parte en la conversación con la soltura y la facilidad de un hombre bien educado, era muy ameno; pero su primo, después de hacer unas ligeras observaciones a la señora Collins sobre el jardín y la casa, se quedó sentado durante largo tiempo sin hablar con nadie. Por fin, sin embargo, su cortesía llegó hasta preguntar a Elizabeth cómo estaba su familia. Ella le contestó en los términos normales, y después de un momento de silencio, añadió:

—Mi hermana mayor ha pasado estos tres meses en Londres. ¿No la habrá visto, por casualidad?

Sabía de sobra que no la había visto, pero quería ver si le traicionaba algún gesto y se le notaba que era consciente de lo que había ocurrido entre los Bingley y Jane; y le pareció que estaba un poco cortado cuando respondió que nunca había tenido la suerte de encontrar a la señorita Bennet. No se habló más del asunto, y poco después los caballeros se fueron.

CAPÍTULO XXXI

El coronel Fitzwilliam fue muy elogiado y todas las señoras consideraron que su presencia sería un encanto más de las reuniones de Rosings. Pero pasaron unos días sin recibir invitación alguna, como si, al haber huéspedes en la casa, los Collins no hiciesen ya ninguna falta. Hasta el día de Pascua, una semana después de la llegada de los dos caballeros, no fueron honrados con dicha atención y aun, al salir de la iglesia, se les advirtió que no fueran hasta última hora de la tarde.

Durante la semana anterior vieron muy poco a lady Catherine y a su hija. El coronel Fitzwilliam visitó más de una vez la casa de los Collins, pero a Darcy sólo le vieron en la iglesia.

La invitación, naturalmente, fue aceptada, y a la hora conveniente los Collins se presentaron en el salón de lady Catherine. Su Señoría les recibió atentamente, pero se veía bien claro que su compañía ya no le era tan grata como cuando estaba sola; en efecto, estuvo pendiente de sus sobrinos y habló con ellos especialmente con Darcy—mucho más que con cualquier otra persona del salón.

El coronel Fitzwilliam parecía alegrarse de veras al verles; en Rosings cualquier cosa le parecía un alivio, y además, la linda amiga de la señora Collins le tenía cautivado. Se sentó al lado de Elizabeth y charlaron tan agradablemente de Kent y de Hertfordshire, de sus viajes y del tiempo que pasaba en casa, de libros nuevos y de música, que Elizabeth jamás lo había pasado tan bien en aquel salón; hablaban con tanta soltura y animación que atrajeron la atención de lady Catherine y de Darcy. Este último les había mirado ya varias veces con curiosidad. Su Señoría participó al poco rato del mismo sentimiento, y se vio claramente, porque no vaciló en preguntar:

—¿Qué estás diciendo, Fitzwilliam? ¿De qué hablas? ¿Qué le dices a la señorita Bennet? Déjame oírlo.

—Hablamos de música, señora —declaró el coronel cuando vio que no podía evitar la respuesta.

—¡De música! Pues hágame el favor de hablar en voz alta. De todos los temas de conversación es el que más me agrada. Tengo que tomar parte en la conversación si están ustedes hablando de música. Creo que hay pocas personas en Inglaterra más aficionadas a la música que yo o que posean mejor gusto natural. Si hubiese estudiado, habría resultado una gran discípula. Lo mismo le pasaría a Anne si su salud se lo permitiese; estoy segura de que habría tocado deliciosamente. ¿Cómo va Georgiana, Darcy?

Darcy hizo un cordial elogio de lo adelantada que iba su hermana.

—Me alegro mucho de que me des tan buenas noticias —dijo lady Catherine—, y te ruego que le digas de mi parte que si no practica mucho, no mejorará nada.

—Le aseguro que no necesita que se lo advierta. Practica constantemente.

—Mejor. Eso nunca está de más; y la próxima vez que le escriba le encargaré que no lo descuide. Con frecuencia le digo a las jovencitas que en música no se consigue nada sin una práctica constante. Muchas veces le he dicho a la señorita Bennet que nunca tocará verdaderamente bien si no practica más; y aunque la señora Collins no tiene piano, la señorita Bennet será muy bien acogida, como le he dicho a menudo, si viene a Rosings todos los días para tocar el piano en el cuarto de la señora Jenkinson. En esa parte de la casa no molestará a nadie.

Darcy pareció un poco avergonzado de la mala educación de su tía, y no contestó.

Cuando acabaron de tomar el café, el coronel Fitzwilliam recordó a Elizabeth que le había prometido tocar, y la joven se sentó en seguida al piano. El coronel puso su silla a su lado. Lady Catherine escuchó la mitad de la canción y luego siguió hablando, como antes, a su otro sobrino, hasta que Darcy la dejó y dirigiéndose con su habitual cautela hacia el piano, se colocó de modo que pudiese ver el rostro de la hermosa intérprete. Elizabeth reparó en lo que hacía y a la primera pausa oportuna se volvió hacia él con una amplia sonrisa y le dijo:

—¿Pretende atemorizarme, viniendo a escucharme con esa seriedad? Yo no me asusto, aunque su hermana toque tan bien. Hay una especie de terquedad en mí, que nunca me permite que me intimide nadie. Por el contrario, mi valor crece cuando alguien intenta intimidarme.

—No le diré que se ha equivocado —repuso Darcy— porque no cree usted sinceramente que tenía intención alguna de alarmarla; y he tenido el placer de conocerla lo bastante para saber que se complace a veces en sustentar opiniones que de hecho no son suyas.

Elizabeth se rió abiertamente ante esa descripción de sí misma, y dijo al coronel Fitzwilliam:

—Su primo pretende darle a usted una linda idea de mí enseñándole a no creer palabra de cuanto yo le diga. Me desola encontrarme con una persona tan dispuesta a descubrir mi verdadero modo de ser en un lugar donde yo me había hecho ilusiones de pasar por mejor de lo que soy. Realmente, señor Darcy, es muy poco generoso por su parte revelar las cosas malas que supo usted de mí en Hertfordshire, y permítame decirle que es también muy indiscreto, pues esto me podría inducir a desquitarme y saldrían a relucir cosas que escandalizarían a sus parientes.

—No le tengo miedo —dijo él sonriente.

—Dígame, por favor, de qué le acusa —exclamó el coronel Fitzwilliam—. Me gustaría saber cómo se comporta entre extraños.

—Se lo diré, pero prepárese a oír algo muy espantoso. Ha de saber que la primera vez que le vi fue en un baile, y en ese baile, ¿qué cree usted que hizo? Pues no bailó más que cuatro piezas, a pesar de escasear los caballeros, y más de una dama se quedó sentada por falta de pareja. Señor Darcy, no puede negarlo.

—No tenía el honor de conocer a ninguna de las damas de la reunión, a no ser las que me acompañaban.

—Cierto, y en un baile nunca hay posibilidad de ser presentado... Bueno, coronel Fitzwilliam, ¿qué toco ahora? Mis dedos están esperando sus órdenes.

—Puede que me habría juzgado mejor —añadió Darcy— si hubiese solicitado que me presentaran. Pero no sirvo para darme a conocer a extraños.

—Vamos a preguntarle a su primo por qué es así —dijo Elizabeth sin dirigirse más que al coronel Fitzwilliam—. ¿Le preguntamos cómo es posible que un hombre de talento y bien educado, que ha vivido en el gran mundo, no sirva para atender a desconocidos?

—Puede contestar yo mismo a esta pregunta —replicó Fitzwilliam— sin interrogar a Darcy. Eso es porque no quiere tomarse la molestia.

—Reconozco —dijo Darcy— que no tengo la habilidad que otros poseen de conversar fácilmente con las personas que jamás he visto. No puedo hacerme a esas conversaciones y fingir que me intereso por sus cosas como se acostumbra.

—Mis dedos —repuso Elizabeth— no se mueven sobre este instrumento del modo magistral con que he visto moverse los dedos de otras mujeres; no tienen la misma fuerza ni la misma agilidad, y no pueden producir la misma impresión. Pero siempre he creído que era culpa mía, por no haberme querido tomar el trabajo de hacer ejercicios. No porque mis dedos no sean capaces, como los de cualquier otra mujer, de tocar perfectamente.

Darcy sonrió y le dijo:

—Tiene usted toda la razón. Ha empleado el tiempo mucho mejor. Nadie que tenga el privilegio de escucharla podrá ponerle peros. Ninguno de nosotros toca ante desconocidos.

Lady Catherine les interrumpió preguntándoles de qué hablaban. Elizabeth se puso a tocar de nuevo. Lady Catherine se acercó y después de escucharla durante unos minutos, dijo a Darcy:

—La señorita Bennet no tocaría mal si practicase más y si hubiese disfrutado de las ventajas de un buen profesor de Londres. Sabe lo que es teclear, aunque su gusto no es como el de Anne. Anne habría sido una pianista maravillosa si su salud le hubiese permitido aprender.

Elizabeth miró a Darcy para observar su cordial asentimiento al elogio tributado a su prima, pero ni entonces ni en ningún otro momento descubrió ningún síntoma de amor; y de su actitud hacia la señorita de Bourgh, Elizabeth dedujo una cosa consoladora en favor de la señorita Bingley: que Darcy se habría casado con ella si hubiese pertenecido a su familia.

Lady Catherine continuó haciendo observaciones sobre la manera de tocar de Elizabeth, mezcladas con numerosas instrucciones sobre la ejecución y el gusto. Elizabeth las aguantó con toda la paciencia que impone la cortesía, y a petición de los caballeros siguió tocando hasta que estuvo preparado el coche de Su Señoría y los llevó a todos a casa.

CAPÍTULO XXXII

A la mañana siguiente estaba Elizabeth sola escribiendo a Jane, mientras la señora Collins y María habían ido de compras al pueblo, cuando se sobresaltó al sonar la campanilla de la puerta, señal inequívoca de alguna visita. Aunque no había oído ningún carruaje, pensó que a lo mejor era lady Catherine, y se apresuró a esconder la carta que tenía a medio escribir a fin de evitar preguntas impertinentes. Pero con gran sorpresa suya se abrió la puerta y entró en la habitación el señor Darcy. Darcy solo.

Pareció asombrarse al hallarla sola y pidió disculpas por su intromisión diciéndole que creía que estaban en la casa todas las señoras.

Se sentaron los dos y, después de las preguntas de rigor sobre Rosings, pareció que se iban a quedar callados. Por lo tanto, era absolutamente necesario pensar en algo, y Elizabeth, ante esta necesidad, recordó la última vez que se habían visto en Hertfordshire y sintió curiosidad por ver lo que diría acerca de su precipitada partida.

—¡Qué repentinamente se fueron ustedes de Netherfield el pasado noviembre, señor Darcy! —le dijo—. Debió de ser una sorpresa muy grata para el señor Bingley verles a ustedes tan pronto a su lado, porque, si mal no recuerdo, él se había ido una día antes. Supongo que tanto él como sus hermanas estaban bien cuando salió usted de Londres.

—Perfectamente. Gracias.

Elizabeth advirtió que no iba a contestarle nada más y, tras un breve silencio, añadió:

—Tengo entendido que el señor Bingley no piensa volver a Netherfield.

—Nunca le he oído decir tal cosa; pero es probable que no pase mucho tiempo allí en el futuro. Tiene muchos amigos y está en una época de la vida en que los amigos y los compromisos aumentan continuamente.

—Si tiene la intención de estar poco tiempo en Netherfield, sería mejor para la vecindad que lo dejase completamente, y así posiblemente podría instalarse otra familia allí. Pero quizá el señor Bingley no haya tomado la casa tanto por la conveniencia de la vecindad como por la suya propia, y es de esperar que la conserve o la deje en virtud de ese mismo principio.

—No me sorprendería —añadió Darcy— que se desprendiese de ella en cuanto se le ofreciera una compra aceptable.

Elizabeth no contestó. Temía hablar demasiado de su amigo, y como no tenía nada más que decir, determinó dejar a Darcy que buscase otro tema de conversación.

Él lo comprendió y dijo en seguida:

—Esta casa parece muy confortable. Creo que lady Catherine la arregló mucho cuando el señor Collins vino a Hunsford por primera vez.

—Así parece, y estoy segura de que no podía haber dado una prueba mejor de su bondad.

—El señor Collins parece haber sido muy afortunado con la elección de su esposa.

—Así es. Sus amigos pueden alegrarse de que haya dado con una de las pocas mujeres inteligentes que le habrían aceptado o que le habrían hecho feliz después de aceptarle. Mi amiga es muy sensata, aunque su casamiento con Collins me parezca a mí el menos cuerdo de sus actos. Sin embargo, parece completamente feliz: desde un punto de vista prudente, éste era un buen partido para ella.

—Tiene que ser muy agradable para la señora Collins vivir a tan poca distancia de su familia y amigos.

—¿Poca distancia le llama usted? Hay cerca de cincuenta millas.

—¿Y qué son cincuenta millas de buen camino? Poco más de media jornada de viaje. Sí, yo a eso lo llamo una distancia corta.

—Nunca habría considerado que la distancia fuese una de las ventajas del partido exclamó Elizabeth , y jamás se me habría ocurrido que la señora Collins viviese cerca de su familia.

—Eso demuestra el apego que le tiene usted a Hertfordshire. Todo lo que esté más allá de Longbourn debe parecerle ya lejos.

Mientras hablaba se sonreía de un modo que Elizabeth creía interpretar: Darcy debía suponer que estaba pensando en Jane y en Netherfield; y contestó algo sonrojada:

—No quiero decir que una mujer no pueda vivir lejos de su familia. Lejos y cerca son cosas relativas y dependen de muy distintas circunstancias. Si se tiene fortuna para no dar importancia a los gastos de los viajes, la distancia es lo de menos. Pero éste no es el caso. Los señores Collins no viven con estrecheces, pero no son tan ricos como para permitirse viajar con frecuencia; estoy segura de que mi amiga no diría que vive cerca de su familia más que si estuviera a la mitad de esta distancia.

Darcy acercó su asiento un poco más al de Elizabeth, y dijo:

—No tiene usted derecho a estar tan apegada a su residencia. No siempre va a estar en Longbourn. Elizabeth pareció quedarse sorprendida, y el caballero creyó que debía cambiar de conversación. Volvió a colocar su silla donde estaba, tomó un diario de la mesa y mirándolo por encima, preguntó con frialdad:

—¿Le gusta a usted Kent?

A esto siguió un corto diálogo sobre el tema de la campiña, conciso y moderado por ambas partes, que pronto terminó, pues entraron Charlotte y su hermana que acababan de regresar de su paseo. El tête–à–tête[L32] las dejó pasmadas. Darcy les explicó la equivocación que había ocasionado su visita a la casa; permaneció sentado unos minutos más, sin hablar mucho con nadie, y luego se marchó.

—¿Qué significa esto? —preguntó Charlotte en cuanto se fue—. Querida Elizabeth, debe de estar enamorado de ti, pues si no, nunca habría venido a vernos con esta familiaridad.

Pero cuando Elizabeth contó lo callado que había estado, no pareció muy probable, a pesar de los buenos deseos de Charlotte; y después de varias conjeturas se limitaron a suponer que su visita había obedecido a la dificultad de encontrar algo que hacer, cosa muy natural en aquella época del año. Todos los deportes[L33] se habían terminado. En casa de lady Catherine había libros y una mesa de billar, pero a los caballeros les desesperaba estar siempre metidos en casa, y sea por lo cerca que estaba la residencia de los Collins, sea por lo placentero del paseo, o sea por la gente que vivía allí, los dos primos sentían la tentación de visitarles todos los días. Se presentaban en distintas horas de la mañana, unas veces separados y otras veces juntos, y algunos acompañados de su tía. Era evidente que el coronel Fitzwilliam venía porque se encontraba a gusto con ellos, cosa que, naturalmente, le hacía aún más agradable. El placer que le causaba a Elizabeth su compañía y la manifiesta admiración de Fitzwilliam por ella, le hacían acordarse de su primer favorito George Wickham. Comparándolos, Elizabeth encontraba que los modales del coronel eran menos atractivos y dulces que los de Wickham, pero Fitzwilliam le parecía un hombre más culto.

Pero comprender por qué Darcy venía tan a menudo a la casa, ya era más difícil. No debía ser por buscar compañía, pues se estaba sentado diez minutos sin abrir la boca, y cuando hablaba más bien parecía que lo hacía por fuerza que por gusto, como si más que un placer fuese aquello un sacrificio. Pocas veces estaba realmente animado. La señora Collins no sabía qué pensar de él. Como el coronel Fitzwilliam se reía a veces de aquella estupidez de Darcy, Charlotte entendía que éste no debía de estar siempre así, cosa que su escaso conocimiento del caballero no le habría permitido adivinar; y como deseaba creer que aquel cambio era obra del amor y el objeto de aquel amor era Elizabeth, se empeñó en descubrirlo. Cuando estaban en Rosings y siempre que Darcy venía a su casa, Charlotte le observaba atentamente, pero no sacaba nada en limpio.
Verdad es que miraba mucho a su amiga, pero la expresión de tales miradas era equívoca. Era un modo de mirar fijo y profundo, pero Charlotte dudaba a veces de que fuese entusiasta, y en ocasiones parecía sencillamente que estaba distraído.

Dos o tres veces le dijo a Elizabeth que tal vez estaba enamorado de ella, pero Elizabeth se echaba a reír, y la señora Collins creyó más prudente no insistir en ello para evitar el peligro de engendrar esperanzas imposibles, pues no dudaba que toda la manía que Elizabeth le tenía a Darcy se disiparía con la creencia de que él la quería.

En los buenos y afectuosos proyectos que Charlotte formaba con respecto a Elizabeth, entraba a veces el casarla con el coronel Fitzwilliam. Era, sin comparación, el más agradable de todos. Sentía verdadera admiración por Elizabeth y su posición era estupenda. Pero Darcy[L34] tenía un considerable patronato en la Iglesia, y su primo no tenía ninguno.

CAPÍTULO XXXIII

En sus paseos por la alameda dentro de la finca más de una vez se había encontrado Elizabeth inesperadamente con Darcy. La primera vez no le hizo ninguna gracia que la mala fortuna fuese a traerlo precisamente a él a un sitio donde nadie más solía ir, y para que no volviese a repetirse se cuidó mucho de indicarle que aquél era su lugar favorito. Por consiguiente, era raro que el encuentro volviese a producirse, y, sin embargo, se produjo incluso una tercera vez. Parecía que lo hacía con una maldad intencionada o por penitencia, porque la cosa no se reducía a las preguntas de rigor o a una simple y molesta detención; Darcy volvía atrás y paseaba con ella. Nunca hablaba mucho ni la importunaba haciéndole hablar o escuchar demasiado. Pero al tercer encuentro Elizabeth se quedó asombrada ante la rareza de las preguntas que le hizo: si le gustaba estar en Hunsford, si le agradaban los paseos solitarios y qué opinión tenía de la felicidad del matrimonio Collins; pero lo más extraño fue que al hablar de Rosings y del escaso conocimiento que tenía ella de la casa, pareció que él suponía que, al volver a Kent, Elizabeth residiría también allí. ¿Estaría pensando en el coronel Fitzwilliam? La joven pensó que si algo quería decir había de ser forzosamente una alusión por ese lado. Esto la inquietó un poco y se alegró de encontrarse en la puerta de la empalizada que estaba justo enfrente de la casa de los Collins.

Releía un día, mientras paseaba, la última carta de Jane y se fijaba en un pasaje que denotaba la tristeza con que había sido escrita, cuando, en vez de toparse de nuevo con

Darcy, al levantar la vista se encontró con el coronel Fitzwilliam. Escondió al punto la carta y simulando una sonrisa, dijo:
—Nunca supe hasta ahora que paseaba usted por este camino.
—He estado dando la vuelta completa a la finca —contestó el coronel—, cosa que suelo hacer todos los años. Y pensaba rematarla con una visita a la casa del párroco. ¿Va a seguir paseando?
—No; iba a regresar.
En efecto, dio la vuelta y juntos se encaminaron hacia la casa parroquial.
—¿Se van de Kent el sábado, seguro? —preguntó Elizabeth.
—Sí, si Darcy no vuelve a aplazar el viaje. Estoy a sus órdenes; él dispone las cosas como le parece.
—Y si no le placen las cosas por lo menos le da un gran placer el poder disponerlas a su antojo. No conozco a nadie que parezca gozar más con el poder de hacer lo que quiere el señor Darcy.
—Le gusta hacer su santa voluntad   replicó el coronel Fitzwilliam—. Pero a todos nos gusta. Sólo que él tiene más medios —para hacerlo que otros muchos, porque es rico y otros son pobres. Digo lo que siento. Usted sabe que los hijos menores tienen que acostumbrarse a la dependencia y renunciar a muchas cosas.
—Yo creo que el hijo menor de un conde no lo pasa tan mal como usted dice. Vamos a ver, sinceramente, ¿qué sabe usted de renunciamientos y de dependencias? ¿Cuándo se ha visto privado, por falta de dinero, de ir a donde quería o de conseguir algo que se le antojara?
—Ésas son cosas sin importancia, y acaso pueda reconocer que no he sufrido muchas privaciones de esa naturaleza. Pero en cuestiones de mayor trascendencia, estoy sujeto a la falta de dinero. Los hijos menores no pueden casarse cuando les apetece.
—A menos que les gusten las mujeres ricas, cosa que creo que sucede a menudo.
—Nuestra costumbre de gastar nos hace demasiado dependientes, y no hay muchos de mi rango que se casen sin prestar un poco de atención al dinero.
«¿Se referirá esto a mí?», pensó Elizabeth sonrojándose. Pero reponiéndose contestó en tono jovial:
—Y dígame, ¿cuál es el precio normal de un hijo menor de un conde? A no ser que el hermano mayor esté muy enfermo, no pedirán ustedes más de cincuenta mil libras...
Él respondió en el mismo tono y el tema se agotó. Para impedir un silencio que podría hacer suponer al coronel que lo dicho le había afectado, Elizabeth dijo poco después:
—Me imagino que su primo le trajo con él sobre todo para tener alguien a su disposición. Me extraña que no se case, pues así tendría a una persona sujeta constantemente. Aunque puede que su hermana le baste para eso, de momento, pues como está a su exclusiva custodia debe de poder mandarla a su gusto.
—No —dijo el coronel Fitzwilliam—, esa ventaja la tiene que compartir conmigo. Estoy encargado, junto con él, de la tutoría de su hermana.
—¿De veras? Y dígame, ¿qué clase de tutoría es la que ejercen? ¿Les da mucho que hacer? Las chicas de su edad son a veces un poco difíciles de gobernar, y si tiene el mismo carácter que el señor Darcy, le debe de gustar también hacer su santa voluntad.
Mientras hablaba, Elizabeth observó que el coronel la miraba muy serio, y la forma en que le preguntó en seguida que cómo suponía que la señorita Darcy pudiera darles algún quebradero de cabeza, convenció a Elizabeth de que, poco o mucho, se había acercado a la verdad. La joven contestó a su pregunta directamente:
—No se asuste. Nunca he oído decir de ella nada malo y casi aseguraría que es una de las mejores criaturas del mundo. Es el ojo derecho de ciertas señoras que conozco: la

señora Hurst y la señorita Bingley. Me parece que me dijo usted que también las conocía.

—Algo, sí. Su hermano es un caballero muy agradable, íntimo amigo de Darcy.

—¡Oh, sí! —dijo Elizabeth secamente—. El señor Darcy es increíblemente amable con el señor Bingley y lo cuida de un modo extraordinario.

—¿Lo cuida? Sí, realmente, creo que lo cuida precisamente en lo que mayores cuidados requiere. Por algo que me contó cuando veníamos hacia aquí, presumo que Bingley le debe mucho. Pero debo pedirle que me perdone, porque no tengo derecho a suponer que Bingley fuese la persona a quien Darcy se refería. Son sólo conjeturas.

—¿Qué quiere decir?

—Es una cosa que Darcy no quisiera que se divulgase, pues si llegase a oídos de la familia de la dama, resultaría muy desagradable.

No se preocupe, no lo divulgaré.

—Tenga usted en cuenta que carezco de pruebas para suponer que se trata de Bingley. Lo que Darcy me dijo es que se alegraba de haber librado hace poco a un amigo de cierto casamiento muy imprudente; pero no citó nombres ni detalles, y yo sospeché que el amigo era Bingley sólo porque me parece un joven muy a propósito para semejante caso, y porque sé que estuvieron juntos todo el verano.

—¿Le dijo a usted el señor Darcy las razones que tuvo para inmiscuirse en el asunto?

—Yo entendí que había algunas objeciones de peso en contra de la señorita.

—¿Y qué artes usó para separarles?

—No habló de sus artimañas —dijo Fitzwilliam sonriendo—. Sólo me contó lo que acabo de decirle.

Elizabeth no hizo ningún comentario y siguió caminando con el corazón henchido de indignación. Después de observarla un poco, Fitzwilliam le preguntó por qué estaba tan pensativa.

—Estoy pensando en lo que usted me ha dicho —respondió Elizabeth—. La conducta de su primo no me parece nada bien. ¿Por qué tenía que ser él el juez?

—¿Quiere decir que su intervención fue indiscreta? —No veo qué derecho puede tener el señor Darcy para decidir sobre una inclinación de su amigo y por qué haya de ser él el que dirija y determine, a su juicio, de qué modo ha de ser su amigo feliz. Pero ––continuó, reportándose—, no sabiendo detalles, no está bien censurarle. Habrá que creer que el amor no tuvo mucho que ver en este caso.

Es de suponer —dijo Fitzwilliam—, pero eso aminora muy tristemente el triunfo de mi primo.

Esto último lo dijo en broma, pero a Elizabeth le pareció un retrato tan exacto de Darcy que creyó inútil contestar. Cambió de conversación y se puso a hablar de cosas intrascendentes hasta que llegaron a la casa. En cuanto el coronel se fue, Elizabeth se encerró en su habitación y pensó sin interrupción en todo lo que había oído. No cabía suponer que el coronel se refiriese a otras personas que a Jane y a Bingley. No podían existir dos hombres sobre los cuales ejerciese Darcy una influencia tan ilimitada. Nunca había dudado de que Darcy había tenido que ver en las medidas tomadas para separar a Bingley y a Jane; pero el plan y el principal papel siempre lo había atribuido a la señorita Bingley. Sin embargo, si su propia vanidad no le ofuscaba, él era el culpable; su orgullo y su capricho eran la causa de todo lo que Jane había sufrido y seguía sufriendo aún. Por él había desaparecido toda esperanza de felicidad en el corazón más amable y generoso del mundo, y nadie podía calcular todo el mal que había hecho.

El coronel Fitzwilliam había dicho que «había algunas objeciones de peso contra la señorita». Y esas objeciones serían seguramente el tener un tío abogado de pueblo y otro comerciante en Londres...

«Contra Jane —pensaba Elizabeth— no había ninguna objeción posible. ¡Ella es el encanto y la bondad personificados! Su inteligencia es excelente; su talento, inmejorable; sus modales, cautivadores. Nada había que objetar tampoco contra su padre que, en medio de sus rarezas, poseía aptitudes que no desdeñaría el propio Darcy y una respetabilidad que acaso éste no alcanzase nunca.» Al acordarse de su madre, su confianza cedió un poquito; pero tampoco admitió que Darcy pudiese oponerle ninguna objeción de peso, pues su orgullo estaba segura de ello— daba más importancia a la falta de categoría de los posibles parientes de su amigo, que a su falta de sentido. En resumidas cuentas, había que pensar que le había impulsado por una parte el más empedernido orgullo y por otra su deseo de conservar a Bingley para su hermana.

La agitación y las lágrimas le dieron a Elizabeth un dolor de cabeza que aumentó por la tarde, y sumada su dolencia a su deseo de no ver a Darcy, decidió no acompañar a sus primos a Rosings, donde estaban invitados a tomar el té. La señora Collins, al ver que estaba realmente indispuesta, no insistió, e impidió en todo lo posible que su marido lo hiciera; pero Collins no pudo ocultar su temor de que lady Catherine tomase a mal la ausencia de Elizabeth.

CAPÍTULO XXXIV

Cuando todos se habían ido, Elizabeth, como si se propusiera exasperarse más aún contra Darcy, se dedicó a repasar todas las cartas que había recibido de Jane desde que se hallaba en Kent. No contenían lamentaciones ni nada que denotase que se acordaba de lo pasado ni que indicase que sufría por ello; pero en conjunto y casi en cada línea faltaba la alegría que solía caracterizar el estilo de Jane, alegría que, como era natural en un carácter tan tranquilo y afectuoso, casi nunca se había eclipsado. Elizabeth se fijaba en todas las frases reveladoras de desasosiego, con una atención que no había puesto en la primera lectura. El vergonzoso alarde de Darcy por el daño que había causado le hacía sentir más vivamente el sufrimiento de su hermana. Le consolaba un poco pensar que dentro de dos días estaría de nuevo al lado de Jane y podría contribuir a que recobrase el ánimo con los cuidados que sólo el cariño puede dar.

No podía pensar en la marcha de Darcy sin recordar que su primo se iba con él; pero el coronel Fitzwilliam le había dado a entender con claridad que no podía pensar en ella.

Mientras estaba meditando todo esto, la sorprendió la campanilla de la puerta, y abrigó la esperanza de que fuese el mismo coronel Fitzwilliam que ya una vez las había visitado por la tarde y a lo mejor iba a preguntarle cómo se encontraba. Pero pronto desechó esa idea y siguió pensando en sus cosas cuando, con total sobresalto, vio que Darcy entraba en el salón. Inmediatamente empezó a preguntarle, muy acelerado, por su salud, atribuyendo la visita a su deseo de saber que se encontraba mejor. Ella le contestó cortés pero fríamente. Elizabeth estaba asombrada pero no dijo ni una palabra. Después de un silencio de varios minutos se acercó a ella y muy agitado declaró:

—He luchado en vano. Ya no puedo más. Soy incapaz de contener mis sentimientos. Permítame que le diga que la admiro y la amo apasionadamente.

El estupor de Elizabeth fue inexpresable. Enrojeció, se quedó mirándole fijamente, indecisa y muda. El lo interpretó como un signo favorable y siguió manifestándole todo lo que sentía por ella desde hacía tiempo. Se explicaba bien, pero no sólo de su amor tenía que hablar, y no fue más elocuente en el tema de la ternura que en el del orgullo. La inferioridad de Elizabeth, la degradación que significaba para él, los obstáculos de familia que el buen juicio le había hecho anteponer siempre a la estimación. Hablaba de estas cosas con un ardor que reflejaba todo lo que le herían, pero todo ello no era lo más indicado para apoyar su demanda.

A pesar de toda la antipatía tan profundamente arraigada que le tenía, Elizabeth no pudo permanecer insensible a las manifestaciones de afecto de un hombre como Darcy, y aunque su opinión no varió en lo más mínimo, se entristeció al principio por la decepción que iba a llevarse; pero el lenguaje que éste empleó luego fue tan insultante que toda la compasión se convirtió en ira. Sin embargo, trató de contestarle con calma cuando acabó de hablar. Concluyó asegurándole la firmeza de su amor que, a pesar de todos sus esfuerzos, no había podido vencer, y esperando que sería recompensado con la aceptación de su mano. Por su manera de hablar, Elizabeth advirtió que Darcy no ponía en duda que su respuesta sería favorable. Hablaba de temores y de ansiedad, pero su aspecto revelaba una seguridad absoluta. Esto la exasperaba aún más y cuando él terminó, le contestó con las mejillas encendidas por la ira:

—En estos casos creo que se acostumbra a expresar cierto agradecimiento por los sentimientos manifestados, aunque no puedan ser igualmente correspondidos. Es natural que se sienta esta obligación, y si yo sintiese gratitud, le daría las gracias. Pero no puedo; nunca he ambicionado su consideración, y usted me la ha otorgado muy en contra de su voluntad. Siento haber hecho daño a alguien, pero ha sido inconscientemente, y espero que ese daño dure poco tiempo. Los mismos sentimientos que, según dice, le impidieron darme a conocer sus intenciones durante tanto tiempo, vencerán sin dificultad ese sufrimiento.

Darcy, que estaba apoyado en la repisa de la chimenea con los ojos clavados en el rostro de Elizabeth, parecía recibir sus palabras con tanto resentimiento como sorpresa. Su tez palideció de rabia y todas sus facciones mostraban la turbación de su ánimo. Luchaba por guardar la compostura, y no abriría los labios hasta que creyese haberlo conseguido. Este silencio fue terrible para Elizabeth. Por fin, forzando la voz para aparentar calma, dijo:

—¿Y es ésta toda la respuesta que voy a tener el honor de esperar? Quizá debiera preguntar por qué se me rechaza con tan escasa cortesía. Pero no tiene la menor importancia.

—También podría yo replicó Elizabeth— preguntar por qué con tan evidente propósito de ofenderme y de insultarme me dice que le gusto en contra de su voluntad, contra su buen juicio y hasta contra su modo de ser. ¿No es ésta una excusa para mi falta de cortesía, si es que en realidad he cometido? Pero, además, he recibido otras provocaciones, lo sabe usted muy bien. Aunque mis sentimientos no hubiesen sido contrarios a los suyos, aunque hubiesen sido indiferentes o incluso favorables, ¿cree usted que habría algo que pudiese tentarme a aceptar al hombre que ha sido el culpable de arruinar, tal vez para siempre, la felicidad de una hermana muy querida?

Al oír estas palabras, Darcy mudó de color; pero la conmoción fue pasajera y siguió escuchando sin intención de interrumpirla.

—Yo tengo todas las razones del mundo para tener un mal concepto de usted —continuó Elizabeth—. No hay nada que pueda excusar su injusto y ruin proceder. No se atreverá usted a negar que fue el principal si no el único culpable de la separación del señor Bingley y mi hermana, exponiendo al uno a las censuras de la gente por caprichoso y voluble, y al otro a la burla por sus fallidas esperanzas, sumiéndolos a los dos en la mayor desventura.

Hizo una pausa y vio, indignada, que Darcy la estaba escuchando con un aire que indicaba no hallarse en absoluto conmovido por ningún tipo de remordimiento. Incluso la miraba con una sonrisa de petulante incredulidad.

—¿Puede negar que ha hecho esto? —repitió ella.

Fingiendo estar sereno, Darcy contestó:

—No he de negar que hice todo lo que estuvo en mi mano para separar a mi amigo de su hermana, ni que me alegro del resultado. He sido más amable con él que conmigo mismo.

Elizabeth desdeñó aparentar que notaba esa sutil reflexión, pero no se le escapó su significado, y no consiguió conciliarla.

—Pero no sólo en esto se funda mi antipatía —continuó Elizabeth . Mi opinión de usted se formó mucho antes de que este asunto tuviese lugar. Su modo de ser quedó revelado por una historia que me contó el señor Wickham hace algunos meses. ¿Qué puede decir a esto? ¿Con qué acto ficticio de amistad puede defenderse ahora? ¿Con qué falsedad puede justificar en este caso su dominio sobre los demás?

—Se interesa usted muy vivamente por lo que afecta a ese caballero —dijo Darcy en un tono menos tranquilo y con el rostro enrojecido.

—¿Quién, que conozca las penas que ha pasado, puede evitar sentir interés por él?

—¡Las penas que ha pasado! exclamó Darcy despectivamente—. Sí, realmente, unas penas inmensas...

—¡Por su culpa! —exclamó Elizabeth con energía—. Usted le redujo a su actual relativa pobreza. Usted le negó el porvenir que, como bien debe saber, estaba destinado para él. En los mejores años de la vida le privó de una independencia a la que no sólo tenía derecho sino que merecía. ¡Hizo todo esto! Y aún es capaz de ridiculizar y burlarse de sus penas...

—¡Y ésa es — gritó Darcy mientras se paseaba como una exhalación por el cuarto — la opinión que tiene usted de mí! ¡Ésta es la estimación en la que me tiene! Le doy las gracias por habérmelo explicado tan abiertamente. Mis faltas, según su cálculo, son verdaderamente enormes. Pero puede —añadió deteniéndose y volviéndose hacia ella— que estas ofensas hubiesen sido pasadas por alto si no hubiese herido su orgullo con mi honesta confesión de los reparos que durante largo tiempo me impidieron tomar una resolución. Me habría ahorrado estas amargas acusaciones si hubiese sido más hábil y le hubiese ocultado mi lucha, halagándola al hacerle creer que había dado este paso impulsado por la razón, por la reflexión, por una incondicional y pura inclinación, por lo que sea. Pero aborrezco todo tipo de engaño y no me avergüenzo de los sentimientos que he manifestado, eran naturales y justos. ¿Cómo podía suponer usted que me agradase la inferioridad de su familia y que me congratulase por la perspectiva de tener unos parientes cuya condición están tan por debajo de la mía?

La irritación de Elizabeth crecía a cada instante; aun así intentó con todas sus fuerzas expresarse con mesura cuando dijo:

—Se equivoca usted, señor Darcy, si supone que lo que me ha afectado es su forma de declararse; si se figura que me habría evitado el mal rato de rechazarle si se hubiera comportado de modo más caballeroso.

Elizabeth se dio cuenta de que estaba a punto de interrumpirla, pero no dijo nada y ella continuó:

—Usted no habría podido ofrecerme su mano de ningún modo que me hubiese tentado a aceptarla.

De nuevo su asombro era obvio. La miró con una expresión de incredulidad y humillación al mismo tiempo, y ella siguió diciendo:

—Desde el principio, casi desde el primer instante en que le conocí, sus modales me convencieron de su arrogancia, de su vanidad y de su egoísta desdén hacia los sentimientos ajenos; me disgustaron de tal modo que hicieron nacer en mí la desaprobación que los sucesos posteriores convirtieron en firme desagrado; y no hacía un mes aún que le conocía cuando supe que usted sería el último hombre en la tierra con el que podría casarme.

—Ha dicho usted bastante, señorita. Comprendo perfectamente sus sentimientos y sólo me resta avergonzarme de los míos. Perdone por haberle hecho perder tanto tiempo, y acepte mis buenos deseos de salud y felicidad.

Dicho esto salió precipitadamente de la habitación, y Elizabeth le oyó en seguida abrir la puerta de la entrada y salir de la casa.

La confusión de su mente le hacía sufrir intensamente. No podía sostenerse de pie y tuvo que sentarse porque las piernas le flaqueaban. Lloró durante media hora. Su asombro al recordar lo ocurrido crecía cada vez más. Haber recibido una proposición de matrimonio de Darcy que había estado enamorado de ella durante tantos meses, y tan enamorado que quería casarse a pesar de todas las objeciones que le habían inducido a impedir que su amigo se casara con Jane, y que debieron pasar con igual fuerza en su propio caso, resultaba increíble. Le era grato haber inspirado un afecto tan vehemente. Pero el orgullo, su abominable orgullo, su desvergonzada confesión de lo que había hecho con Jane, su imperdonable descaro al reconocerlo sin ni siquiera tratar de disculparse, y la insensibilidad con que había hablado de Wickham a pesar de no haber negado su crueldad para con él, no tardaron en prevalecer sobre la compasión que había sentido al pensar en su amor.

Siguió inmersa en sus agitados pensamientos, hasta que el ruido del carruaje de lady Catherine le hizo darse cuenta de que no estaba en condiciones de encontrarse con Charlotte, y subió corriendo a su cuarto.

CAPÍTULO XXXV

Elizabeth se despertó a la mañana siguiente con los mismos pensamientos y cavilaciones con que se había dormido. No lograba reponerse de la sorpresa de lo acaecido; le era imposible pensar en otra cosa. Incapaz de hacer nada, en cuanto desayunó decidió salir a tomar el aire y a hacer ejercicio. Se encaminaba directamente hacia su paseo favorito, cuando recordó que Darcy iba alguna vez por allí; se detuvo y en lugar de entrar en la finca tomó otra vereda en dirección contraria a la calle donde estaba la barrera de portazgo[L35], y que estaba aún limitada por la empalizada de Rosings, y pronto pasó por delante de una de las portillas que daba acceso a la finca.

Después de pasear dos o tres veces a lo largo de aquella parte del camino, le entró la tentación, en vista de lo deliciosa que estaba la mañana, de pararse en las portillas y contemplar la finca. Las cinco semanas que llevaba en Kent habían transformado mucho la campiña, y cada día verdeaban más los árboles tempranos. Se disponía a continuar su paseo, cuando vislumbró a un caballero en la alameda que bordeaba la finca; el caballero caminaba en dirección a ella, y Elizabeth, temiendo que fuese Darcy, retrocedió al instante. Pero la persona, que se adelantaba, estaba ya lo suficientemente cerca para verla; siguió andando de prisa y pronunció su nombre. Ella se había vuelto, pero al oír aquella voz en la que reconoció a Darcy, continuó en dirección a la puerta. El caballero la alcanzó y, mostrándole una carta que ella tomó instintivamente, le dijo con una mirada altiva:

—He estado paseando por la alameda durante un rato esperando encontrarla. ¿Me concederá el honor de leer esta carta?

Y entonces, con una ligera inclinación, se encaminó de nuevo hacia los plantíos y pronto se perdió de vista.

Sin esperar ningún agrado, pero con gran curiosidad, Elizabeth abrió la carta, y su asombro fue en aumento al ver que el sobre contenía dos pliegos completamente escritos con una letra muy apretada. Incluso el sobre estaba escrito. Prosiguiendo su paseo por el camino, la empezó a leer. Estaba fechada en Rosings a las ocho de la mañana y decía lo siguiente:

«No se alarme, señorita, al recibir esta carta, ni crea que voy a repetir en ella mis sentimientos o a renovar las proposiciones que tanto le molestaron anoche. Escribo sin ninguna intención de afligirla ni de humillarme yo insistiendo en unos deseos que, para la felicidad de ambos, no pueden olvidarse tan fácilmente; el esfuerzo de redactar y de leer esta carta podía haber sido evitado si mi modo de ser no me obligase a escribirla y a que usted la lea. Por lo tanto, perdóneme que tome la libertad de solicitar su atención; aunque ya sé que habrá de concedérmela de mala gana, se lo pido en justicia.

»Ayer me acusó usted de dos ofensas de naturaleza muy diversa y de muy distinta magnitud. La primera fue el haber separado al señor Bingley de su hermana, sin consideración a los sentimientos de ambos; y el otro que, a pesar de determinados derechos y haciendo caso omiso del honor y de la humanidad, arruiné la prosperidad inmediata y destruí el futuro del señor Wickham. Haber abandonado despiadada e intencionadamente al compañero de mi juventud y al favorito de mi padre, a un joven que casi no tenía más porvenir que el de nuestra rectoría y que había sido educado para su ejercicio, sería una depravación que no podría compararse con la separación de dos jóvenes cuyo afecto había sido fruto de tan sólo unas pocas semanas. Pero espero que retire usted la severa censura que tan abiertamente me dirigió anoche, cuando haya leído la siguiente relación de mis actos con respecto a estas dos circunstancias y sus motivos. Si en la explicación que no puedo menos que dar, me veo obligado a expresar sentimientos que la ofendan, sólo puedo decir que lo lamento. Hay que someterse a la necesidad y cualquier disculpa sería absurda.

»No hacía mucho que estaba en Hertfordshire cuando observé, como todo el mundo, que el señor Bingley distinguía a su hermana mayor mucho más que a ninguna de las demás muchachas de la localidad; pero hasta la noche del baile de Netherfield no vi que su cariño fuese formal. Varias veces le había visto antes enamorado. En aquel baile, mientras tenía el honor de estar bailando con usted, supe por primera vez, por una casual información de sir William Lucas, que las atenciones de Bingley para con su hermana habían hecho concebir esperanzas de matrimonio; me habló de ello como de una cosa resuelta de la que sólo había que fijar la fecha. Desde aquel momento observé cuidadosamente la conducta de mi amigo y pude notar que su inclinación hacia la señorita Bennet era mayor que todas las que había sentido antes. También estudié a su hermana. Su aspecto y sus maneras eran francas, alegres y atractivas como siempre, pero no revelaban ninguna estimación particular. Mis observaciones durante aquella velada me dejaron convencido de que, a pesar del placer con que recibía las atenciones de mi amigo, no le correspondía con los mismos sentimientos. Si usted no se ha equivocado con respecto a esto, será que yo estaba en un error. Como sea que usted conoce mejor a su hermana, debe ser más probable lo último; y si es así, si movido por aquel error la he hecho sufrir, su resentimiento no es inmotivado. Pero no vacilo en afirmar que el aspecto y el aire de su hermana podían haber dado al más sutil observador la seguridad de que, a pesar de su carácter afectuoso, su corazón no parecía haber sido afectado. Es cierto que yo deseaba creer en su indiferencia, pero le advierto que normalmente mis estudios y mis conclusiones no se dejan influir por mis esperanzas o temores. No la creía indiferente porque me convenía creerlo, lo creía con absoluta imparcialidad. Mis objeciones a esa boda no eran exactamente las que anoche reconocí que sólo podían ser superadas por la fuerza de la pasión, como en mi propio caso; la desproporción de categoría no sería tan grave en lo que atañe a mi amigo como en lo que a mí se refiere; pero había otros obstáculos que, a pesar de existir tanto en el caso de mi amigo como en el mío, habría tratado de olvidar puesto que no me afectaban directamente. Debo decir cuáles eran, aunque lo haré brevemente. La posición de la familia de su madre, aunque cuestionable, no era nada comparado con la absoluta inconveniencia mostrada tan a menudo, casi constantemente, por dicha señora, por sus tres hermanas menores y, en ocasiones, incluso por su padre. Perdóneme, me duele ofenderla; pero en medio de lo que le conciernen los defectos de sus familiares más próximos y de su disgusto por la mención que hago de los mismos, consuélese pensando que el hecho de que tanto usted como su hermana se comporten de tal manera que no se les pueda hacer de ningún modo los mismos reproches, las eleva aún más en la estimación que merecen. Sólo diré que con lo que pasó aquella noche se confirmaron todas mis sospechas y aumentaron los motivos que ya antes hubieran podido impulsarme a preservar a mi amigo de lo que consideraba como una unión desafortunada. Bingley se marchó a Londres al día siguiente, como usted recordará, con el propósito de regresar muy pronto.

»Falta ahora explicar mi intervención en el asunto. El disgusto de sus hermanas se había exasperado también y pronto descubrimos que coincidíamos en nuestras apreciaciones. Vimos que no había tiempo que perder si queríamos separar a Bingley de su hermana, y decidimos irnos con él a Londres. Nos trasladamos allí y al punto me dediqué a hacerle comprender a mi amigo los peligros de su elección. Se los enumeré y se los describí con empeño. Pero, aunque ello podía haber conseguido que su determinación vacilase o se aplazara, no creo que hubiese impedido al fin y al cabo la boda, a no ser por el convencimiento que logré inculcarle de la indiferencia de su hermana. Hasta entonces Bingley había creído que ella correspondía a su afecto con sincero aunque no igual interés. Pero Bingley posee una gran modestia natural y, además, cree de buena fe que mi sagacidad es mayor que la suya. Con todo, no fue fácil convencerle de que se había engañado. Una vez convencido, el hacerle tomar la decisión de no volver a Hertfordshire fue cuestión de un instante. No veo en todo esto nada vituperable contra mí. Una sola cosa en todo lo que hice me parece reprochable: el haber accedido a tomar las medidas procedentes para que Bingley ignorase la presencia de su hermana en la ciudad. Yo sabía que estaba en Londres y la señorita Bingley lo sabía también; pero mi amigo no se ha enterado todavía. Tal vez si se hubiesen encontrado, no habría pasado nada; pero no me parecía que su afecto se hubiese extinguido lo suficiente para que pudiese volver a verla sin ningún peligro. Puede que esta ocultación sea indigna de mí, pero creí mi deber hacerlo. Sobre este asunto no tengo más que decir ni más disculpa que ofrecer. Si he herido los sentimientos de su hermana, ha sido involuntariamente, y aunque mis móviles puedan parecerle insuficientes, yo no los encuentro tan condenables.

»Con respecto a la otra acusación más importante de haber perjudicado al señor Wickham, sólo la puedo combatir explicándole detalladamente la relación de ese señor con mi familia. Ignoro de qué me habrá acusado en concreto, pero hay más de un testigo fidedigno que pueda corroborarle a usted la veracidad de cuanto voy a contarle.

»El señor Wickham es hijo de un hombre respetabilísimo que tuvo a su cargo durante muchos años la administración de todos los dominios de Pemberley, y cuya excelente conducta inclinó a mi padre a favorecerle, como era natural; el cariño de mi progenitor se manifestó, por lo tanto, generosamente en George Wickham, que era su ahijado. Costeó su educación en un colegio y luego en Cambridge, pues su padre, constantemente empobrecido por las extravagancias de su mujer, no habría podido darle la educación de un caballero. Mi padre no sólo gustaba de la compañía del muchacho, que era siempre muy zalamero, sino que formó de él el más alto juicio y creyó que la Iglesia podría ser su profesión, por lo que procuró proporcionarle los medios para ello.

Yo, en cambio, hace muchos años que empecé a tener de Wickham una idea muy diferente. La propensión a vicios y la falta de principios que cuidaba de ocultar a su mejor amigo, no pudieron escapar a la observación de un muchacho casi de su misma edad que tenía ocasión de sorprenderle en momentos de descuido que el señor Darcy no veía. Ahora tendré que apenarla de nuevo hasta un grado que sólo usted puede calcular, pero cualesquiera que sean los sentimientos que el señor Wickham haya despertado en usted, esta sospecha no me impedirá desenmascararle, sino, al contrario, será para mí un aliciente más.

»Mi excelente padre murió hace cinco años, y su afecto por el señor Wickham siguió tan constante hasta el fin, que en su testamento me recomendó que le apoyase del mejor modo que su profesión lo consintiera; si se ordenaba sacerdote, mi padre deseaba que se le otorgase un beneficio capaz de sustentar a una familia, a la primera vacante. También le legaba mil libras. El padre de Wickham no sobrevivió mucho al mío. Y medio año después de su muerte, el joven Wickham me escribió informándome que por fin había resuelto no ordenarse, y que, a cambio del beneficio que no había de disfrutar, esperaba que yo le diese alguna ventaja pecuniaria más inmediata. Añadía que pensaba seguir la carrera de Derecho, y que debía hacerme cargo de que los intereses de mil libras no podían bastarle para ello. Más que creerle sincero, yo deseaba que lo fuese; pero de todos modos accedí a su proposición. Sabía que el señor Wickham no estaba capacitado para ser clérigo; así que arreglé el asunto. Él renunció a toda pretensión de ayuda en lo referente a la profesión sacerdotal, aunque pudiese verse en el caso de tener que adoptarla, y aceptó tres mil libras. Todo parecía zanjado entre nosotros. Yo tenía muy mal concepto de él para invitarle a Pemberley o admitir su compañía en la capital. Creo que vivió casi siempre en Londres, pero sus estudios de Derecho no fueron más que un pretexto y como no había nada que le sujetase, se entregó libremente al ocio y a la disipación. Estuve tres años sin saber casi nada de él, pero a la muerte del poseedor de la rectoría que se le había destinado, me mandó una carta pidiéndome que se la otorgara. Me decía, y no me era difícil creerlo, que se hallaba en muy mala situación, opinaba que la carrera de derecho no era rentable, y que estaba completamente decidido a ordenarse si yo le concedía la rectoría en cuestión, cosa que no dudaba que haría, pues sabía que no disponía de nadie más para ocuparla y por otra parte no podría olvidar los deseos de mi venerable padre. Creo que no podrá usted censurarme por haberme negado a complacer esta demanda e impedir que se repitiese. El resentimiento de Wickham fue proporcional a lo calamitoso de sus circunstancias, y sin duda habló de mí ante la gente con la misma violencia con que me injurió directamente. Después de esto, se rompió todo tipo de relación entre él y yo. Ignoro cómo vivió. Pero el último verano tuve de él noticias muy desagradables.

»Tengo que referirle a usted algo, ahora, que yo mismo querría olvidar y que ninguna otra circunstancia que la presente podría inducirme a desvelar a ningún ser humano. No dudo que me guardará usted el secreto. Mi hermana, que tiene diez años menos que yo, quedó bajo la custodia del sobrino de mi madre, el coronel Fitzwilliam y la mía. Hace aproximadamente un año salió del colegio y se instaló en Londres. El verano pasado fue con su institutriz a Ramsgate, adonde fue también el señor Wickham expresamente, con toda seguridad, pues luego supimos que la señora Younge y él habían estado en contacto. Nos habíamos engañado, por desgracia, sobre el modo de ser de la institutriz. Con la complicidad y ayuda de ésta, Wickham se dedicó a seducir a Georgiana, cuyo afectuoso corazón se impresionó fuertemente con sus atenciones; era sólo una niña y creyendo estar enamorada consintió en fugarse. No tenía entonces más que quince años, lo cual le sirve de excusa. Después de haber confesado su imprudencia, tengo la satisfacción de añadir que supe aquel proyecto por ella misma.

Fui a Ramsgate y les sorprendí un día o dos antes de la planeada fuga, y entonces Georgiana, incapaz de afligir y de ofender a su hermano a quien casi quería como a un padre, me lo contó todo. Puede usted imaginar cómo me sentí y cómo actué. Por consideración al honor y a los sentimientos de mi hermana, no di un escándalo público, pero escribí al señor Wickham, quien se marchó inmediatamente. La señora Younge, como es natural, fue despedida en el acto. El principal objetivo del señor Wickham era, indudablemente, la fortuna de mi hermana, que asciende a treinta mil libras, pero no puedo dejar de sospechar que su deseo de vengarse de mí entraba también en su propósito. Realmente habría sido una venganza completa.

»Ésta es, señorita, la fiel narración de lo ocurrido entre él y yo; y si no la rechaza usted como absolutamente falsa, espero que en adelante me retire la acusación de haberme portado cruelmente con el señor Wickham. No sé de qué modo ni con qué falsedad la habrá embaucado; pero no hay que extrañarse de que lo haya conseguido, pues ignoraba usted todas estas cuestiones. Le era imposible averiguarlas y no se sentía inclinada a sospecharlas.

»Puede que se pregunte por qué no se lo conté todo anoche, pero entonces no era dueño de mí mismo y no sabía qué podía o debía revelarle. Sobre la verdad de todo lo que le he narrado, puedo apelar al testimonio del coronel Fitzwilliam, quien, por nuestro estrecho parentesco y constante trato, y aún más por ser uno de los albaceas del testamento de mi padre, ha tenido que enterarse forzosamente de todo lo sucedido. Si el odio que le inspiro invalidase mis aseveraciones, puede usted consultar con mi primo, contra quien no tendrá usted ningún motivo de desconfianza; y para que ello sea posible, intentaré encontrar la oportunidad de hacer llegar a sus manos esta carta, en la misma mañana de hoy. Sólo me queda añadir: Que Dios la bendiga.

Fitzwilliam Darcy.»

CAPÍTULO XXXVI

No esperaba Elizabeth, cuando Darcy le dio la carta, que en ella repitiese su proposición, pero no tenía ni idea de qué podía contener. Al descubrirlo, bien se puede suponer con qué rapidez la leyó y cuán encontradas sensaciones vino a suscitarle.
Habría sido difícil definir sus sentimientos. Al principio creyó con asombro que Darcy querría disculparse lo mejor que pudiese, pero en seguida se convenció firmemente de que no podría darle ninguna explicación que el más elemental sentido de la dignidad no aconsejara ocultar. Con gran prejuicio contra todo lo que él pudiera decir, empezó a leer su relato acerca de lo sucedido en Netherfield. Sus ojos recorrían el papel con tal ansiedad que apenas tenía tiempo de comprender, y su impaciencia por saber lo que decía la frase siguiente le impedía entender el sentido de la que estaba leyendo. Al instante dio por hecho que la creencia de Darcy en la indiferencia de su hermana era falsa, y las peores objeciones que ponía a aquel matrimonio la enojaban demasiado para poder hacerle justicia. A ella le satisfacía que no expresase ningún arrepentimiento por lo que había hecho; su estilo no revelaba contrición, sino altanería. En sus líneas no veía más que orgullo e insolencia.

Pero cuando pasó a lo concerniente a Wickham, leyó ya con mayor atención. Ante aquel relato de los hechos que, de ser auténtico, había de destruir toda su buena opinión del joven, y que guardaba una alarmante afinidad con lo que el mismo Wickham había contado, sus sentimientos fueron aún más penosos y más difíciles de definir; el desconcierto, el recelo e incluso el horror la oprimían. Hubiese querido desmentirlo todo y exclamó repetidas veces: «¡Eso tiene que ser falso, eso no puede ser! ¡Debe de ser el mayor de los embustes!» Acabó de leer la carta, y sin haberse enterado apenas de la última o las dos últimas páginas, la guardó rápidamente y quejándose se dijo que no la volvería a mirar, que no quería saber nada de todo aquello.

En semejante estado de perturbación, asaltada por mil confusos pensamientos, siguió paseando; pero no sirvió de nada; al cabo de medio minuto sacó de nuevo la carta y sobreponiéndose lo mejor que pudo, comenzó otra vez la mortificante lectura de lo que a Wickham se refería, dominándose hasta examinar el sentido de cada frase. Lo de su relación con la familia de Pemberley era exactamente lo mismo que él había dicho, y la bondad del viejo señor Darcy, a pesar de que Elizabeth no había sabido hasta ahora hasta dónde había llegado, también coincidían con lo indicado por el propio Wickham. Por lo tanto, un relato confirmaba el otro, pero cuando llegaba al tema del testamento la cosa era muy distinta. Todo lo que éste había dicho acerca de su beneficio eclesiástico estaba fresco en la memoria de la joven, y al recordar sus palabras tuvo que reconocer que había doble intención en uno u otro lado, y por unos instantes creyó que sus deseos no la engañaban. Pero cuando leyó y releyó todo lo sucedido a raíz de haber rehusado Wickham a la rectoría, a cambio de lo cual había recibido una suma tan considerable como tres mil libras, no pudo menos que volver a dudar. Dobló la carta y pesó todas las circunstancias con su pretendida imparcialidad, meditando sobre las probabilidades de sinceridad de cada relato, pero no adelantó nada; de uno y otro lado no encontraba más que afirmaciones. Se puso a leer de nuevo, pero cada línea probaba con mayor claridad que aquel asunto que ella no creyó que pudiese ser explicado más que como una infamia en detrimento del proceder de Darcy, era susceptible de ser expuesto de tal modo que dejaba a Darcy totalmente exento de culpa.

Lo de los vicios y la prodigalidad que Darcy no vacilaba en imputarle a Wickham, la indignaba en exceso, tanto más cuanto que no tenía pruebas para rebatir el testimonio de Darcy. Elizabeth no había oído hablar nunca de Wickham antes de su ingreso en la guarnición del condado, a lo cual le había inducido su encuentro casual en Londres con un joven a quien sólo conocía superficialmente. De su antigua vida no se sabía en Hertfordshire más que lo que él mismo había contado. En cuanto a su verdadero carácter, y a pesar de que Elizabeth tuvo ocasión de analizarlo, nunca sintió deseos de hacerlo; su aspecto, su voz y sus modales le dotaron instantáneamente de todas las virtudes. Trató de recordar algún rasgo de nobleza, algún gesto especial de integridad o de bondad que pudiese librarle de los ataques de Darcy, o, por lo menos, que el predominio de buenas cualidades le compensara de aquellos errores casuales, que era como ella se empeñaba en calificar lo que Darcy tildaba de holgazanería e inmoralidad arraigadas en él desde siempre. Se imaginó a Wickham delante de ella, y lo recordó con todo el encanto de su trato, pero aparte de la aprobación general de que disfrutaba en la localidad y la consideración que por su simpatía había ganado entre sus camaradas, Elizabeth no pudo hallar nada más en su favor. Después de haber reflexionado largo rato sobre este punto, reanudó la lectura. Pero lo que venía a continuación sobre la aventura con la señorita Darcy fue confirmado en parte por la conversación que Elizabeth había tenido la mañana anterior con el coronel Fitzwilliam; y, al final de la carta, Darcy apelaba, para probar la verdad de todo, al propio coronel, cuya intervención en todos los asuntos de su primo Elizabeth conocía por anticipado, y cuya veracidad no tenía motivos para poner en entredicho. Estuvo a punto de recurrir a él, pero se contuvo al pensar lo violento que sería dar ese paso; desechándolo, al fin, convencida de que Darcy no se habría arriesgado nunca a proponérselo sin tener la absoluta seguridad de que su primo corroboraría sus afirmaciones.

Recordaba perfectamente todo lo que Wickham le dijo cuando hablaron por primera vez en casa del señor Philips; muchas de sus expresiones estaban aún íntegramente en su memoria. Ahora se daba cuenta de lo impropio de tales confidencias a una persona extraña y se admiraba de no haber caído antes en ello. Veía la falta de delicadeza que implicaba el ponerse en evidencia de aquel modo, y la incoherencia de sus declaraciones con su conducta. Se acordaba de que se jactó de no temer ver a Darcy y de que éste tendría que irse, pero que él no se movería, lo que no le impidió evadirse para no asistir al baile de Netherfield a la semana siguiente. También recordaba que hasta que la familia de Netherfield no había abandonado el condado, no contó su historia nada más que a ella, pero desde su marcha, la citada historia corrió de boca en boca, y Wickham no tuvo el menor escrúpulo en hundir la reputación de Darcy, por más que anteriormente le había asegurado a Elizabeth que el respeto al padre le impediría siempre agraviar al hijo.

¡Qué diferente le parecía ahora todo lo que se refería a Wickham! Sus atenciones para con la señorita King eran ahora única y exclusivamente la consecuencia de sus odiosas perspectivas de cazador de dotes, y la mediocridad de la fortuna de la señorita ya no eran la prueba de la moderación de sus ambiciones, sino el afán de agarrarse a cualquier cosa. Su actitud con Elizabeth no podía tener ahora un motivo aceptable: o se había engañado al principio en cuanto a sus bienes, o había tratado de halagar su propia vanidad alimentando la preferencia que ella le demostró incautamente. Todos los esfuerzos que hacía para defenderle se iban debilitando progresivamente. Y para mayor justificación de Darcy, no pudo menos que reconocer que Bingley, al ser interrogado por Jane, proclamó tiempo atrás la inocencia de Darcy en aquel asunto; que por muy orgulloso y repelente que fuese, nunca, en todo el curso de sus relaciones con él —relaciones que últimamente les habían acercado mucho, permitiéndole a ella conocer más a fondo su carácter—, le había visto hacer nada innoble ni injusto, nada por lo que pudiera tachársele de irreligioso o inmoral; que entre sus amigos era apreciado y querido, y que hasta el mismo Wickham había reconocido que era un buen hermano. Ella también le había oído hablar de su hermana con un afecto tal que demostraba que tenía buenos sentimientos. Si hubiese sido como Wickham le pintaba, capaz de tal violación de todos los derechos, habría sido difícil que nadie lo supiera, y la amistad entre un ser semejante y un hombre tan amable como Bingley habría sido incomprensible.

Llegó a avergonzarse de sí misma. No podía pensar en Darcy ni en Wickham sin reconocer que había sido parcial, absurda, que había estado ciega y llena de prejuicios.

«¡De qué modo tan despreciable he obrado —pensó—, yo que me enorgullecía de mi perspicacia! ¡Yo que me he vanagloriado de mi talento, que he desdeñado el generoso candor de mi hermana y he halagado mi vanidad con recelos inútiles o censurables! ¡Qué humillante es todo esto, pero cómo merezco esta humillación! Si hubiese estado enamorada de Wickham, no habría actuado con tan lamentable ceguera. Pero la vanidad, y no el amor, ha sido mi locura. Complacida con la preferencia del uno y ofendida con el desprecio del otro, me he entregado desde el principio a la presunción y a la ignorancia, huyendo de la razón en cuanto se trataba de cualquiera de los dos. Hasta este momento no me conocía a mí misma.»

De sí misma a Jane y de Jane a Bingley, sus pensamientos recorrían un camino que no tardó en conducirla a recordar que la explicación que Darcy había dado del asunto de éstos le había parecido muy insuficiente, y volvió a leerla. El efecto de esta segunda lectura fue muy diferente. ¿Cómo no podía dar crédito a lo que Darcy decía sobre uno de los puntos, si se había visto forzada a dárselo en el otro? Darcy declaraba haber sospechado siempre que Jane no sentía ningún amor por Bingley, y Elizabeth recordó cuál había sido la opinión de Charlotte. Tampoco podía discutir la exactitud de su descripción de Jane; a Elizabeth le constaba que los sentimientos de su hermana, aunque fervientes, habían sido poco exteriorizados; y que la constante complacencia en su aire y maneras a menudo no iba unida a una gran sensibilidad.

Cuando llegó a la parte de la carta donde Darcy mencionaba a su familia en términos de tan humillantes aunque merecidos reproches, Elizabeth sintió verdadera vergüenza. La justicia de sus acusaciones le parecía demasiado evidente para que pudiera negarla, y las circunstancias a las que aludía en particular como ocurridas en el baile de Netherfield, no le podían haber impresionado a él más de lo que le habían abochornado a ella.

El elogio que Darcy les tributaba a ella y a su hermana no le pasó inadvertido. La halagó, pero no pudo consolarse por el desprecio que implicaba para el resto de la familia; y al considerar que los sinsabores de Jane habían sido en realidad obra de su misma familia, y al reflexionar en lo mal parado que había de quedar el crédito de ambas por aquella conducta impropia, sintió un abatimiento que hasta entonces no había conocido.

Después de andar dos horas a lo largo del camino dando vueltas a la diversidad de sus pensamientos, considerando de nuevo los hechos, determinando posibilidades y haciéndose paulatinamente a tan repentino e importante cambio, la fatiga y el acordarse del tiempo que hacía que estaba fuera la hicieron regresar a la casa. Entró en ella con el propósito de aparentar su alegría de siempre y resuelta a reprimir los pensamientos que la asediaban, ya que de otra forma no sería capaz de mantener conversación alguna.

Le dijeron que lo dos caballeros de Rosings habían estado allí durante su ausencia; Darcy sólo por breves instantes, para despedirse; pero que el coronel Fitzwilliam se había quedado una hora por lo menos, para ver si ella llegaba y casi dispuesto a ir en su busca. A Elizabeth apenas le afectaba la partida del coronel; en realidad se alegraba. Sólo podía pensar en la carta de Darcy.

CAPÍTULO XXXVII

Ambos caballeros abandonaron Rosings a la mañana siguiente. Collins estuvo a la espera cerca de los templetes de la entrada[L36] para darles el saludo de despedida, y llevó a casa la grata noticia de que parecían estar bien y con ánimo pasable como era de esperar después de la melancólica escena que debió de haber tenido un lugar en Rosings. Collins voló, pues, a Rosings para consolar a lady Catherine y a su hija, y al volver trajo con gran satisfacción un mensaje de Su Señoría que se hallaba muy triste y deseaba que todos fuesen a comer con ella.

Elizabeth no pudo ver a lady Catherine sin recordar que, si hubiera querido, habría sido presentada a ella como su futura sobrina; ni tampoco podía pensar, sin sonreír, en lo que se habría indignado. ¿Qué habría dicho? ¿Qué habría hecho? Le hacía gracia preguntarse todas estas cosas.

De lo primero que se habló fue de la merma sufrida en las tertulias de Rosings.

—Les aseguro que lo siento mucho —dijo lady Catherine—; creo que nadie lamenta tanto como yo la pérdida de los amigos. Pero, además, ¡quiero tanto a esos muchachos y ellos me quieren tanto a mí! Estaban tristísimos al marcharse, como siempre que nos separamos. El coronel se mantuvo firme hasta el final, pero la pena de Darcy era mucho más aguda, más que el año pasado, a mi juicio. No dudo que su cariño por Rosings va en aumento.

Collins tuvo un cumplido y una alusión al asunto, que madre y hija acogieron con una amable sonrisa. Después de la comida lady Catherine observó que la señorita Bennet parecía estar baja de ánimo. Al punto se lo explicó a su manera suponiendo que no le seducía la idea de volver tan pronto a casa de sus padres, y le dijo:

—Si es así, escriba usted a su madre para que le permita quedarse un poco más. Estoy segura de que la señora Collins se alegrará de tenerla a su lado.

—Agradezco mucho a Su Señoría tan amable invitación —repuso Elizabeth—, pero no puedo aceptarla. Tengo que estar en Londres el próximo sábado.

—¡Cómo! Entonces no habrá estado usted aquí más que seis semanas. Yo esperaba que estaría dos meses; así se lo dije a la señora Collins antes de que usted llegara. No hay motivo para que se vaya tan pronto. La señora Bennet no tendrá inconveniente en prescindir de usted otra quincena.

—Pero mi padre, sí; me escribió la semana pasada pidiéndome que volviese pronto.

—Si su madre puede pasar sin usted, su padre también podrá. Las hijas nunca son tan necesarias para los padres como para las madres. Y si quisiera usted pasar aquí otro mes, podría llevarla a Londres, porque he de ir a primeros de junio a pasar una semana; y como a Danson no le importará viajar en el pescante, quedará sitio para una de ustedes, y si el tiempo fuese fresco, no me opondría a llevarlas a las dos, ya que ninguna de ustedes es gruesa.

Es usted muy amable, señora; pero creo que no tendremos más remedio que hacer lo que habíamos pensado en un principio.

Lady Catherine pareció resignarse.

—Señora Collins, tendrá usted que mandar a un sirviente con ellas. Ya sabe que siempre digo lo que siento, y no puedo soportar la idea de que dos muchachas viajen solas en la diligencia. No está bien. Busque usted la manera de que alguien las acompañe. No hay nada que me desagrade tanto como eso. Las jóvenes tienen que ser siempre guardadas y atendidas según su posición. Cuando mi sobrina Georgiana fue a Ramsgate el verano pasado, insistí en que fueran dos criados varones; de otro modo, sería impropio de la señorita Darcy, la hija del señor Darcy de Pemberley y de lady Anne. Pongo mucho cuidado en estas cosas. Mande usted a John con las muchachas, señora Collins. Me alegro de que se me haya ocurrido, pues sería deshonroso para usted enviarlas solas.

—Mi tío nos mandará un criado.

—¡Ah! ¡Un tío de ustedes! ¿Conque tiene criado? Celebro que tengan a alguien que piense en estas cosas. ¿Dónde cambiarán los caballos? ¡Oh! En Bromley, desde luego. Si cita mi nombre en «La Campana» la atenderán muy bien.

Lady Catherine tenía otras muchas preguntas que hacer sobre el viaje y como no todas las contestaba ella, Elizabeth tuvo que prestarle atención; fue una suerte, pues de otro modo, con lo ocupada que tenía la cabeza, habría llegado a olvidar en dónde estaba. Tenía que reservar sus meditaciones para sus horas de soledad; cuando estaba sola se entregaba a ellas como su mayor alivio; no pasaba un día sin que fuese a dar un paseo para poder sumirse en la delicia de sus desagradables recuerdos.

Ya casi sabía de memoria la carta de Darcy. Estudiaba sus frases una por una, y los sentimientos hacia su autor eran a veces sumamente encontrados. Al fijarse en el tono en que se dirigía a ella, se llenaba de indignación, pero cuando consideraba con cuánta injusticia le había condenado y vituperado, volvía su ira contra sí misma y se compadecía del desengaño de Darcy. Su amor por ella excitaba su gratitud, y su modo de ser en general, su respeto; pero no podía aceptarlo y ni por un momento se arrepintió de haberle rechazado ni experimentó el menor deseo de volver a verle. El modo en que ella se había comportado la llenaba de vergüenza y de pesar constantemente, y los desdichados defectos de su familia le causaban una desazón horrible. No tenían remedio. Su padre se limitaba a burlarse de sus hermanas menores, pero nunca intentaba contener su impetuoso desenfreno; y su madre, cuyos modales estaban tan lejos de toda corrección, era completamente insensible al peligro. Elizabeth se había puesto muchas veces de acuerdo con Jane para reprimir la imprudencia de Catherine y Lydia, pero mientras las apoyase la indulgencia de su madre, ¿qué esperanzas había de que se corrigiesen? Catherine, de carácter débil e irritable y absolutamente sometida a la dirección de Lydia, se había sublevado siempre contra sus advertencias; y Lydia, caprichosa y desenfadada, no les hacía el menor caso. Las dos eran ignorantes, perezosas y vanas. Mientras quedara un oficial en Meryton, coquetearían con él, y mientras Meryton estuviese a tan poca distancia de Longbourn nada podía impedir que siguieran yendo allí toda su vida.

La ansiedad por la suerte de Jane era otra de sus preocupaciones predominantes. La explicación de Darcy, al restablecer a Bingley en el buen concepto que de él tenía previamente, le hacía darse mejor cuenta de lo que Jane había perdido. El cariño de Bingley era sincero y su conducta había sido intachable si se exceptuaba la ciega confianza en su amigo. ¡Qué triste, pues, era pensar que Jane se había visto privada de una posición tan deseable en todos los sentidos, tan llena de ventajas y tan prometedora en dichas, por la insensatez y la falta de decoro de su propia familia!

Cuando a todo esto se añadía el descubrimiento de la verdadera personalidad de Wickham, se comprendía fácilmente que el espíritu jovial de Elizabeth, que raras veces se había sentido deprimido, hubiese decaído ahora de tal modo que casi se le hacía imposible aparentar un poco de alegría.

Las invitaciones a Rosings fueron tan frecuentes durante la última semana de su estancia en Hunsford, como al principio. La última velada la pasaron allí, y Su Señoría volvió a hacer minuciosas preguntas sobre los detalles del viaje, les dio instrucciones sobre el mejor modo de arreglar los baúles, e insistió tanto en la necesidad de colocar los vestidos del único modo que tenía por bueno, que cuando volvieron a la casa, María se creyó obligada a deshacer todo su trabajo de la mañana y tuvo que hacer de nuevo el equipaje.

Cuando se fueron, lady Catherine se dignó desearles feliz viaje y las invitó a volver a Hunsford el año entrante. La señorita de Bourgh llevó su esfuerzo hasta la cortesía de tenderles la mano a las dos.

CAPÍTULO XXXVIII

El sábado por la mañana Elizabeth y Collins se encontraron a la hora del desayuno unos minutos antes de que aparecieran los demás; y aprovechó la oportunidad para hacerle los cumplidos de la despedida que consideraba absolutamente necesarios.

—Ignoro, señorita Elizabeth —le dijo—, si la señora Collins le ha expresado cuánto agradece su amabilidad al haber venido; pero estoy seguro de que lo hará antes de que abandone usted esta casa. Hemos apreciado enormemente el favor de su compañía. Sabemos lo poco tentador que puede ser para nadie el venir a nuestra humilde morada. Nuestro sencillo modo de vivir, nuestras pequeñas habitaciones, nuestros pocos criados y nuestro aislamiento, han de hacer de Hunsford un lugar extremadamente triste para una joven como usted. Pero espero que crea en nuestra gratitud por su condescendencia y en que hemos hecho todo lo que estaba a nuestro alcance para impedir que se aburriera.

Elizabeth le dio las gracias efusivamente y dijo que estaba muy contenta. Había pasado seis semanas muy felices; y el placer de estar con Charlotte y las amables atenciones que había recibido, la habían dejado muy satisfecha. Collins lo celebró y con solemnidad, pero más sonriente, repuso:

—Me proporciona el mayor gusto saber que ha pasado usted el tiempo agradablemente. Se ha hecho, realmente, todo lo que se ha podido; hemos tenido la suprema suerte de haber podido presentarla a usted a la más alta sociedad, y los frecuentes medios de variar el humilde escenario doméstico que nos han facilitado nuestras relaciones con Rosings, nos permiten esperar que su visita le haya sido grata. Nuestro trato con la familia de lady Catherine es realmente una ventaja extraordinaria y una bendición de la que pocos pueden alardear. Ha visto en qué situación estamos en Rosings, cuántas veces hemos sido invitados allí. Debo reconocer sinceramente que, con todas las desventajas de esta humilde casa parroquial, nadie que aquí venga podrá compadecerse mientras puedan compartir nuestra intimidad con la familia de Bourgh.

Las palabras eran insuficientes para la elevación de sus sentimientos y se vio obligado a pasearse por la estancia, mientras Elizabeth trataba de combinar la verdad con la cortesía en frases breves.

—Así, pues, podrá usted llevar buenas noticias nuestras a Hertfordshire, querida prima. Al menos ésta es mi esperanza. Ha sido testigo diario de las grandes atenciones de lady Catherine para con la señora Collins, y confío en que no le habrá parecido que su amiga no es feliz. Pero en lo que se refiere a este punto mejor será que me calle. Permítame sólo asegurarle, querida señorita Elizabeth, que le deseo de todo corazón igual felicidad en su matrimonio. Mi querida Charlotte y yo no tenemos más que una sola voluntad y un solo modo de pensar. Entre nosotros existen en todo muy notables semejanzas de carácter y de ideas; parecemos hechos el uno para el otro.

Elizabeth pudo decir de veras que era una gran alegría que así fuese, y con la misma sinceridad añadió que lo creía firmemente y que se alegraba de su bienestar doméstico; pero, sin embargo, no lamentó que la descripción del mismo fuese interrumpida por la llegada de la señora de quien se trataba. ¡Pobre Charlotte! ¡Era triste dejarla en semejante compañía! Pero ella lo había elegido conscientemente. Se veía claramente que le dolía la partida de sus huéspedes, pero no parecía querer que la compadeciesen. Su hogar y sus quehaceres domésticos, su parroquia, su gallinero y todas las demás tareas anexas, todavía no habían perdido el encanto para ella.

Por fin llegó la silla de posta; se cargaron los baúles, se acomodaron los paquetes y se les avisó que todo estaba listo. Las dos amigas se despidieron afectuosamente, y Collins acompañó a Elizabeth hasta el coche. Mientras atravesaban el jardín le encargó que saludase afectuosamente de su parte a toda la familia y que les repitiese su agradecimiento por las bondades que le habían dispensado durante su estancia en Longbourn el último invierno, y le encareció que saludase también a los Gardiner a pesar de que no los conocía. Le ayudó a subir al coche y tras ella, a María. A punto de cerrar las portezuelas, Collins, consternado, les recordó que se habían olvidado de encargarle algo para las señoras de Rosings.

—Pero —añadió— seguramente desearán que les transmitamos sus humildes respetos junto con su gratitud por su amabilidad para con ustedes.

Elizabeth no se opuso; se cerró la portezuela y el carruaje partió.

—¡Dios mío! —exclamó María al cabo de unos minutos de silencio—. Parece que fue ayer cuando llegamos y, sin embargo, ¡cuántas cosas han ocurrido!

—Muchas, es cierto —contestó su compañera en un suspiro.

—Hemos cenado nueve veces en Rosings, y hemos tomado el té allí dos veces. ¡Cuánto tengo que contar! Elizabeth añadió para sus adentros: «¡Y yo, cuántas cosas tengo que callarme!»

El viaje transcurrió sin mucha conversación y sin ningún incidente y a las cuatro horas de haber salido de Hunsford llegaron a casa de los Gardiner, donde iban a pasar unos pocos días.

Jane tenía muy buen aspecto, y Elizabeth casi no tuvo lugar de examinar su estado de ánimo, pues su tía les tenía preparadas un sinfín de invitaciones. Pero Jane iba a regresar a Longbourn en compañía de su hermana y, una vez allí, habría tiempo de sobra para observarla.

Elizabeth se contuvo a duras penas para no contarle hasta entonces las proposiciones de Darcy. ¡Qué sorpresa se iba a llevar, y qué gratificante sería para la vanidad que Elizabeth todavía no era capaz de dominar! Era una tentación tan fuerte, que no habría podido resistirla a no ser por la indecisión en que se hallaba, por la extensión de lo que tenía que comunicar y por el temor de que si empezaba a hablar se vería forzada a mencionar a Bingley, con lo que sólo conseguiría entristecer más aún a su hermana.

CAPÍTULO XXXIX

En la segunda semana de mayo, las tres muchachas partieron juntas de Gracechurch Street, en dirección a la ciudad de X, en Hertfordshire. Al llegar cerca de la posada en donde tenía que esperarlas el coche del señor Bennet, vieron en seguida, como una prueba de la puntualidad de cochero, a Catherine y a Lydia que estaban al acecho en el comedor del piso superior. Habían pasado casi una hora en el lugar felizmente ocupadas en visitar la sombrerería de enfrente, en contemplar al centinela de guardia y en aliñar una ensalada de pepino.

Después de dar la bienvenida a sus hermanas les mostraron triunfalmente una mesa dispuesta con todo el fiambre que puede hallarse normalmente en la despensa de una posada y exclamaron:

—¿No es estupendo? ¿No es una sorpresa agradable?

—Queremos convidaros a todas —añadió Lydia—; pero tendréis que prestarnos el dinero, porque acabamos de gastar el nuestro en la tienda de ahí fuera.

Y, enseñando sus compras, agregó:

—Mirad qué sombrero me he comprado. No creo que sea muy bonito, pero pensé que lo mismo daba comprarlo que no; lo desharé en cuanto lleguemos a casa y veré si puedo mejorarlo algo.

Las hermanas lo encontraron feísimo, pero Lydia, sin darle importancia, respondió:

—Pues en la tienda había dos o tres mucho más feos. Y cuando compre un raso de un color más bonito, lo arreglaré y creo que no quedará mal del todo. Además, poco importa lo que llevemos este verano, porque la guarnición del condado se va de Meryton dentro de quince días.

—¿Sí, de veras? —exclamó Elizabeth satisfechísima.

—Van a acampar cerca de Brighton. A ver si papá nos lleva allí este verano. Sería un plan estupendo y costaría muy poco. A mamá le apetece ir más que ninguna otra cosa. ¡Imaginad, si no, qué triste verano nos espera!

«Sí —pensó Elizabeth—, sería un plan realmente estupendo y muy propio para nosotras. No nos faltaría más que eso. Brighton y todo un campamento de soldados, con lo trastornadas que ya nos han dejado un mísero regimiento y los bailes mensuales de Meryton.»

—Tengo que daros algunas noticias —dijo Lydia cuando se sentaron a la mesa—. ¿Qué creéis? Es lo más sensacional que podáis imaginaros; una nueva importantísima acerca de cierta persona que a todas nos gusta.

Jane y Elizabeth se miraron y dijeron al criado que ya no lo necesitaban. Lydia se rió y dijo:

—¡Ah!, eso revela vuestra formalidad y discreción. ¿Creéis que el criado iba a escuchar? ¡Como si le importase! Apostaría a que oye a menudo cosas mucho peores que las que voy a contaros. Pero es un tipo muy feo; me alegro de que se haya ido; nunca he visto una barbilla tan larga. Bien, ahora vamos a las noticias; se refieren a nuestro querido Wickham; son demasiado buenas para el criado, ¿verdad? No hay peligro de que Wickham se case con Mary King. Nos lo reservamos. Mary King se ha marchado a Liverpool, a casa de su tía, y no volverá. ¡Wickham está a salvo!

—Y Mary King está a salvo también —añadió Elizabeth—, a salvo de una boda imprudente para su felicidad.

—Pues es bien tonta yéndose, si le quiere.

—Pero supongo que no habría mucho amor entre ellos —dijo Jane.

—Lo que es por parte de él, estoy segura de que no; Mary nunca le importó tres pitos. ¿Quién podría interesarse por una cosa tan asquerosa y tan llena de pecas?

Elizabeth se escandalizó al pensar que, aunque ella fuese incapaz de expresar semejante ordinariez, el sentimiento no era muy distinto del que ella misma había abrigado en otro tiempo y admitido como liberal.

En cuanto hubieron comido y las mayores hubieron pagado, pidieron el coche y, después de organizarse un poco, todas las muchachas, con sus cajas, sus bolsas de labor, sus paquetes y la mal acogida adición de las compras de Catherine y Lydia, se acomodaron en el vehículo.

—¡Qué apretaditas vamos! —exclamó Lydia—. ¡Me alegro de haber comprado el sombrero, aunque sólo sea por el gusto de tener otra sombrerera! Bueno, vamos a ponernos cómodas y a charlar y reír todo el camino hasta que lleguemos a casa. Primeramente oigamos lo que os ha pasado a vosotras desde que os fuisteis. ¿Habéis conocido a algún hombre interesante? ¿Habéis tenido algún flirt? Tenía grandes esperanzas de que una de vosotras pescaría marido antes de volver. Jane pronto va a hacerse vieja. ¡Casi tiene veintitrés años! ¡Señor, qué vergüenza me daría a mí, si no me casara antes de los veintitrés...! No os podéis figurar las ganas que tiene la tía Philips de que os caséis. Dice que Lizzy habría hecho mejor en aceptar a Collins; pero yo creo que habría sido muy aburrido. ¡Señor, cómo me gustaría casarme antes que vosotras! Entonces sería yo la que os acompañaría a los bailes[L37]. ¡Lo que nos divertimos el otro día en casa de los Forster! Catherine y yo fuimos a pasar allí el día, y la señora Forster nos prometió que daría un pequeño baile por la noche. ¡Cómo la señora Forster y yo somos tan amigas! Así que invitó a las Harrington, pero como Harriet estaba enferma, Pen tuvo que venir sola; y entonces, ¿qué creeríais que hicimos? Disfrazamos de mujer a Chamberlayne para que pasase por una dama. ¿Os imagináis qué risa? No lo sabía nadie, sólo el coronel, la señora Forster, Catherine y yo, aparte de mi tía, porque nos vimos obligadas a pedirle prestado uno de sus vestidos; no os podéis figurar lo bien que estaba. Cuando llegaron Denny, Wickham, Pratt y dos o tres caballeros más, no lo conocieron ni por lo más remoto. ¡Ay, cómo me reí! ¡Y lo que se rió la señora Forster! Creí que me iba a morir de risa. Y entonces, eso les hizo sospechar algo y en seguida descubrieron la broma.

Con historias parecidas de fiestas y bromas, Lydia trató, con la ayuda de las indicaciones de Catherine, de entretener a sus hermanas y a María durante todo el camino hasta que llegaron a Longbourn. Elizabeth intentó escucharla lo menos posible, pero no se le escaparon las frecuentes alusiones a Wickham.

En casa las recibieron con todo el cariño. La señora Bennet se regocijó al ver a Jane tan guapa como siempre, y el señor Bennet, durante la comida, más de una vez le dijo a Elizabeth de todo corazón:

—Me alegro de que hayas vuelto, Lizzy.

La reunión en el comedor fue numerosa, pues habían ido a recoger a María y a oír las noticias, la mayoría de los Lucas. Se habló de muchas cosas. Lady Lucas interrogaba a María, desde el otro lado de la mesa, sobre el bienestar y el corral de su hija mayor; la señora Bennet estaba doblemente ocupada en averiguar las modas de Londres que su hija Jane le explicaba por un lado, y en transmitir los informes a las más jóvenes de las Lucas, por el otro. Lydia, chillando más que nadie, detallaba lo que habían disfrutado por la mañana a todos los que quisieran escucharla.

—¡Oh, Mary! —exclamó—. ¡Cuánto me hubiese gustado que hubieras venido con nosotras! ¡Nos hemos divertido de lo lindo! Cuando íbamos Catherine y yo solas, cerramos todas las ventanillas para hacer ver que el coche iba vacío, y habríamos ido así todo el camino, si Catherine no se hubiese mareado. Al llegar al «George» ¡fuimos tan generosas!, obsequiamos a las tres con el aperitivo más estupendo del mundo, y si hubieses venido tú, te habríamos invitado a ti también. ¡Y qué juerga a la vuelta! Pensé que no íbamos a caber en el coche. Estuve a punto de morirme de risa. Y todo el camino lo pasamos bárbaro; hablábamos y reíamos tan alto que se nos habría podido oír a diez millas.

Mary replicó gravemente:

—Lejos de mí, querida hermana, está el despreciar esos placeres. Serán propios, sin duda, de la mayoría de las mujeres. Pero confieso que a mí no me hacen ninguna gracia; habría preferido mil veces antes un libro.

Pero Lydia no oyó una palabra de su observación. Rara vez escuchaba a nadie más de medio minuto, y a Mary nunca le hacía ni caso.

Por la tarde Lydia propuso con insistencia que fuesen todas a Meryton para ver cómo estaban todos; pero Elizabeth se opuso enérgicamente. No quería que se dijera que las señoritas Bennet no podían estarse en casa medio día sin ir detrás de los oficiales. Tenía otra razón para oponerse: temía volver a ver a Wickham, cosa que deseaba evitar en todo lo posible. La satisfacción que sentía por la partida del regimiento era superior a cuanto pueda expresarse. Dentro de quince días ya no estarían allí, y esperaba que así se libraría de Wickham para siempre.

No llevaba muchas horas en casa, cuando se dio cuenta de que el plan de Brighton de que Lydia les había informado en la posada era discutido a menudo por sus padres. Elizabeth comprendió que el señor Bennet no tenía la menor intención de ceder, pero sus contestaciones eran tan vagas y tan equívocas, que la madre, aunque a veces se descorazonaba, no perdía las esperanzas de salirse al fin con la suya.

CAPÍTULO XL

Elizabeth no pudo contener por más tiempo su impaciencia por contarle a Jane todo lo que había sucedido. Al fin resolvió suprimir todo lo que se refiriese a su hermana, y poniéndola en antecedentes de la sorpresa, a la mañana siguiente le relató lo más importante de su escena con Darcy.

El gran cariño que Jane sentía por Elizabeth disminuyó su asombro, pues todo lo que fuese admiración por ella le parecía perfectamente natural. Fueron otros sus sentimientos. Le dolía que Darcy se hubiese expresado de aquel modo tan poco adecuado para hacerse agradable, pero todavía le afligía más el pensar en la desdicha que la negativa de su hermana le habría causado.

—Fue un error el creerse tan seguro del éxito —dijo— y claro está que no debió delatarse; ¡pero figúrate lo que le habrá pesado y lo mal que se sentirá ahora!

—Es cierto —repuso Elizabeth—, lo siento de veras por él; pero su orgullo es tan grande que no tardará mucho en olvidarme. ¿Te parece mal que le haya rechazado?

—¿Parecerme mal? De ningún modo.

—Pero no te habrá gustado que le haya hablado con tanto énfasis de Wickham.

—No sé si habrás hecho mal en hablarle como lo hiciste.

—Pues lo vas a saber cuando te haya contado lo que sucedió al día siguiente.

Entonces Elizabeth le habló de la carta, repitiéndole todo su contenido en lo que sólo a George Wickham se refería. Fue un duro golpe para la pobre Jane. Habría dado la vuelta al mundo sin sospechar que en todo el género humano pudiese caber tanta perversidad como la que encerraba aquel único individuo. Ni siquiera la justificación de Darcy, por muy grata que le resultara, bastaba para consolarla de semejante revelación. Intentó con todas sus fuerzas sostener que podía haber algún error, tratando de defender al uno sin inculpar al otro.

—No te servirá de nada —le dijo Elizabeth—; nunca podrás decir que los dos son buenos. Elige como quieras; pero o te quedas con uno o con otro. Entre los dos no reúnen más que una cantidad de méritos justita para un solo hombre decente. Ya nos hemos engañado bastante últimamente. Por mi parte, me inclino a creer todo lo que dice Darcy; tú verás lo que decides.

Pasó mucho rato antes de que Jane pudiese sonreír. —No sé qué me ha sorprendido más —dijo al fin—. ¡Que Wickham sea tan malvado! Casi no puede creerse. ¡Y el pobre Darcy! Querida Elizabeth, piensa sólo en lo que habrá sufrido. ¡Qué decepción! ¡Y encima confesarle la mala opinión que tenías de él! ¡Y tener que contar tales cosas de su hermana! Es verdaderamente espantoso. ¿No te parece?

—¡Oh, no! Se me ha quitado toda la pena y toda la compasión al ver que tú las sientes por las dos. Sé que, con que tú le hagas justicia, basta. Sé que puedo estar cada vez más despreocupada e indiferente. Tu profusión de lamentos me salva. Y si sigues compadeciéndote de él mucho tiempo, mi corazón se hará tan insensible como una roca.

—¡Pobre Wickham! ¡Parece tan bueno, tan franco!

—Sí, es cierto; debió de haber una mala dirección en la educación de estos dos jóvenes; uno acaparó toda la bondad y el otro todas las buenas apariencias.

—Yo nunca consideré que las apariencias de Darcy eran tan malas como tú decías.

—Pues ya ves, yo me tenía por muy lista cuando le encontraba tan antipático, sin ningún motivo. Sentir ese tipo de antipatías es como un estímulo para la inteligencia, es como un rasgo de ingenio. Se puede estar hablando mal continuamente de alguien sin decir nada justo; pero no es posible estar siempre riéndose de una persona sin dar alguna vez en el clavo.

—Estoy segura, Elizabeth, de que al leer la carta de Darcy, por primera vez, no pensaste así.

—No habría podido, es cierto. Estaba tan molesta, o, mejor dicho, tan triste. Y lo peor de todo era que no tenía a quién confiar mi pesar. ¡No tener a nadie a quien hablar de lo que sentía, ninguna Jane que me consolara y me dijera que no había sido tan frágil, tan vana y tan insensata como yo me creía! ¡Qué falta me hiciste!

—¡Haber atacado a Darcy de ese modo por defender a Wickham, y pensar ahora que no lo merecía!

—Es cierto; pero estaba amargada por los prejuicios que había ido alimentando. Necesito que me aconsejes en una cosa. ¿Debo o no debo divulgar lo que he sabido de Wickham?

Jane meditó un rato y luego dijo:

—Creo que no hay por qué ponerle en tan mal lugar. ¿Tú qué opinas?

—Que tienes razón. Darcy no me ha autorizado para que difunda lo que me ha revelado. Al contrario, me ha dado a entender que debo guardar la mayor reserva posible sobre el asunto de su hermana. Y, por otra parte, aunque quisiera abrirle los ojos a la gente sobre su conducta en las demás cosas, ¿quién me iba a creer? El prejuicio en contra de Darcy es tan fuerte que la mitad de las buenas gentes de Meryton morirían antes de tener que ponerle en un pedestal. No sirvo para eso. Wickham se irá pronto, y es mejor que me calle. Dentro de algún tiempo se descubrirá todo y entonces podremos reírnos de la necedad de la gente por no haberlo sabido antes. Por ahora no diré nada.

—Me parece muy bien. Si propagases sus defectos podrías arruinarle para siempre. A lo mejor se arrepiente de lo que hizo y quiere enmendarse. No debemos empujarle a la desesperación.

El tumulto de la mente de Elizabeth se apaciguó con esta conversación. Había descargado uno de los dos secretos que durante quince días habían pesado sobre su alma, y sabía que Jane la escucharía siempre de buen grado cuando quisiese hablar de ello. Pero todavía ocultaba algo que la prudencia le impedía revelar. No se atrevía a descubrir a su hermana la otra mitad de la carta de Darcy, ni decirle con cuánta sinceridad había sido amada por su amigo. Era un secreto suyo que con nadie podía compartir, y sabía que sólo un acuerdo entre Jane y Bingley justificaría su confesión. «Y aun entonces —se decía— sólo podría contarle lo que el mismo Bingley creyese conveniente participarle. No tendré libertad para revelar este secreto hasta que haya perdido todo su valor.»

Como estaba todo el día en casa, tenía ocasión de estudiar el verdadero estado de ánimo de su hermana. Jane no era feliz; todavía quería a Bingley tiernamente. Nunca hasta entonces había estado enamorada, y su cariño tenía todo el fuego de un primer amor, pero su edad y su carácter le daban una firmeza que no suelen tener los amores primeros. No podía pensar más que en Bingley y se requería todo su buen sentido y su atención a su familia para moderar aquellos recuerdos que podían acabar con su salud y con la tranquilidad de los que la rodeaban.

—Bueno, Elizabeth —dijo un día la señora Bennet—, dime cuál es ahora tu opinión sobre el triste asunto de Jane. Yo estoy decidida a no volver a hablar de ello. Así se lo dije el otro día a mi hermana Philips. Pero no puedo creer que Jane no haya visto a Bingley en Londres. Realmente, es un desalmado y no creo que haya la menor probabilidad de que lo consiga. No se habla de que vaya a volver a Netherfield este verano, y eso que he preguntado a todos los que pueden estar enterados.

—No creo que vuelva más a Netherfield.

—Muy bien. Vale más así. Ni falta que hace. Aunque yo siempre diré que se ha portado pésimamente con mi hija, y yo que ella no se lo habría aguantado. Mi único consuelo es que Jane morirá del corazón y entonces Bingley se arrepentirá de lo que ha hecho.

Pero Elizabeth, que no podía consolarse con esas esperanzas se quedó callada.

—Dime —continuó la madre—, ¿viven muy bien los Collins, verdad? Bien, bien, espero que les dure mucho tiempo. ¿Y qué tal comen? Estoy segura de que Charlotte es una excelente administradora. Si es la mitad de aguda que su madre, ahorrará muchísimo. No creo que hagan muchos excesos.

—No, en absoluto.

—De ello depende la buena administración. Ya, ya; se cuidarán mucho de no derrochar su sueldo. Nunca tendrán apuros de dinero. ¡Que les aproveche! Y me figuro que hablarán a menudo de adquirir Longbourn cuando muera tu padre, y de que ya lo considerarán suyo en cuanto esto suceda.

—Nunca mencionaron este tema delante de mí. —Claro, no habría estado bien; pero no me cabe la menor duda de que lo hablan muchas veces entre ellos. Bueno, si se contentan con una posesión que legalmente no es suya, allá ellos. A mí me avergonzaría.

CAPÍTULO XLI

Pasó pronto la primera semana del regreso, y entraron en la segunda, que era la última de la estancia del regimiento en Meryton. Las jóvenes de la localidad languidecían; la tristeza era casi general. Sólo las hijas mayores de los Bennet eran capaces de comer, beber y dormir como si no pasara nada. Catherine y Lydia les reprochaban a menudo su insensibilidad. Estaban muy abatidas y no podían comprender tal dureza de corazón en miembros de su propia familia.

—¡Dios mío! ¿Qué va a ser de nosotras? ¿Qué vamos a hacer? —exclamaban desoladas—. ¿Cómo puedes sonreír de esa manera, Elizabeth?

Su cariñosa madre compartía su pesar y se acordaba de lo que ella misma había sufrido por una ocasión semejante hacía veinticinco años.

—Recuerdo —decía— que lloré dos días seguidos cuando se fue el regimiento del coronel Miller, creí que se me iba a partir el corazón.

—El mío también se hará pedazos —dijo Lydia.

—¡Si al menos pudiéramos ir a Brighton! —suspiró la señora Bennet.

—¡Oh, sí! ¡Si al menos pudiéramos ir a Brighton! ¡Pero papá es tan poco complaciente!

—Unos baños de mar me dejarían como nueva[L38]. —Y tía Philips asegura que a mí también me sentarían muy bien —añadió Catherine.

Estas lamentaciones resonaban de continuo en la casa de Longbourn. Elizabeth trataba de mantenerse aislada, pero no podía evitar la vergüenza. Reconocía de nuevo la justicia de las observaciones de Darcy, y nunca se había sentido tan dispuesta a perdonarle por haberse opuesto a los planes de su amigo.

Pero la melancolía de Lydia no tardó en disiparse, pues recibió una invitación de la señora Forster, la esposa del coronel del regimiento, para que la acompañase a Brighton. Esta inapreciable amiga de Lydia era muy joven y hacía poco que se había casado. Como las dos eran igual de alegres y animadas, congeniaban perfectamente y a los tres meses de conocerse eran ya íntimas.

El entusiasmo de Lydia y la adoración que le entró por la señora Forster, la satisfacción de la señora Bennet, y la mortificación de Catherine, fueron casi indescriptibles. Sin preocuparse lo más mínimo por el disgusto de su hermana, Lydia corrió por la casa completamente extasiada, pidiendo a todas que la felicitaran, riendo y hablando con más ímpetu que nunca, mientras la pobre Catherine continuaba en el salón lamentando su mala suerte en términos poco razonables y con un humor de perros.

—No veo por qué la señora Forster no me invita a mí también —decía—, aunque Lydia sea su amiga particular. Tengo el mismo derecho que ella a que me invite, y más aún, porque yo soy mayor.

En vano procuró Elizabeth que entrase en razón y en vano pretendió Jane que se resignase. La dichosa invitación despertó en Elizabeth sentimientos bien distintos a los de Lydia y su madre; comprendió claramente que ya no había ninguna esperanza de que la señora Bennet diese alguna prueba de sentido común. No pudo menos que pedirle a su padre que no dejase a Lydia ir a Brighton, pues semejante paso podía tener funestas consecuencias. Le hizo ver la inconveniencia de Lydia, las escasas ventajas que podía reportarle su amistad con la señora Forster, y el peligro de que con aquella compañía redoblase la imprudencia de Lydia en Brighton, donde las tentaciones serían mayores. El señor Bennet escuchó con atención a su hija y le dijo:

—Lydia no estará tranquila hasta que haga el ridículo en público en un sitio u otro, y nunca podremos esperar que lo haga con tan poco gasto y sacrificio para su familia como en esta ocasión.

—Si supieras —replicó Elizabeth— los grandes daños que nos puede acarrear a todos lo que diga la gente del proceder inconveniente e indiscreto de Lydia, y los que ya nos ha acarreado, estoy segura de que pensarías de modo muy distinto.

—¡Que ya nos ha acarreado! —exclamó el señor Bennet—. ¿Ha ahuyentado a alguno de tus pretendientes? ¡Pobre Lizzy! Pero no te aflijas. Esos jóvenes tan delicados que no pueden soportar tales tonterías no valen la pena. Ven, dime cuáles son los remilgados galanes a quienes ha echado atrás la locura de Lydia.

—No me entiendes. No me quejo de eso. No denuncio peligros concretos, sino generales. Nuestro prestigio y nuestra respetabilidad ante la gente serán perjudicados por la extrema ligereza, el desdén y el desenfreno de Lydia. Perdona, pero tengo que hablarte claramente. Si tú, querido padre, no quieres tomarte la molestia de reprimir su euforia, de enseñarle que no debe consagrar su vida a sus actuales pasatiempos, dentro de poco será demasiado tarde para que se enmiende. Su carácter se afirmará y a los dieciséis años será una coqueta incorregible que no sólo se pondrá en ridículo a sí misma, sino a toda su familia; coqueta, además, en el peor y más ínfimo grado de coquetería, sin más atractivo que su juventud y sus regulares prendas físicas; ignorante y de cabeza hueca, incapaz de reparar en lo más mínimo el desprecio general que provocará su afán de ser admirada. Catherine se encuentra en el mismo peligro, porque irá donde Lydia la lleve; vana, ignorante, perezosa y absolutamente incontrolada. Padre, ¿puedes creer que no las criticarán y las despreciarán en dondequiera que vayan, y que no envolverán en su desgracia a las demás hermanas?

El señor Bennet se dio cuenta de que Elizabeth hablaba con el corazón. Le tomó la mano afectuosamente y le contestó:

—No te intranquilices, amor mío. Tú y Jane seréis siempre respetadas y queridas en todas partes, y no pareceréis menos aventajadas por tener dos o quizá tres hermanas muy necias. No habrá paz en Longbourn si Lydia no va a Brighton. Déjala que, vaya. El coronel Forster es un hombre sensato y la vigilará. Y ella es por suerte demasiado pobre para ser objeto de la rapiña de nadie. Su coquetería tendrá menos importancia en Brighton que aquí, pues los oficiales encontrarán allí mujeres más atractivas. De modo que le servirá para comprender se propia insignificancia. De todas formas, ya no puede empeorar mucho, y si lo hace, tendríamos entonces suficientes motivos para encerrarla bajo llave el resto de su vida.

Elizabeth tuvo que contentarse con esta respuesta; pero su opinión seguía siendo la misma, y se separó de su padre pesarosa y decepcionada. Pero su carácter le impedía acrecentar sus sinsabores insistiendo en ellos. Creía que había cumplido con su deber y no estaba dispuesta a consumirse pensando en males inevitables o a aumentarlos con su ansiedad.

Si Lydia o su madre hubiesen sabido lo que Elizabeth había estado hablando con su padre, su indignación no habría tenido límites. Una visita a Brighton era para Lydia el dechado de la felicidad terrenal. Con su enorme fantasía veía las calles de aquella alegre ciudad costera plagada de oficiales; se veía a sí misma atrayendo las miradas de docenas y docenas de ellos que aún no conocía. Se imaginaba en mitad del campamento, con sus tiendas tendidas en la hermosa uniformidad de sus líneas, llenas de jóvenes alegres y deslumbrantes con sus trajes de color carmesí; y para completar el cuadro se imaginaba a sí misma sentada junto a una de aquellas tiendas y coqueteando tiernamente con no menos de seis oficiales a la vez.

Si hubiese sabido que su hermana pretendía arrebatarle todos aquellos sueños, todas aquellas realidades, ¿qué habría pasado? Sólo su madre habría sido capaz de comprenderlo, pues casi sentía lo mismo que ella. El viaje de Lydia a Brighton era lo único que la consolaba de su melancólica convicción de que jamás lograría llevar allí a su marido.

Pero ni la una ni la otra sospechaban lo ocurrido, y su entusiasmo continuó hasta el mismo día en que Lydia salió de casa.

Elizabeth iba a ver ahora a Wickham por última vez. Había estado con frecuencia en su compañía desde que regresó de Hunsford, y su agitación se había calmado mucho; su antiguo interés por él había desaparecido por completo. Había aprendido a descubrir en aquella amabilidad que al principio le atraía una cierta afectación que ahora le repugnaba. Por otra parte, la actitud de Wickham para con ella acababa de disgustarla, pues el joven manifestaba deseos de renovar su galanteo, y después de todo lo ocurrido Elizabeth no podía menos que sublevarse. Refrenó con firmeza sus vanas y frívolas atenciones, sin dejar de sentir la ofensa que implicaba la creencia de Wickham de que por más tiempo que la hubiese tenido abandonada y cualquiera que fuese la causa de su abandono, la halagaría y conquistaría de nuevo sólo con volver a solicitarla.

El último día de la estancia del regimiento en Meryton, Wickham cenó en Longbourn con otros oficiales. Elizabeth estaba tan poco dispuesta a soportarle que cuando Wickham le preguntó qué tal lo había pasado en Hunsford, le respondió que el coronel Fitzwilliam y Darcy habían pasado tres semanas en Rosings, y quiso saber si conocía al primero.

Wickham pareció sorprendido, molesto y alarmado; pero se repuso en seguida y con una sonrisa contestó que en otro tiempo le veía a menudo. Dijo que era todo un caballero y le preguntó si le había gustado. Elizabeth respondió que sí con entusiasmo. Pero después Wickham añadió, con aire indiferente:

—¿Cuánto tiempo dice que estuvo el coronel en Rosings?

—Cerca de tres semanas.

—¿Y le veía con frecuencia?

—Casi todos los días.

—Es muy diferente de su primo.

—Sí, en efecto. Pero creo que el señor Darcy gana mucho en cuanto se le trata.

—¡Vaya! —exclamó Wickham con una mirada que a Elizabeth no le pasó inadvertida—. ¿En qué? —pero, reprimiéndose, continuó en tono más jovial—: ¿En los modales? ¿Se ha dignado portarse más correctamente que de costumbre? Porque no puedo creer —continuó en voz más baja y seria— que haya mejorado en lo esencial.

—¡Oh, no! En lo esencial sigue siendo el de siempre.

Wickham no sabía si alegrarse con sus palabras o desconfiar de su significado. Había un algo en el aire de Elizabeth que le hizo escuchar con ansiosa atención y con recelo lo que la joven dijo a continuación:

—Al decir que gana con el trato, no quiero dar a entender que su modo de ser o sus maneras hayan mejorado, sino que al conocerle mejor, más fácilmente se comprende su actitud.

La alarma de Wickham se delató entonces por su rubor y la agitación de su mirada; se quedó callado unos instantes hasta que logró vencer su embarazo y dirigiéndose de nuevo a Elizabeth dijo en el tono más amable:

—Usted que conoce tan bien mi resentimiento contra el señor Darcy, comprenderá cuán sinceramente me he de alegrar de que sea lo bastante astuto para asumir al menos una corrección exterior. Con ese sistema su orgullo puede ser útil, si no a él; a muchos otros, pues le apartará del mal comportamiento del que yo fui víctima. Pero mucho me temo que esa especie de prudencia a que usted parece aludir la emplee únicamente en sus visitas a su tía, pues no le conviene conducirse mal en su presencia. Sé muy bien que siempre ha cuidado las apariencias delante de ella con el deseo de llevar a buen fin su boda con la señorita de Bourgh, en la que pone todo su empeño.

Elizabeth no pudo reprimir una sonrisa al oír esto; pero no contestó más que con una ligera inclinación de cabeza. Advirtió que Wickham iba a volver a hablar del antiguo tema de sus desgracias, y no estaba de humor para permitírselo. Durante el resto de la velada Wickham fingió su acostumbrada alegría, pero ya no intentó cortejar a Elizabeth. Al fin se separaron con mutua cortesía y también probablemente con el mutuo deseo de no volver a verse nunca.

Al terminar la tertulia, Lydia se fue a Meryton con la señora Forster, de donde iban a partir temprano a la mañana siguiente. Su despedida de la familia fue más ruidosa que patética. Catherine fue la única que lloró, aunque de humillación y de envidia. La señora Bennet le deseó a su hija que se divirtiera tanto como pudiese, consejo que la muchacha estaba dispuesta a seguir al pie de la letra. Y su alboroto al despedirse fue tan clamoroso, que ni siquiera oyó el gentil adiós de sus hermanas.

CAPÍTULO XLII

Si la opinión de Elizabeth se derivase de lo que veía en su propia familia, no podría haber formado una idea muy agradable de la felicidad conyugal y del bienestar doméstico. Su padre, cautivado por la juventud y la belleza, y la aparente ilusión y alegría que ambas conllevan, se había casado con una mujer cuyo débil entendimiento y espíritu mezquino habían puesto fin a todo el afecto ya en los comienzos de su matrimonio. El respeto, la estima y la confianza se habían desvanecido para siempre; y todas las perspectivas de dicha del señor Bennet dentro del hogar se habían venido abajo. Pero él no era de esos hombres que buscan consuelo por los efectos de su propia imprudencia en los placeres que a menudo confortan a los que han llegado a ser desdichados por sus locuras y sus vicios. Amaba el campo y los libros y ellos constituían la fuente de sus principales goces. A su mujer no le debía más que la risa que su ignorancia y su locura le proporcionaban de vez en cuando. Ésa no es la clase de felicidad que un hombre desearía deber a su esposa; pero a falta de... El buen filósofo sólo saca beneficio de donde lo hay.

Elizabeth, no obstante, nunca había dejado de reconocer la inconveniencia de la conducta de su padre como marido. Siempre la había observado con pena, pero respetaba su talento y le agradecía su cariño, por lo que procuraba olvidar lo que no podía ignorar y apartar de sus pensamientos su continua infracción de los deberes conyugales y del decoro que, por el hecho de exponer a su esposa al desprecio de sus propias hijas, era tan sumamente reprochable. Pero nunca había sentido como entonces los males que puede causar a los hijos un matrimonio mal avenido, ni nunca se había dado cuenta tan claramente de los peligros que entraña la dirección errada del talento, talento que, bien empleado, aunque no hubiese bastado para aumentar la inteligencia de su mujer, habría podido, al menos, conservar la respetabilidad de las hijas.

Si bien es cierto que Elizabeth se alegró de la ausencia de Wickham, no puede decirse que le regocijara la partida del regimiento. Sus salidas eran menos frecuentes que antes, y las constantes quejas de su madre y su hermana por el aburrimiento en que habían caído entristecían la casa. Y aunque Catherine llegase a recobrar el sentido común perdido al haberse marchado los causantes de su perturbación, su otra hermana, de cuyo modo de ser podían esperar todas las calamidades, estaba en peligro de afirmar su locura y su descaro, pues hallándose al lado de una playa y un campamento, su situación era doblemente amenazadora. En resumidas cuentas, veía ahora lo que ya otras veces había comprobado, que un acontecimiento anhelado con impaciencia no podía, al realizarse, traerle toda la satisfacción que era de esperar. Era preciso, por lo tanto, abrir otro período para el comienzo de su felicidad, señalar otra meta para la consecución de sus deseos y de sus esperanzas, que alegrándola con otro placer anticipado, la consolase de lo presente y la preparase para otro desengaño. Su viaje a los Lagos se convirtió en el objeto de sus pensamientos más dichosos y constituyó su mejor refugio en las desagradables horas que el descontento de su madre y de Catherine hacían inevitables. Y si hubiese podido incluir a Jane en el plan, todo habría sido perfecto.

—«Es una suerte —pensaba— tener algo que desear. Si todo fuese completo, algo habría, sin falta, que me decepcionase. Pero ahora, llevándome esa fuente de añoranza que será la ausencia de Jane, puedo pensar razonablemente que todas mis expectativas de placer se verán colmadas. Un proyecto que en todas sus partes promete dichas, nunca sale bien; y no te puedes librar de algún contratiempo, si no tienes una pequeña contrariedad.»

Lydia, al marcharse, prometió escribir muy a menudo y con todo detalle a su madre y a Catherine, pero sus cartas siempre se hacían esperar mucho y todas eran breves. Las dirigidas a su madre decían poco más que acababan de regresar de la sala de lectura donde las habían saludado tales y cuales oficiales, que el decorado de la sala era tan hermoso que le había quitado el sentido, que tenía un vestido nuevo o una nueva sombrilla que describiría más extensamente, pero que no podía porque la señora Forster la esperaba para ir juntas al campamento... Por la correspondencia dirigida a su hermana, menos se podía saber aún, pues sus cartas a Catherine, aunque largas, tenían muchas líneas subrayadas que no podían hacerse públicas.

Después de las dos o tres semanas de la ausencia de Lydia, la salud y el buen humor empezaron a reinar en Longbourn. Todo presentaba mejor aspecto. Volvían las familias que habían pasado el invierno en la capital y resurgían las galas y las invitaciones del verano. La señora Bennet se repuso de su estado quejumbroso y hacia mediados de junio Catherine estaba ya lo bastante consolada para poder entrar en Meryton sin lágrimas. Este hecho era tan prometedor, que Elizabeth creyó que en las próximas Navidades Catherine sería ya tan razonable que no mencionaría a un oficial ni una sola vez al día, a no ser que por alguna cruel y maligna orden del ministerio de la Guerra se acuartelara en Meryton un nuevo regimiento.

La época fijada para la excursión al Norte ya se aproximaba; no faltaban más que dos semanas, cuando se recibió una carta de la señora Gardiner que aplazaba la fecha de la misma y, a la vez, abreviaba su duración. Los negocios del señor Gardiner le impedían partir hasta dos semanas después de comenzado julio, y tenía que estar de vuelta en Londres en un mes; y como esto reducía demasiado el tiempo para ir hasta tan lejos y para que viesen todas las cosas que habían proyectado, o para que pudieran verlas con el reposo y comodidad suficientes, no había más remedio que renunciar a los Lagos y pensar en otra excursión más limitada, en vista de lo cual no pasarían de Derbyshire. En aquella comarca había bastantes cosas dignas de verse como para llenar la mayor parte del tiempo de que disponían, y, además, la señora Gardiner sentía una atracción muy especial por Derbyshire. La ciudad donde había pasado varios años de su vida acaso resultaría para ella tan interesante como todas las célebres bellezas de Matlock, Chatsworth, Dovedale o el Peak.

Elizabeth se sintió muy defraudada; le hacía mucha ilusión ir a los Lagos, y creía que habría habido tiempo de sobra para ello. Pero, de todas formas, debía estar satisfecha, seguramente lo pasarían bien, y no tardó mucho en conformarse.

Para Elizabeth, el nombre de Derbyshire iba unido a muchas otras cosas. Le hacía pensar en Pemberley y en su dueño. «Pero —se decía— podré entrar en su condado impunemente y hurtarle algunas piedras sin que él se dé cuenta[L39].»

La espera se le hizo entonces doblemente larga. Faltaban cuatro semanas para que llegasen sus tíos. Pero, al fin, pasaron y los señores Gardiner se presentaron en Longbourn con sus cuatro hijos. Los niños —dos chiquillas de seis y ocho años de edad respectivamente, y dos varones más pequeños— iban a quedar bajo el cuidado especial de su prima Jane, favorita de todos, cuyo dulce y tranquilo temperamento era ideal para instruirlos, jugar con ellos y quererlos.

Los Gardiner durmieron en Longbourn aquella noche y a la mañana siguiente partieron con Elizabeth en busca de novedades y esparcimiento. Tenían un placer asegurado: eran los tres excelentes compañeros de viaje, lo que suponía salud y carácter a propósito para soportar incomodidades, alegría para aumentar toda clase de felicidad, y cariño e inteligencia para suplir cualquier contratiempo.

No vamos a describir aquí Derbyshire, ni ninguno de los notables lugares que atravesaron: Oxford, Blenheim, Warwick, Kenelworth, Birmingham y todos los demás, son sobradamente conocidos. No vamos a referirnos más que a una pequeña parte de Derbyshire. Hacia la pequeña ciudad de Lambton, escenario de la juventud de la señora Gardiner, donde últimamente había sabido que residían aún algunos conocidos, encaminaron sus pasos los viajeros, después de haber visto las principales maravillas de la comarca. Elizabeth supo por su tía que Pemberley estaba a unas cinco millas de Lambton. No les cogía de paso, pero no tenían que desviarse más que una o dos millas para visitarlo. Al hablar de su ruta la tarde anterior, la señora Gardiner manifestó deseos de volver a ver Pemberley. El señor Gardiner no puso inconveniente y solicitó la aprobación de Elizabeth.

—Querida —le dijo su tía—, ¿no te gustaría ver un sitio del que tanto has oído hablar y que está relacionado con tantos conocidos tuyos? Ya sabes que Wickham pasó allí toda su juventud.

Elizabeth estaba angustiada. Sintió que nada tenía que hacer en Pemberley y se vio obligada a decir que no le interesaba. Tuvo que confesar que estaba cansada de las grandes casas, después de haber visto tantas; y que no encontraba ningún placer en ver primorosas alfombras y cortinas de raso.

La señora Gardiner censuró su tontería.

—Si sólo se tratase de una casa ricamente amueblada —dijo— tampoco me interesaría a mí; pero la finca es una maravilla. Contiene uno de los más bellos bosques del país.

Elizabeth no habló más, pero ya no tuvo punto de reposo. Al instante pasó por su mente la posibilidad de encontrarse con Darcy mientras visitaban Pemberley. ¡Sería horrible! Sólo de pensarlo se ruborizó, y creyó que valdría más hablar con claridad a su tía que exponerse a semejante riesgo. Pero esta decisión tenía sus inconvenientes, y resolvió que no la adoptaría más que en el caso de que sus indagaciones sobre la ausencia de la familia del propietario fuesen negativas.

En consecuencia, al irse a descansar aquella noche preguntó a la camarera si Pemberley era un sitio muy bonito, cuál era el nombre de su dueño y por fin, con no poca preocupación, si la familia estaba pasando el verano allí. La negativa que siguió a esta última pregunta fue la más bien recibida del mundo. Desaparecida ya su inquietud, sintió gran curiosidad hasta por la misma casa, y cuando a la mañana siguiente se volvió a proponer el plan y le consultaron, respondió al instante, con evidente aire de indiferencia, que no le disgustaba la idea.

Por lo tanto salieron para Pemberley.

CAPÍTULO XLIII

Elizabeth divisó los bosques de Pemberley con cierta turbación, y cuando por fin llegaron a la puerta, su corazón latía fuertemente.

La finca era enorme y comprendía gran variedad de tierras. Entraron por uno de los puntos más bajos y pasearon largamente a través de un hermoso bosque que se extendía sobre su amplia superficie.

La mente de Elizabeth estaba demasiado ocupada para poder conversar; pero observaba y admiraba todos los parajes notables y todas las vistas. Durante media milla subieron una cuesta que les condujo a una loma considerable donde el bosque se interrumpía y desde donde vieron en seguida la casa de Pemberley, situada al otro lado del valle por el cual se deslizaba un camino algo abrupto. Era un edificio de piedra, amplio y hermoso, bien emplazado en un altozano que se destacaba delante de una cadena de elevadas colinas cubiertas de bosque, y tenía enfrente un arroyo bastante caudaloso que corría cada vez más potente, completamente natural y salvaje. Sus orillas no eran regulares ni estaban falsamente adornadas con obras de jardinería. Elizabeth se quedó maravillada. Jamás había visto un lugar más favorecido por la naturaleza o donde la belleza natural estuviese menos deteriorada por el mal gusto. Todos estaban llenos de admiración, y Elizabeth comprendió entonces lo que podría significar ser la señora de Pemberley.

Bajaron la colina, cruzaron un puente y siguieron hasta la puerta. Mientras examinaban el aspecto de la casa de cerca, Elizabeth temió otra vez encontrarse con el dueño. ¿Y si la camarera se hubiese equivocado? Después de pedir permiso para ver la mansión, les introdujeron en el vestíbulo. Mientras esperaban al ama de llaves, Elizabeth tuvo tiempo para maravillarse de encontrarse en semejante lugar.

El ama de llaves era una mujer de edad, de aspecto respetable, mucho menos estirada y mucho más cortés de lo que Elizabeth había imaginado. Los llevó al comedor. Era una pieza de buenas proporciones y elegantemente amueblada. Elizabeth la miró ligeramente y se dirigió a una de las ventanas para contemplar la vista. La colina coronada de bosque por la que habían descendido, a distancia resultaba más abrupta y más hermosa. Toda la disposición del terreno era buena; miró con delicia aquel paisaje: el arroyo, los árboles de las orillas y la curva del valle hasta donde alcanzaba la vista. Al pasar a otras habitaciones, el paisaje aparecía en ángulos distintos, pero desde todas las ventanas se divisaban panoramas magníficos. Las piezas eran altas y bellas, y su mobiliario estaba en armonía con la fortuna de su propietario. Elizabeth notó, admirando el gusto de éste, que no había nada llamativo ni cursi y que había allí menos pompa pero más elegancia que en Rosings.

«¡Y pensar —se decía— que habría podido ser dueña de todo esto! ¡Estas habitaciones podrían ahora ser las mías! ¡En lugar de visitarlas como una forastera, podría disfrutarlas y recibir en ellas la visita de mis tíos! Pero no —repuso recobrándose—, no habría sido posible, hubiese tenido que renunciar a mis tíos; no se me hubiese permitido invitarlos.»

Esto la reanimó y la salvó de algo parecido al arrepentimiento.

Quería averiguar por el ama de llaves si su amo estaba de veras ausente, pero le faltaba valor. Por fin fue su tío el que hizo la pregunta y Elizabeth se volvió asustada cuando la señora Reynolds dijo que sí, añadiendo:

—Pero le esperamos mañana. Va a venir con muchos amigos.

Elizabeth se alegró de que su viaje no se hubiese aplazado un día por cualquier circunstancia.

Su tía la llamó para que viese un cuadro. Elizabeth se acercó y vio un retrato de Wickham encima de la repisa de la chimenea entre otras miniaturas. Su tía le preguntó sonriente qué le parecía. El ama de llaves vino a decirles que aquel era una joven hijo del último administrador de su señor, educado por éste a expensas suyas.

—Ahora ha entrado en el ejército ——añadió— y creo que es un bala perdida.

La señora Gardiner miró a su sobrina con una sonrisa, pero Elizabeth se quedó muy seria.

—Y éste —dijo la señora Reynolds indicando otra de las miniaturas— es mi amo, y está muy parecido. Lo pintaron al mismo tiempo que el otro, hará unos ocho años.

—He oído hablar mucho de la distinción de su amo —replicó la señora Gardiner contemplando el retrato—, es guapo. Elizabeth, dime si está o no parecido.

El respeto de la señora Reynolds hacia Elizabeth pareció aumentar al ver que conocía a su señor —¿Conoce la señorita al señor Darcy?

Elizabeth se sonrojó y respondió:

—Un poco.

—¿Y no cree la señorita que es un caballero muy apuesto?

—Sí, muy guapo.

—Juraría que es el más guapo que he visto; pero en la galería del piso de arriba verán ustedes un retrato suyo mejor y más grande. Este cuarto era el favorito de mi anterior señor, y estas miniaturas están tal y como estaban en vida suya. Le gustaban mucho.

Elizabeth se explicó entonces porque estaba entre ellas la de Wickham.

La señora Reynolds les enseñó entonces un retrato de la señorita Darcy, pintado cuando sólo tenía ocho años.

—¿Y la señorita Darcy es tan guapa como su hermano?

—¡Oh, sí! ¡Es la joven más bella que se haya visto jamás! ¡Y tan aplicada! Toca y canta todo el día. En la siguiente habitación hay un piano nuevo que acaban de traer, regalo de mi señor. Ella también llegará mañana con él.

El señor Gardiner, con amabilidad y destreza, le tiraba de la lengua, y la señora Reynolds, por orgullo y por afecto, se complacía evidentemente en hablar de su señor y de la hermana.

—¿Viene su señor muy a menudo a Pemberley a lo largo del año?

—No tanto como yo querría, señor; pero diría que pasa aquí la mitad del tiempo; la señorita Darcy siempre está aquí durante los meses de verano. «Excepto —pensó Elizabeth— cuando va a Ramsgate.»

—Si su amo se casara, lo vería usted más.

—Sí, señor; pero no sé cuando será. No sé si habrá alguien que lo merezca.

Los señores Gardiner se sonrieron. Elizabeth no pudo menos que decir:

—Si así lo cree, eso dice mucho en favor del señor Darcy.

—No digo más que la verdad y lo que diría cualquiera que le conozca —replicó la señora Reynolds. Elizabeth creyó que la cosa estaba yendo demasiado lejos, y escuchó con creciente asombro lo que continuó diciendo el ama de llaves.

—Nunca en la vida tuvo una palabra de enojo conmigo. Y le conozco desde que tenía cuatro años. Era un elogio más importante que todos los otros y más opuesto a lo que Elizabeth pensaba de Darcy. Siempre creyó firmemente que era hombre de mal carácter. Con viva curiosidad esperaba seguir oyendo lo que decía el ama, cuando su tío observó:

—Pocas personas hay de quienes se pueda decir eso. Es una suerte para usted tener un señor así.

—Sí, señor; es una suerte. Aunque diese la vuelta al mundo, no encontraría otro mejor. Siempre me he fijado en que los que son bondadosos de pequeños, siguen siéndolo de mayores. Y el señor Darcy era el niño más dulce y generoso de la tierra.

Elizabeth se quedó mirando fijamente a la anciana: «¿Puede ser ése Darcy?», pensó.

—Creo que su padre era una excelente persona —agregó la señora Gardiner.

—Sí, señora; sí que lo era, y su hijo es exactamente como él, igual de bueno con los pobres.

Elizabeth oía, se admiraba, dudaba y deseaba saber más. La señora Reynolds no lograba llamar su atención con ninguna otra cosa. Era inútil que le explicase el tema de los cuadros, las dimensiones de las piezas y el valor del mobiliario. El señor Gardiner, muy divertido ante lo que él suponía prejuicio de familia y que inspiraba los rendidos elogios de la anciana a su señor, no tardó en insistir en sus preguntas, y mientras subían la gran escalera, la señora Reynolds siguió ensalzando los muchos méritos de Darcy.

—Es el mejor señor y el mejor amo que pueda haber; no se parece a los atolondrados jóvenes de hoy en día que no piensen más que en sí mismos. No hay uno solo de sus colonos y criados que no le alabe. Algunos dicen que es orgulloso, pero yo nunca se lo he notado. Me figuro que lo encuentran orgulloso porque no es bullanguero como los demás.

«En qué buen lugar lo sitúa todo esto», pensó Elizabeth.

—Tan delicado elogio —cuchicheó su tía mientras seguían visitando la casa— no se aviene con lo que hizo a nuestro pobre amigo.

—Tal vez estemos equivocados.

—No es probable; lo sabemos de muy buena tinta. En el amplio corredor de arriba se les mostró un lindo aposento recientemente adornado con mayor elegancia y tono más claro que los departamentos inferiores, y se les dijo que todo aquello se había hecho para complacer a la señorita Darcy, que se había aficionado a aquella habitación la última vez que estuvo en Pemberley.

—Es realmente un buen hermano —dijo Elizabeth dirigiéndose a una de las ventanas.

La señora Reynolds dijo que la señorita Darcy se quedaría encantada cuando viese aquella habitación.

—Y es siempre así —añadió—, se desvive por complacer a su hermana. No hay nada que no hiciera por ella.

Ya no quedaban por ver más que la galería de pinturas y dos o tres de los principales dormitorios. En la primera había varios cuadros buenos, pero Elizabeth no entendía nada de arte, y entre los objetos de esa naturaleza que ya había visto abajo, no miró más que unos cuantos dibujos en pastel de la señorita Darcy de tema más interesante y más inteligible para ella.

En la galería había también varios retratos de familia, pero no era fácil que atrajesen la atención de un extraño. Elizabeth los recorrió buscando el único retrato cuyas facciones podía reconocer. Al llegar a él se detuvo, notando su sorprendente exactitud. El rostro de Darcy tenía aquella misma sonrisa que Elizabeth le había visto cuando la miraba. Permaneció varios minutos ante el cuadro, en la más atenta contemplación, y aun volvió a mirarlo antes de abandonar la galería. La señora Reynolds le comunicó que había sido hecho en vida del padre de Darcy.

Elizabeth sentía en aquellos momentos mucha mayor inclinación por el original de la que había sentido en el auge de sus relaciones. Las alabanzas de la señora Reynolds no eran ninguna nimiedad. ¿Qué elogio puede ser más valioso que el de un criado inteligente? ¡Cuánta gente tenía puesta su felicidad en las manos de Darcy en calidad de hermano, de propietario y de señor! ¡Cuánto placer y cuánto dolor podía otorgar! ¡Cuánto mal y cuánto bien podía hacer! Todo lo dicho por el ama de llaves le enaltecía. Al estar ante el lienzo en el que él estaba retratado, le pareció a Elizabeth que sus ojos la miraban, y pensó en su estima hacia ella con una gratitud mucho más profunda de la que antes había sentido; Elizabeth recordó la fuerza y el calor de sus palabras y mitigó su falta de decoro.

Ya habían visto todo lo que mostraba al público de la casa; bajaron y se despidieron del ama de llaves, quien les confió a un jardinero que esperaba en la puerta del vestíbulo.

Cuando atravesaban la pradera camino del arroyo, Elizabeth se volvió para contemplar de nuevo la casa. Sus tíos se detuvieron también, y mientras el señor Gardiner se hacía conjeturas sobre la época del edificio, el dueño de éste salió de repente de detrás de la casa por el sendero que conducía a las caballerizas.

Estaban a menos de veinte yardas, y su aparición fue tan súbita que resultó imposible evitar que los viera. Los ojos de Elizabeth y Darcy se encontraron al instante y sus rostros se cubrieron de intenso rubor. Él paró en seco y durante un momento se quedó inmóvil de sorpresa; se recobró en seguida y, adelantándose hacia los visitantes, habló a Elizabeth, si no en términos de perfecta compostura, al menos con absoluta cortesía.

Ella se había vuelto instintivamente, pero al acercarse él se detuvo y recibió sus cumplidos con embarazo. Si el aspecto de Darcy a primera vista o su parecido con los retratos que acababan de contemplar hubiesen sido insuficientes para revelar a los señores Gardiner que tenían al propio Darcy ante ellos, el asombro del jardinero al encontrarse con su señor no les habría dejado lugar a dudas. Aguardaron a cierta distancia mientras su sobrina hablaba con él. Elizabeth, atónita y confusa, apenas se atrevía a alzar los ojos hacia Darcy y no sabía qué contestar a las preguntas que él hacía sobre su familia. Sorprendida por el cambio de modales desde que se habían separado por última vez, cada frase que decía aumentaba su cohibición, y como entre tanto pensaba en lo impropio de haberse encontrado allí, los pocos momentos que estuvieron juntos fueron los más intranquilos de su existencia. Darcy tampoco parecía más dueño de sí que ella; su acento no tenía nada de la calma que le era habitual, y seguía preguntándole cuándo había salido de Longbourn y cuánto tiempo llevaba en Derbyshire, con tanto desorden, y tan apresurado, que a las claras se veía la agitación de sus pensamientos.

Por fin pareció que ya no sabía qué decir; permaneció unos instantes sin pronunciar palabra, se reportó de pronto y se despidió.

Los señores Gardiner se reunieron con Elizabeth y elogiaron la buena presencia de Darcy; pero ella no oía nada; embebida en sus pensamientos, los siguió en silencio. Se hallaba dominaba por la vergüenza y la contrariedad. ¿Cómo se le había ocurrido ir allí? ¡Había sido la decisión más desafortunada y disparatada del mundo! ¡Qué extraño tenía que parecerle a Darcy! ¡Cómo había de interpretar aquello un hombre —tan vanidoso! Su visita a Pemberley parecería hecha adrede para ir en su busca. ¿Por qué habría ido? ¿Y él, por qué habría venido un día antes? Si ellos mismos hubiesen llegado a Pemberley sólo diez minutos más temprano, no habrían coincidido, pues era evidente que Darcy acababa de llegar, que en aquel instante bajaba del caballo o del coche.

Elizabeth no dejaba de avergonzarse de su desdichado encuentro. Y el comportamiento de Darcy, tan notablemente cambiado, ¿qué podía significar? Era sorprendente que le hubiese dirigido la palabra, pero aún más que lo hiciese con tanta finura y que le preguntase por su familia. Nunca había visto tal sencillez en sus modales ni nunca le había oído expresarse con tanta gentileza. ¡Qué contraste con la última vez que la abordó en la finca de Rosings para poner en sus manos la carta! Elizabeth no sabía qué pensar ni cómo juzgar todo esto.

Entretanto, habían entrado en un hermoso paseo paralelo al arroyo, y a cada paso aparecía ante ellos un declive del terreno más bello o una vista más impresionante de los bosques a los que se aproximaban. Pero pasó un tiempo hasta que Elizabeth se diese cuenta de todo aquello, y aunque respondía mecánicamente a las repetidas preguntas de sus tíos y parecía dirigir la mirada a los objetos que le señalaban, no distinguía ninguna parte del paisaje. Sus pensamientos no podían apartarse del sitio de la mansión de Pemberley, cualquiera que fuese, en donde Darcy debía de encontrarse. Anhelaba saber lo que en aquel momento pasaba por su mente, qué pensaría de ella y si todavía la querría. Puede que su cortesía obedeciera únicamente a que ya la había olvidado; pero había algo en su voz que denotaba inquietud. No podía adivinar si Darcy sintió placer o pesar al verla; pero lo cierto es que parecía desconcertado.

Las observaciones de sus acompañantes sobre su falta de atención, la despertaron y le hicieron comprender que debía aparentar serenidad.

Penetraron en el bosque y alejándose del arroyo por un rato, subieron a uno de los puntos más elevados, desde el cual, por los claros de los árboles, podía extenderse la vista y apreciar magníficos panoramas del valle y de las colinas opuestas cubiertas de arboleda, y se divisaban también partes del arroyo. El señor Gardiner hubiese querido dar la vuelta a toda la finca, pero temía que el paseo resultase demasiado largo. Con sonrisa triunfal les dijo el jardinero que la finca tenía diez millas de longitud, por lo que decidieron no dar la vuelta planeada, y se dirigieron de nuevo a una bajada con árboles inclinados sobre el agua en uno de los puntos más estrechos del arroyo. Lo cruzaron por un puente sencillo en armonía con el aspecto general del paisaje. Aquel paraje era el menos adornado con artificios de todos los que habían visto. El valle, convertido aquí en cañada, sólo dejaba espacio para el arroyo y para un estrecho paseo en medio del rústico soto que lo bordeaba. Elizabeth quería explorar sus revueltas, pero en cuanto pasaron el puente y pudieron apreciar lo lejos que estaban de la casa, la señora Gardiner, que no era amiga de caminar, no quiso seguir adelante y sólo pensó en volver al coche lo antes posible. Su sobrina se vio obligada a ceder y emprendieron el regreso hacia la casa por el lado opuesto al arroyo y por el camino más corto. Pero andaban muy despacio porque el señor Gardiner era aficionado a la pesca, aunque pocas veces podía dedicarse a ella, y se distraía cada poco acechando la aparición de alguna trucha y comentándolo con el jardinero. Mientras seguían su lenta marcha, fueron sorprendidos de nuevo; y esta vez el asombro de Elizabeth fue tan grande como la anterior al ver a Darcy encaminándose hacia ellos y a corta distancia. Como el camino no quedaba tan oculto como el del otro lado, se vieron desde lejos. Por lo tanto, Elizabeth estaba más prevenida y resolvió demostrar tranquilidad en su aspecto y en sus palabras si realmente Darcy tenía intención de abordarles. Hubo un momento en que creyó firmemente que Darcy iba a tomar otro sendero, y su convicción duró mientras un recodo del camino le ocultaba, pero pasado el recodo, Darcy apareció ante ellos. A la primera mirada notó que seguía tan cortés como hacía un momento, y para imitar su buena educación comenzó a admirar la belleza del lugar; pero no acababa de decir «delicioso» y «encantador», cuando pensó que el elogiar Pemberley podría ser mal interpretado. Cambió de color y no dijo más.

La señora Gardiner venía un poco más atrás y Darcy aprovechó el silencio de Elizabeth para que le hiciese el honor de presentarle a sus amigos. Elizabeth no estaba preparada para este rasgo de cortesía, y no pudo evitar una sonrisa al ver que pretendía conocer a una de aquellas personas contra las que su orgullo se había rebelado al declarársele. «¿Cuál será su sorpresa —pensó— cuando sepa quiénes son? Se figura que son gente de alcurnia.»

Hizo la presentación al punto y, al mencionar el parentesco, miró rápidamente a Darcy para ver el efecto que le hacía y esperó que huiría a toda prisa de semejante compañía. Fue evidente que Darcy se quedó sorprendido, pero se sobrepuso y en lugar de seguir su camino retrocedió con todos ellos y se puso a conversar con el señor Gardiner. Elizabeth no pudo menos que sentirse satisfecha y triunfante. Era consolador que Darcy supiera que tenía parientes de los que no había por qué avergonzarse.

Escuchó atentamente lo que decían y se ufanó de las frases y observaciones de su tío que demostraban su inteligencia, su buen gusto y sus excelentes modales.

La conversación recayó pronto sobre la pesca, y Elizabeth oyó que Darcy invitaba a su tío a ir a pescar allí siempre que quisiera mientras estuviesen en la ciudad vecina, ofreciéndose incluso a procurarle aparejos y señalándole los puntos del río más indicados para pescar. La señora Gardiner, que paseaba del brazo de Elizabeth, la miraba con expresión de incredulidad. Elizabeth no dijo nada, pero estaba sumamente complacida; las atenciones de Darcy debían dirigirse a ella seguramente. Su asombro, sin embargo, era extraordinario y no podía dejar de repetirse: «¿Por qué estará tan cambiado? No puede ser por mí, no puede ser por mi causa que sus modales se hayan suavizado tanto. Mis reproches en Hunsford no pueden haber efectuado una transformación semejante. Es imposible que aún me ame.»

Después de andar un tiempo de esta forma, las dos señoras delante y los dos caballeros detrás, al volver a emprender el camino, después de un descenso al borde del río para ver mejor una curiosa planta acuática, hubo un cambio de parejas. Lo originó la señora Gardiner, que fatigada por el trajín del día, encontraba el brazo de Elizabeth demasiado débil para sostenerla y prefirió, por lo tanto, el de su marido. Darcy entonces se puso al lado de la sobrina y siguieron así su paseo. Después de un corto silencio, Elizabeth tomó la palabra. Quería hacerle saber que antes de ir a Pemberley se había cerciorado de que él no estaba y que su llegada les era totalmente inesperada.

—Su ama de llaves —añadió— nos informó que no llegaría usted hasta mañana; y aun antes de salir de Bakewell nos dijeron que tardaría usted en volver a Derbyshire.

Darcy reconoció que así era, pero unos asuntos que tenía que resolver con su administrador le habían obligado a adelantarse a sus acompañantes.

—Mañana temprano —continuó— se reunirán todos conmigo. Entre ellos hay conocidos suyos que desearán verla; el señor Bingley y sus hermanas.

Elizabeth no hizo más que una ligera inclinación de cabeza. Se acordó al instante de la última vez que el nombre de Bingley había sido mencionado entre ellos, y a juzgar por la expresión de Darcy, él debía estar pensando en lo mismo.

—Con sus amigos viene también una persona que tiene especial deseo de conocerla a usted —prosiguió al cabo de una pausa—. ¿Me permitirá, o es pedirle demasiado, que le presente a mi hermana mientras están ustedes en Lambton?

Elizabeth se quedó boquiabierta. No alcanzaba a imaginar cómo podía pretender aquello la señorita Darcy; pero en seguida comprendió que el deseo de ésta era obra de su hermano, y sin sacar más conclusiones, le pareció muy halagador. Era grato saber que Darcy no le guardaba rencor.

Siguieron andando en silencio, profundamente abstraídos los dos en sus pensamientos. Elizabeth no podía estar tranquila, pero se sentía adulada y complacida. La intención de Darcy de presentarle a su hermana era una gentileza excepcional. Pronto dejaron atrás a los otros y, cuando llegaron al coche, los señores Gardiner estaban a medio cuarto de milla de ellos.

Darcy la invitó entonces a pasar a la casa, pero Elizabeth declaró que no estaba cansada y esperaron juntos en el césped. En aquel rato podían haber hablado de muchas cosas, el silencio resultaba violento. Ella quería hablar pero tenía la mente en blanco y todos los temas que se le ocurrían parecían estar prohibidos. Al fin recordó su viaje, y habló de Matlock y Dove Dale con gran perseverancia. El tiempo pasaba, su tía andaba muy despacio y la paciencia y las ideas de Elizabeth se agotaban antes de que acabara el tete—à—tete. Cuando llegaron los señores Gardiner, Darcy les invitó a todos a entrar en la casa y tomar un refrigerio; pero ellos se excusaron y se separaron con la mayor cortesía. Darcy les acompañó hasta el coche y cuando éste echó a andar, Elizabeth le vio encaminarse despacio hacia la casa.

Entonces empezaron los comentarios de los tíos; ambos declararon que Darcy era superior a cuanto podía imaginarse.

—Su educación es perfecta y su elegancia y sencillez admirables —dijo su tío.

—Hay en él un poco de altivez —añadió la tía pero sólo en su porte, y no le sienta mal. Puedo decir, como el ama de llaves, que aunque se le tache de orgulloso, no se le nota nada.

—Su actitud con nosotros me ha dejado atónito. Ha estado más que cortés, ha estado francamente atento y nada le obligaba a ello. Su amistad con Elizabeth era muy superficial.

—Claro que no es tan guapo como Wickham —repuso la tía—; o, mejor dicho, que no es tan bien plantado, pero sus facciones son perfectas. ¿Cómo pudiste decirnos que era tan desagradable, Lizzy?

Elizabeth se disculpó como pudo; dijo que al verse en Kent le había agradado más que antes y que nunca le había encontrado tan complaciente como aquella mañana.

—Puede que sea un poco caprichoso en su cortesía —replicó el tío—; esos señores tan encopetados suelen ser así. Por eso no le tomaré la palabra en lo referente a la pesca, no vaya a ser que otro día cambie de parecer y me eche de la finca.

Elizabeth se dio cuenta de que estaban completamente equivocados sobre su carácter, pero no dijo nada.

—Después de haberle visto ahora, nunca habría creído que pudiese portarse tan mal como lo hizo con Wickham —continuó la señora Gardiner—, no parece un desalmado. Al contrario, tiene un gesto muy agradable al hablar. Y hay también una dignidad en su rostro que a nadie podría hacer pensar que no tiene buen corazón. Pero, a decir verdad, la buena mujer que nos enseñó la casa exageraba un poco su carácter. Hubo veces que casi se me escapaba la risa. Lo que pasa es que debe ser un amo muy generoso y eso, a los ojos de un criado, equivale a todas las virtudes.

Al oír esto, Elizabeth creyó que debía decir algo en defensa del proceder de Darcy con Wickham. Con todo el cuidado que le fue posible, trató de insinuarles que, por lo que había oído decir a sus parientes de Kent, sus actos podían interpretarse de muy distinto modo, y que ni su carácter era tan malo ni el de Wickham tan bueno como en Hertfordshire se había creído. Para confirmar lo dicho les refirió los detalles de todas las transacciones pecuniarias que habían mediado entre ellos, sin mencionar cómo lo había sabido, pero afirmando que era rigurosamente cierto.

A la señora Gardiner le sorprendió y sintió curiosidad por el tema, pero como en aquel momento se acercaban al escenario de sus antiguos placeres, cedió al encanto de sus recuerdos y ya no hizo más que señalar a su marido todos los lugares interesantes y sus alrededores. A pesar de lo fatigada que estaba por el paseo de la mañana, en cuanto cenaron salieron en busca de antiguos conocidos, y la velada transcurrió con la satisfacción de las relaciones reanudadas después de muchos años de interrupción.

Los acontecimientos de aquel día habían sido demasiado arrebatadores para que Elizabeth pudiese prestar mucha atención a ninguno de aquellos nuevos amigos, y no podía más que pensar con admiración en las amabilidades de Darcy, y sobre todo en su deseo de que conociera a su hermana.

CAPÍTULO XLIV

Elizabeth había calculado que Darcy llevaría a su hermana a visitarla al día siguiente de su llegada a Pemberley, y en consecuencia, resolvió no perder de vista la fonda en toda aquella mañana. Pero se equivocó, pues recibió la visita el mismo día que llegaron. Los Gardiner y Elizabeth habían estado paseando por el pueblo con algunos de los nuevos amigos, y regresaban en aquel momento a la fonda para vestirse e ir a comer con ellos, cuando el ruido de un carruaje les hizo asomarse a la ventana y vieron a un caballero y a una señorita en un cabriolé[L40] que subía por la calle. Elizabeth reconoció al instante la librea de los lacayos, adivinó lo que aquello significaba y dejó a sus tíos atónitos al comunicarles el honor que les esperaba. Estaban asustados; aquella visita, lo desconcertada que estaba Elizabeth y las circunstancias del día anterior les hicieron formar una nueva idea del asunto. No había habido nada que lo sugiriese anteriormente, pero ahora se daban cuenta que no había otro modo de explicar las atenciones de Darcy más que suponiéndole interesado por su sobrina. Mientras ellos pensaban en todo esto, la turbación de Elizabeth aumentaba por momentos. Le alarmaba su propio desconcierto, y entre las otras causas de su desasosiego figuraba la idea de que Darcy, en su entusiasmo, le hubiese hablado de ella a su hermana con demasiado elogio. Deseaba agradar más que nunca, pero sospechaba que no iba a poder conseguirlo.

Se retiró de la ventana por temor a que la viesen, y, mientras paseaba de un lado a otro de la habitación, las miradas interrogantes de sus tíos la ponían aún más nerviosa.

Por fin aparecieron la señorita Darcy y su hermano y la gran presentación tuvo lugar. Elizabeth notó con asombro que su nueva conocida estaba, al menos, tan turbada como ella. Desde que llegó a Lambton había oído decir que la señorita Darcy era extremadamente orgullosa pero, después de haberla observado unos minutos, se convenció de que sólo era extremadamente tímida. Difícilmente consiguió arrancarle una palabra, a no ser unos cuantos monosílabos.

La señorita Darcy era más alta que Elizabeth y, aunque no tenía más que dieciséis años, su cuerpo estaba ya formado y su aspecto era muy femenino y grácil. No era tan guapa como su hermano, pero su rostro revelaba inteligencia y buen carácter, y sus modales eran sencillísimos y gentiles. Elizabeth, que había temido que fuese una observadora tan aguda y desenvuelta como Darcy, experimentó un gran alivio al ver lo distinta que era.

Poco rato llevaban de conversación, cuando Darcy le dijo a Elizabeth que Bingley vendría también a visitarla, y apenas había tenido tiempo la joven de expresar su satisfacción y prepararse para recibirle cuando oyeron los precipitados pasos de Bingley en la escalera, y en seguida entró en la habitación. Toda la indignación de Elizabeth contra él había desaparecido desde hacía tiempo, pero si todavía le hubiese quedado algún rencor, no habría podido resistirse a la franca cordialidad que Bingley le demostró al verla de nuevo. Le preguntó por su familia de manera cariñosa, aunque en general, y se comportó y habló con su acostumbrado buen humor.

Los señores Gardiner acogieron a Bingley con el mismo interés que Elizabeth. Hacía tiempo que tenían ganas de conocerle. A decir verdad, todos los presentes les inspiraban la más viva curiosidad. Las sospechas que acababan de concebir sobre Darcy y su sobrina les llevaron a concentrar su atención en ellos examinándolos detenidamente, aunque con disimulo, y muy pronto se dieron cuenta de que al menos uno de ellos estaba muy enamorado. Los sentimientos de Elizabeth eran algo dudosos, pero era evidente que Darcy rebosaba admiración a todas luces.

Elizabeth, por su parte, tenía mucho que hacer. Debía adivinar los sentimientos de cada uno de sus visitantes y al mismo tiempo tenía que contener los suyos y hacerse agradable a todos. Bien es verdad que lo último, que era lo que más miedo le daba, era lo que con más seguridad podía conseguir, pues los interesados estaban ya muy predispuestos en su favor. Bingley estaba listo, Georgiana lo deseaba y Darcy estaba completamente decidido.

Al ver a Bingley, los pensamientos de Elizabeth volaron, como es natural, hacia su hermana, y se dedicó afanosamente a observar si alguno de los pensamientos de aquél iban en la misma dirección. Se hacía ilusiones pensando que hablaba menos que en otras ocasiones, y una o dos veces se complació en la idea de que, al mirarla, Bingley trataba de buscar un parecido. Pero, aunque todo eso no fuesen más que fantasías suyas, no podía equivocarse en cuanto a su conducta con la señorita Darcy, de la que le habían hablado como presunta rival de Jane. No notó ni una mirada por parte del uno ni por parte del otro que pudiese justificar las esperanzas de la hermana de Bingley. En lo referente a este tema se quedó plenamente satisfecha. Antes de que se fueran, todavía notó por dos o tres pequeños detalles que Bingley se acordaba de Jane con ternura y parecía que quería decir algo más y que no se atrevía. En un momento en que los demás conversaban, lo dijo en un tono pesaroso:

—¡Cuánto tiempo hacía que no tenía el gusto de verla!

Y, antes de que Elizabeth tuviese tiempo de responder, añadió:

—Hace cerca de ocho meses. No nos habíamos visto desde el veintiséis de noviembre cuando bailamos todos juntos en Netherfield.

Elizabeth se alegró de ver que no le fallaba la memoria. Después, aprovechando que los demás estaban distraídos, le preguntó si todas sus hermanas estaban en Longbourn. Ni la pregunta ni el recuerdo anterior eran importantes, pero la mirada y el gesto de Bingley fueron muy significativos.

Elizabeth no miraba muy a menudo a Darcy; pero cuando lo hacía, veía en él una expresión de complacencia y en lo que decía percibía un acento que borraba todo desdén o altanería hacia sus acompañantes, y la convencía de que la mejoría de su carácter de la que había sido testigo el día anterior, aunque fuese pasajera, había durado, al menos, hasta la fecha. Al verle intentando ser sociable, procurando la buena opinión de los allí presentes, con los que tener algún trato hacía unos meses habría significado para él una deshonra; al verle tan cortés, no sólo con ella, sino con los mismísimos parientes que había despreciado, y recordaba la violenta escena en la casa parroquial de Hunsford, la diferencia, el cambio era tan grande, que a duras penas pudo impedir que su asombro se hiciera visible. Nunca, ni en compañía de sus queridos amigos en Netherfield, ni en la de sus encopetadas parientes de Rosings, le había hallado tan ansioso de agradar, tan ajeno a darse importancia ni a mostrarse reservado, como ahora en que ninguna vanidad podía obtener con el éxito de su empeño, y en que el trato con aquellos a quienes colmaba de atenciones habría sido censurado y ridiculizado por las señoras de Netherfield y de Rosings.

La visita duró una media hora, y cuando se levantaron para despedirse, Darcy pidió a su hermana que apoyase la invitación a los Gardiner y a la señorita Bennet, para que fuesen a cenar en Pemberley antes de irse de la comarca. La señorita Darcy, aunque con una timidez que descubría su poca costumbre de hacer invitaciones, obedeció al punto. La señora Gardiner miró a su sobrina para ver cómo ésta, a quien iba dirigida la invitación, la acogería; pero Elizabeth había vuelto la cabeza. Presumió, sin embargo, que su estudiada evasiva significaba más bien un momentáneo desconcierto que disgusto por la proposición, y viendo a su marido, que era muy aficionado a la vida social, deseoso de acceder, se arriesgó a aceptar en nombre de los tres; y la fecha se fijó para dos días después.

Bingley se manifestó encantado de saber que iba a volver a ver a Elizabeth, pues tenía que decirle aún muchas cosas y hacerle muchas preguntas acerca de todos los amigos de Hertfordshire. Elizabeth creyó entender que deseaba oírle hablar de su hermana y se quedó muy complacida. Este y algunos otros detalles de la visita la dejaron dispuesta, en cuanto se hubieron ido sus amigos, a recordarla con agrado, aunque durante la misma se hubiese sentido un poco incómoda. Con el ansia de estar sola y temerosa de las preguntas o suposiciones de sus tíos, estuvo con ellos el tiempo suficiente para oír sus comentarios favorables acerca de Bingley, y se apresuró a vestirse.

Pero estaba muy equivocada al temer la curiosidad de los señores Gardiner, que no tenían la menor intención de hacerle hablar. Era evidente que sus relaciones con Darcy eran mucho más serias de lo que ellos habían creído, y estaba más claro que el agua que él estaba enamoradísimo de ella. Habían visto muchas cosas que les interesaban, pero no justificaban su indagación.

Lo importante ahora era que Darcy fuese un buen muchacho. Por lo que ellos podían haber apreciado, no tenía peros. Sus amabilidades les habían conmovido, y si hubiesen tenido que describir su carácter según su propia opinión y según los informes de su sirvienta, prescindiendo de cualquier otra referencia, lo habrían hecho de tal modo que el círculo de Hertfordshire que le conocía no lo habría reconocido. Deseaban ahora dar crédito al ama de llaves y pronto convinieron en que el testimonio de una criada que le conocía desde los cuatro años y que parecía tan respetable, no podía ser puesto en tela de juicio. Por otra parte, en lo que decían sus amigos de Lambton no había nada capaz de aminorar el peso de aquel testimonio. No le acusaban más que de orgullo; orgulloso puede que sí lo fuera, pero, aunque no lo hubiera sido, los habitantes de aquella pequeña ciudad comercial, donde nunca iba la familia de Pemberley, del mismo modo le habrían atribuido el calificativo. Pero decían que era muy generoso y que hacía mucho bien entre los pobres.

En cuanto a Wickham, los viajeros vieron pronto que no se le tenía allí en mucha estima; no se sabía lo principal de sus relaciones con el hijo de su señor, pero en cambio era notorio el hecho de que al salir de Derbyshire había dejado una multitud de deudas que Darcy había pagado.

Elizabeth pensó aquella noche en Pemberley más aún que la anterior. Le pareció larguísima, pero no lo bastante para determinar sus sentimientos hacia uno de los habitantes de la mansión. Después de acostarse estuvo despierta durante dos horas intentando descifrarlos. No le odiaba, eso no; el odio se había desvanecido hacía mucho, y durante casi todo ese tiempo se había avergonzado de haber sentido contra aquella persona un desagrado que pudiera recibir ese nombre. El respeto debido a sus valiosas cualidades, aunque admitido al principio contra su voluntad, había contribuido a que cesara la hostilidad de sus sentimientos y éstos habían evolucionado hasta convertirse en afectuosos ante el importante testimonio en su favor que había oído y ante la buena disposición que él mismo —había mostrado el día anterior. Pero por encima de todo eso, por encima del respeto y la estima, sentía Elizabeth otro impulso de benevolencia hacia Darcy que no podía pasarse por alto. Era gratitud; gratitud no sólo por haberla amado, sino por amarla todavía lo bastante para olvidar toda la petulancia y mordacidad de su rechazo y todas las injustas acusaciones que lo acompañaron. Él, que debía considerarla —así lo suponía Elizabeth— como a su mayor enemiga, al encontrarla casualmente parecía deseoso de conservar su amistad, y sin ninguna demostración de indelicadeza ni afectación en su trato, en un asunto que sólo a los dos interesaba, solicitaba la buena opinión de sus amigos y se decidía a presentarle a su hermana. Semejante cambio en un hombre tan orgulloso no sólo tenía que inspirar asombro, sino también gratitud, pues había que atribuirlo al amor, a un amor apasionado. Pero, aunque esta impresión era alentadora y muy contraria al desagrado, no podía definirla con exactitud. Le respetaba, le estimaba, le estaba agradecida, y deseaba vivamente que fuese feliz. No necesitaba más que saber hasta qué punto deseaba que aquella felicidad dependiera de ella, y hasta qué punto redundaría en la felicidad de ambos que emplease el poder que imaginaba poseer aún de inducirle a renovar su proposición.

Por la tarde la tía y la sobrina acordaron que una atención tan extraordinaria como la de la visita de la señorita Darcy el mismo día de su llegada a Pemberley —donde había llegado poco después del desayuno debía ser correspondida, si no con algo equivalente, por lo menos con alguna cortesía especial. Por lo tanto, decidieron ir a visitarla a Pemberley a la mañana siguiente. Elizabeth se sentía contenta, a pesar de que cuando se preguntaba por qué, no alcanzaba a encontrar una respuesta.

Después del desayuno, el señor Gardiner las dejó. El ofrecimiento de la pesca había sido renovado el día anterior y le habían asegurado que a mediodía le acompañaría alguno de los caballeros de Pemberley.

CAPÍTULO XLV

Elizabeth estaba ahora convencida de que la antipatía que por ella sentía la señorita Bingley provenía de los celos. Comprendía, pues, lo desagradable que había de ser para aquella el verla aparecer en Pemberley y pensaba con curiosidad en cuánta cortesía pondría por su parte para reanudar sus relaciones.

Al llegar a la casa atravesaron el vestíbulo y entraron en el salón cuya orientación al norte lo hacía delicioso en verano. Las ventanas abiertas de par en par brindaban una vista refrigerante de las altas colinas pobladas de bosque que estaban detrás del edificio, y de los hermosos robles y castaños de España dispersados por la pradera que se extendía delante de la casa.

En aquella pieza fueron recibidas por la señorita Darcy que las esperaba junto con la señora Hurst, la señorita Bingley y su dama de compañía. La acogida de Georgiana fue muy cortés, pero dominada por aquella cortedad debida a su timidez y al temor de hacer las cosas mal, que le había dado fama de orgullosa y reservada entre sus inferiores. Pero la señora Gardiner y su sobrina la comprendían y compadecían.

La señora Hurst y la señorita Bingley les hicieron una simple reverencia y se sentaron. Se estableció un silencio molestísimo que duró unos instantes. Fue interrumpido por la señora Annesley, persona gentil y agradable que, al intentar romper el hielo, mostró mejor educación que ninguna de las otras señoras. La charla continuó entre ella y la señora Gardiner, con algunas intervenciones de Elizabeth. La señorita Darcy parecía desear tener la decisión suficiente para tomar parte en la conversación, y de vez en cuando aventuraba alguna corta frase, cuando menos peligro había de que la oyesen.

Elizabeth se dio cuenta en seguida de que la señorita Bingley la vigilaba estrechamente y que no podía decir una palabra, especialmente a la señorita Darcy, sin que la otra agudizase el oído. No obstante, su tenaz observación no le habría impedido hablar con Georgiana si no hubiesen estado tan distantes la una de la otra; pero no le afligió el no poder hablar mucho, así podía pensar más libremente. Deseaba y temía a la vez que el dueño de la casa llegase, y apenas podía aclarar si lo temía más que lo deseaba. Después de estar así un cuarto de hora sin oír la voz de la señorita Bingley,

Elizabeth se sonrojó al preguntarle aquélla qué tal estaba su familia. Contestó con la misma indiferencia y brevedad y la otra no dijo más.

La primera variedad de la visita consistió en la aparición de unos criados que traían fiambres, pasteles y algunas de las mejores frutas de la estación, pero esto aconteció después de muchas miradas significativas de la señora Annesley a Georgiana con el fin de recordarle sus deberes. Esto distrajo a la reunión, pues, aunque no todas las señoras pudiesen hablar, por lo menos todas podrían comer. Las hermosas pirámides de uvas, albérchigos y melocotones las congregaron en seguida alrededor de la mesa.

Mientras estaban en esto, Elizabeth se dedicó a pensar si temía o si deseaba que llegase Darcy por el efecto que había de causarle su presencia; y aunque un momento antes creyó que más bien lo deseaba, ahora empezaba a pensar lo contrario.

Darcy había estado con el señor Gardiner, que pescaba en el río con otros dos o tres caballeros, pero al saber que las señoras de su familia pensaban visitar a Georgiana aquella misma mañana, se fue a casa. Al verle entrar, Elizabeth resolvió aparentar la mayor naturalidad, cosa necesaria pero difícil de lograr, pues le constaba que toda la reunión estaba pendiente de ellos, y en cuanto Darcy llegó todos los ojos se pusieron a examinarle. Pero en ningún rostro asomaba la curiosidad con tanta fuerza como en el de la señorita Bingley, a pesar de las sonrisas que prodigaba al hablar con cualquiera; sin embargo, sus celos no habían llegado hasta hacerla desistir de sus atenciones a Darcy—. Georgiana, en cuanto entró su hermano, se esforzó más en hablar, y Elizabeth comprendió que Darcy quería que las dos intimasen, para lo cual favorecía todas las tentativas de conversación por ambas partes. La señorita Bingley también lo veía y con la imprudencia propia de su ira, aprovechó la primera oportunidad para decir con burlona finura:

—Dígame, señorita Elizabeth, ¿es cierto que la guarnición de Meryton ha sido trasladada? Ha debido de ser una gran pérdida para su familia.

En presencia de Darcy no se atrevió a pronunciar el nombre de Wickham, pero Elizabeth adivinó que tenía aquel nombre en su pensamiento; los diversos recuerdos que le despertó la afligieron durante un momento, pero se sobrepuso con entereza para repeler aquel descarado ataque y respondió a la pregunta en tono despreocupado. Al hacerlo, una mirada involuntaria le hizo ver a Darcy con el color encendido, que la observaba atentamente, y a su hermana completamente confusa e incapaz de levantar los ojos. Si la señorita Bingley hubiese podido sospechar cuánto apenaba a su amado, se habría refrenado, indudablemente; pero sólo había intentado descomponer a Elizabeth sacando a relucir algo relacionado con un hombre por el que ella había sido parcial y para provocar en ella algún movimiento en falso que la perjudicase a los ojos de Darcy y que, de paso, recordase a éste los absurdos y las locuras de la familia Bennet. No sabía una palabra de la fuga de la señorita Darcy, pues se había mantenido estrictamente en secreto, y Elizabeth era la única persona a quien había sido revelada. Darcy quería ocultarla a todos los parientes de Bingley por aquel mismo deseo, que Elizabeth le atribuyó tanto tiempo, de llegar a formar parte de su familia. Darcy, en efecto, tenía este propósito, y aunque no fue por esto por lo que pretendió separar a su amigo de Jane, es probable que se sumara a su vivo interés por la felicidad de Bingley.

Pero la actitud de Elizabeth le tranquilizó. La señorita Bingley, humillada y decepcionada, no volvió a atreverse a aludir a nada relativo a Wickham. Georgiana se fue recobrando, pero ya se quedó definitivamente callada, sin osar afrontar las miradas de su hermano. Darcy no se ocupó más de lo sucedido, pero en vez de apartar su pensamiento de Elizabeth, la insinuación de la señorita Bingley pareció excitar más aún su pasión.

Después de la pregunta y contestación referidas, la visita no se prolongó mucho más y mientras Darcy acompañaba a las señoras al coche, la señorita Bingley se desahogó criticando la conducta y la indumentaria de Elizabeth. Pero Georgiana no le hizo ningún caso. El interés de su hermano por la señorita Bennet era más que suficiente para asegurar su beneplácito; su juicio era infalible, y le había hablado de Elizabeth en tales términos que Georgiana tenía que encontrarla por fuerza amable y atrayente.
Cuando Darcy volvió al salón, la señorita Bingley no pudo contenerse y tuvo que repetir algo de lo que ya le había dicho a su hermana:

—¡Qué mal estaba Elizabeth Bennet, señor Darcy! —exclamó—. ¡Qué cambiada la he encontrado desde el invierno! ¡Qué morena y qué poco fina se ha puesto! Ni Louisa ni yo la habríamos reconocido.

La observación le hizo a Darcy muy poca gracia, pero se contuvo y contestó fríamente que no le había notado más variación que la de estar tostada por el sol, cosa muy natural viajando en verano.

—Por mi parte —prosiguió la señorita Bingley confieso que nunca me ha parecido guapa. Tiene la cara demasiado delgada, su color es apagado y sus facciones no son nada bonitas; su nariz no tiene ningún carácter y no hay nada notable en sus líneas; tiene unos dientes pasables, pero no son nada fuera de lo común, y en cuanto a sus ojos tan alabados, yo no veo que tengan nada extraordinario, miran de un modo penetrante y adusto muy desagradable; y en todo su aire, en fin, hay tanta pretensión y una falta de buen tono que resulta intolerable.

Sabiendo como sabía la señorita Bingley que Darcy admiraba a Elizabeth, ése no era en absoluto el mejor modo de agradarle, pero la gente irritada no suele actuar con sabiduría; y al ver que lo estaba provocando, ella consiguió el éxito que esperaba. Sin embargo, él se quedó callado, pero la señorita Bingley tomó la determinación de hacerle hablar y prosiguió:

—Recuerdo que la primera vez que la vimos en Hertfordshire nos extrañó que tuviese fama de guapa; y recuerdo especialmente que una noche en que habían cenado en Netherfield, usted dijo: «¡Si ella es una belleza, su madre es un genio!» Pero después pareció que le iba gustando y creo que la llegó a considerar bonita en algún tiempo.

—Sí —replicó Darcy, sin poder contenerse por más tiempo—, pero eso fue cuando empecé a conocerla, porque hace ya muchos meses que la considero como una de las mujeres más bellas que he visto.

Dicho esto, se fue y la señorita Bingley se quedó muy satisfecha de haberle obligado a decir lo que sólo a ella le dolía.

Camino de Lambton, la señora Gardiner y Elizabeth comentaron todo lo ocurrido en la visita, menos lo que más les interesaba a las dos. Discutieron el aspecto y la conducta de todos, sin referirse a la persona a la que más atención habían dedicado. Hablaron de su hermana, de sus amigos, de su casa, de sus frutas, de todo menos de él mismo, a pesar del deseo de Elizabeth de saber lo que la señora Gardiner pensaba de Darcy, y de lo mucho que ésta se habría alegrado de que su sobrina entrase en materia.

CAPÍTULO XLVI

Al llegar a Lambton, le disgustó a Elizabeth no encontrar carta de Jane; el disgusto se renovó todas las mañanas, pero a la tercera recibió dos cartas a la vez, en una de las cuales había una nota diciendo que se había extraviado y había sido desviada a otro lugar, cosa que a Elizabeth no le sorprendió, porque Jane había puesto muy mal la dirección.

En el momento en que llegaron las dos cartas, se disponían a salir de paseo, y para dejarla que las disfrutase tranquilamente, sus tíos se marcharon solos. Elizabeth leyó primero la carta extraviada que llevaba un retraso de cinco días. Al principio relataba las pequeñas tertulias e invitaciones, y daba las pocas noticias que el campo permitía; pero la última mitad, fechada un día después y escrita con evidente agitación, decía cosas mucho más importantes:

«Después de haber escrito lo anterior, queridísima Elizabeth, ha ocurrido algo muy serio e inesperado; pero no te alarmes todos estamos bien. Lo que voy a decirte se refiere a la pobre Lydia. Anoche a las once, cuando nos íbamos a acostar, llegó un expreso enviado por el coronel Forster para informarnos de que nuestra hermana se había escapado a Escocia con uno de los oficiales; para no andar con rodeos: con Wickham. Imagínate nuestra sorpresa. Sin embargo, a Catherine no le pareció nada sorprendente. Estoy muy triste. ¡Qué imprudencia por parte de ambos! Pero quiero esperar lo mejor y que Wickham no sea tan malo como se ha creído, que no sea más que ligero e indiscreto; pues lo que ha hecho —alegrémonos de ello— no indica mal corazón. Su elección, al fin y al cabo, es desinteresada, porque sabe que nuestro padre no le puede dar nada a Lydia. Nuestra pobre madre está consternada. Papá lo lleva mejor. ¡Qué bien hicimos en no decirles lo que supimos de Wickham! Nosotras mismas debemos olvidarlo. Se supone que se fugaron el sábado a las doce aproximadamente, pero no se les echó de menos hasta ayer a las ocho de la mañana. Inmediatamente mandaron el expreso. Querida Elizabeth, ¡han debido pasar a menos de diez millas de vosotros! El coronel Forster dice que vendrá en seguida. Lydia dejó escritas algunas líneas para la señora Forster comunicándole sus propósitos. Tengo que acabar, pues no puedo extenderme a causa de mi pobre madre. Temo que no entiendas lo escrito, pues ni siquiera sé lo que he puesto.»

Sin tomar tiempo para meditar y sin saber apenas lo que sentía al acabar la lectura de esta carta, Elizabeth abrió la otra con impaciencia y leyó lo que sigue, escrito un día después:

«A estas horas, queridísima hermana, habrás recibido mi apresurada carta. Ojalá la presente sea más inteligible; pero, aunque dispongo de tiempo, mi cabeza está tan aturdida que no puedo ser coherente. Eliza querida, preferiría no escribirte, pero tengo malas noticias que darte y no puedo aplazarlas. Por muy imprudente que pueda ser la boda de Wickham y nuestra pobre Lydia, estamos ansiosos de saber que ya se ha realizado, pues hay sobradas razones para temer que no hayan ido a Escocia. El coronel Forster llegó ayer; salió de Brighton pocas horas después que el propio. A pesar de que la carta de Lydia a la señora Forster daba a entender que iba a Gretna Green[L41], Denny dijo que él estaba enterado y que Wickham jamás pensó en ir allí ni casarse con Lydia; el coronel Forster, al saberlo, se alarmó y salió al punto de Brighton con la idea de darles alcance. Siguió, en efecto, su rastro con facilidad hasta Clapham[L42], pero no pudo continuar adelante, porque ellos al llegar a dicho punto tomaron un coche de alquiler dejando la silla de postas que los había llevado desde Epsom[L43]. Y ya no se sabe nada más sino que se les vio tomar el camino de Londres. No sé qué pensar.

Después de haber hecho todas las investigaciones posibles de allí a Londres, el coronel Forster vino a Hertfordshire para repetirlas en todos los portazgos y hosterías de Barnet y Hatfield[L44], pero sin ningún resultado; nadie ha visto por allí a esas personas. Con el mayor pesar llegó a Longbourn a darnos cuenta de todo, de un modo que le honra.

Estoy de veras apenada por él y por su esposa; nadie podrá recriminarles. Nuestra aflicción es muy grande. Papá y mamá esperan lo peor, pero yo no puedo creer que Wickham sea tan malvado. Muchas circunstancias pueden haberles impulsado a casarse en secreto en la capital en vez de seguir su primer plan; y aun en el caso de que él hubiese tramado la perdición de una muchacha de buena familia como Lydia, cosa que no es probable, ¿he de creerla a ella tan perdida? Imposible. Me desola, no obstante, ver que el coronel Forster no confía en que se hayan casado; cuando yo le dije mis esperanzas, sacudió la cabeza y manifestó su temor de que Wickham no sea de fiar. Mi pobre madre está enferma de veras y no sale de su cuarto. En cuanto a mi padre, nunca le he visto tan afectado. La pobre Catherine está desesperada por haber encubierto los amores de Lydia y Wickham, pero no hay que extrañarse de que las niñas se hiciesen confidencias. Queridísima Lizzy, me alegro sinceramente de que te hayas ahorrado estas dolorosas escenas. Pero ahora que el primer golpe ya ha pasado, te confieso que anhelo tu regreso. No soy egoísta, sin embargo, hasta el extremo de rogarte que vuelvas si no puedes. Adiós. Tomo de nuevo la pluma para hacer lo que acabo de decirte que no haría, pero las circunstancias son tales que no puedo menos que suplicaros a los tres que vengáis cuanto antes. Conozco tan bien a nuestros queridos tíos, que no dudo que accederán. A nuestro tío tengo, además, que pedirle otra cosa. Mi padre va a ir a Londres con el coronel Forster para ver si la encuentran. No sé qué piensan hacer, pero está tan abatido que no podrá tomar las medidas mejores y más expeditivas, y el coronel Forster no tiene más remedio que estar en Brighton mañana por la noche. En esta situación, los consejos y la asistencia de nuestro tío serían de gran utilidad. Él se hará cargo de esto; cuento con su bondad.»

—¿Dónde, dónde está mi tío? —exclamó Elizabeth alzándose de la silla en cuanto terminó de leer y resuelta a no perder un solo instante; pero al llegar a la puerta, un criado la abría y entraba Darcy. El pálido semblante y el ímpetu de Elizabeth le asustaron. Antes de que él se hubiese podido recobrar lo suficiente para dirigirle la palabra, Elizabeth, que no podía pensar más que en la situación de Lydia, exclamó precipitadamente:

—Perdóneme, pero tengo que dejarle; necesito hablar inmediatamente con el señor Gardiner de un asunto que no puede demorarse; no hay tiempo que perder.

—¡Dios mío! ¿De qué se trata? —preguntó él con más sentimiento que cortesía; después, reponiéndose, dijo—: No quiero detenerla ni un minuto; pero permítame que sea yo el que vaya en busca de los señores Gardiner o mande a un criado. Usted no puede ir en esas condiciones.

Elizabeth dudó; pero le temblaban las rodillas y comprendió que no ganaría nada con tratar de alcanzarlos. Por consiguiente, llamó al criado y le encargó que trajera sin dilación a sus señores, aunque dio la orden con voz tan apagada que casi no se le oía.

Cuando el criado salió de la estancia, Elizabeth se desplomó en una silla, incapaz de sostenerse. Parecía tan descompuesta, que Darcy no pudo dejarla sin decirle en tono afectuoso y compasivo:

—Voy a llamar a su doncella. ¿Qué podría tomar para aliviarse? ¿Un vaso de vino? Voy a traérselo. Usted está enferma.

—No, gracias —contestó Elizabeth tratando de serenarse—. No se trata de nada mío. Yo estoy bien. Lo único que me pasa es que estoy desolada por una horrible noticia que acabo de recibir de Longbourn.

Al decir esto rompió a llorar y estuvo unos minutos sin poder hablar. Darcy, afligido y suspenso, no dijo más que algunas vaguedades sobre su interés por ella, y luego la observó en silencio. Al fin Elizabeth prosiguió:

—He tenido carta de Jane y me da unas noticias espantosas que a nadie pueden ocultarse. Mi hermana menor nos ha abandonado, se ha fugado, se ha entregado a... Wickham. Los dos se han escapado de Brighton. Usted conoce a Wickham demasiado bien para comprender lo que eso significa. Lydia no tiene dinero ni nada que a él le haya podido tentar... Está perdida para siempre.

Darcy se quedó inmóvil de estupor.

—¡Cuando pienso —añadió Elizabeth aún más agitada— que yo habría podido evitarlo! ¡Yo que sabía quién era Wickham! ¡Si hubiese explicado a mi familia sólo una parte, algo de lo que supe de él! Si le hubiesen conocido, esto no habría pasado. Pero ya es tarde para todo.

—Estoy horrorizado —exclamó Darcy—. ¿Pero es cierto, absolutamente cierto?

—¡Por desgracia! Se fueron de Brighton el domingo por la noche y les han seguido las huellas hasta cerca de Londres, pero no más allá; es indudable que no han ido a Escocia.

—¿Y qué se ha hecho, qué han intentado hacer para encontrarla?

—Mi padre ha ido a Londres y Jane escribe solicitando la inmediata ayuda de mi tío; espero que nos iremos dentro de media hora. Pero no se puede hacer nada, sé que no se puede hacer nada. ¿Cómo convencer a un hombre semejante? ¿Cómo descubrirles? No tengo la menor esperanza. Se mire como se mire es horrible.

Darcy asintió con la cabeza en silencio.

—¡Oh, si cuando abrí los ojos y vi quién era Wickham hubiese hecho lo que debía! Pero no me atreví, temí excederme. ¡Qué desdichado error!

Darcy no contestó. Parecía que ni siquiera la escuchaba; paseaba de un lado a otro de la habitación absorto en sus cavilaciones, con el ceño fruncido y el aire sombrío. Elizabeth le observó, y al instante lo comprendió todo. La atracción que ejercía sobre él se había terminado; todo se había terminado ante aquella prueba de la indignidad de su familia y ante la certeza de tan profunda desgracia. Ni le extrañaba ni podía culparle. Pero la creencia de que Darcy se había recobrado, no consoló su dolor ni atenuó su desesperación. Al contrario, sirvió para que la joven se diese cuenta de sus propios sentimientos, y nunca sintió tan sinceramente como en aquel momento que podía haberle amado, cuando ya todo amor era imposible.

Pero ni esta consideración logró distraerla. No pudo apartar de su pensamiento a Lydia, ni la humillación y el infortunio en que a todos les había sumido. Se cubrió el rostro con un pañuelo y olvidó todo lo demás. Después de un silencio de varios minutos, oyó la voz de Darcy que de manera compasiva, aunque reservada, le decía:

—Me temo que desea que me vaya, y no hay nada que disculpe mi presencia; pero me ha movido un verdadero aunque inútil interés. ¡Ojalá pudiese decirle o hacer algo que la consolase en semejante desgracia! Pero no quiero atormentarla con vanos deseos que parecerían formulados sólo para que me diese usted las gracias. Creo que este desdichado asunto va a privar a mi hermana del gusto de verla a usted hoy en Pemberley.

—¡Oh, sí! Tenga la bondad de excusarnos ante la señorita Darcy. Dígale que cosas urgentes nos reclaman en casa sin demora. Ocúltele la triste verdad, aunque ya sé que no va a serle muy fácil.

Darcy le prometió ser discreto, se condolió de nuevo por la desgracia, le deseó que el asunto no acabase tan mal como podía esperarse y encargándole que saludase a sus parientes se despidió sólo con una mirada, muy serio.

Cuando Darcy salió de la habitación, Elizabeth comprendió cuán poco probable era que volviesen a verse con la cordialidad que había caracterizado sus encuentros en Derbyshire. Rememoró la historia de sus relaciones con Darcy, tan llena de contradicciones y de cambios, y apreció la perversidad de los sentimientos que ahora le hacían desear que aquellas relaciones continuasen, cuando antes le habían hecho alegrarse de que terminaran.

Si la gratitud o la estima son buenas bases para el afecto, la transformación de los sentimientos de Elizabeth no parecerá improbable ni condenable. Pero si no es así, si el interés que nace de esto es menos natural y razonable que el que brota espontáneamente, como a menudo se describe, del primer encuentro y antes de haber cambiado dos palabras con el objeto de dicho interés, no podrá decirse en defensa de Elizabeth más que una cosa: que ensayó con Wickham este sistema y que los malos resultados que le dio la autorizaban quizás a inclinarse por el otro método, aunque fuese menos apasionante. Sea como sea, vio salir a Darcy con gran pesar, y este primer ejemplo de las desgracias que podía ocasionar la infamia de Lydia aumentó la angustia que le causaba el pensar en aquel desastroso asunto.

En cuanto leyó la segunda carta de Jane, no creyó que Wickham quisiese casarse con Lydia. Nadie más que Jane podía tener aquella esperanza. La sorpresa era el último de sus sentimientos. Al leer la primera carta se asombró de que Wickham fuera a casarse con una muchacha que no era un buen partido y no entendía cómo Lydia había podido atraerle. Pero ahora lo veía todo claro. Lydia era bonita, y aunque no suponía que se hubiese comprometido a fugarse sin ninguna intención de matrimonio, Elizabeth sabía que ni su virtud ni su buen juicio podían preservarla de caer como presa fácil.

Mientras el regimiento estuvo en Hertfordshire, jamás notó que Lydia se sintiese atraída por Wickham; pero estaba convencida de que sólo necesitaba que le hicieran un poco de caso para enamorarse de cualquiera. Tan pronto le gustaba un oficial como otro, según las atenciones que éstos le dedicaban. Siempre había mariposeado, sin ningún objeto fijo. ¡Cómo pagaban ahora el abandono y la indulgencia en que habían criado a aquella niña!

No veía la hora de estar en casa para ver, oír y estar allí, y compartir con Jane los cuidados que requería aquella familia tan trastornada, con el padre ausente y la madre incapaz de ningún esfuerzo y a la que había que atender constantemente. Aunque estaba casi convencida de que no se podría hacer nada por Lydia, la ayuda de su tío le parecía de máxima importancia, por lo que hasta que le vio entrar en la habitación padeció el suplicio de una impaciente espera. Los señores Gardiner regresaron presurosos y alarmados, creyendo, por lo que le había contado el criado, que su sobrina se había puesto enferma repentinamente. Elizabeth les tranquilizó sobre este punto y les comunicó en seguida la— causa de su llamada leyéndoles las dos cartas e insistiendo en la posdata con trémula energía. Aunque los señores Gardiner nunca habían querido mucho a Lydia, la noticia les afectó profundamente. La desgracia alcanzaba no sólo a Lydia, sino a todos. Después de las primeras exclamaciones de sorpresa y de horror, el señor Gardiner ofreció toda la ayuda que estuviese en su mano. Elizabeth no esperaba menos y les dio las gracias con lágrimas en los ojos. Movidos los tres por un mismo espíritu dispusieron todo para el viaje rápidamente.

—¿Y qué haremos con Pemberley? —preguntó la señora Gardiner—. John nos ha dicho que el señor Darcy estaba aquí cuando le mandaste a buscarnos. ¿Es cierto?

—Sí; le dije que no estábamos en disposición de cumplir nuestro compromiso. Eso ya está arreglado. —Eso ya está arreglado —repitió la señora Gardiner mientras corría al otro cuarto a prepararse–. ¿Están en tan estrechas relaciones como para haberle revelado la verdad? ¡Cómo me gustaría descubrir lo que ha pasado!

Pero su curiosidad era inútil. A lo sumo le sirvió para entretenerse en la prisa y la confusión de la hora siguiente. Si Elizabeth se hubiese podido estar con los brazos cruzados, habría creído que una desdichada como ella era incapaz de cualquier trabajo, pero estaba tan ocupada como su tía y, para colmo, había que escribir tarjetas a todos los amigos de Lambton para explicarles con falsas excusas su repentina marcha. En una hora estuvo todo despachado. El señor Gardiner liquidó mientras tanto la cuenta de la fonda y ya no faltó más que partir. Después de la tristeza de la mañana, Elizabeth se encontró en menos tiempo del que había supuesto sentada en el coche y caminó de Longbourn.

CAPÍTULO XLVII

—He estado pensándolo otra vez, Elizabeth —le dijo su tío cuando salían de la ciudad—, y finalmente, después de serias consideraciones, me siento inclinado a adoptar el parecer de tu hermana mayor. Me parece poco probable que Wickham quiera hacer daño a una muchacha que no carece de protección ni de amigos y que estaba viviendo con la familia Forster. No iba a suponer que los amigos de la chica se quedarían con los brazos cruzados, ni que él volvería a ser admitido en el regimiento tras tamaña ofensa a su coronel. La tentación no es proporcional al riesgo.

—¿Lo crees así de veras? —preguntó Elizabeth animándose por un momento.

—Yo también empiezo a ser de la opinión de tu tío —dijo la señora Gardiner—. Es una violación demasiado grande de la decencia, del honor y del propio interés, para haber obrado tan a la ligera. No puedo admitir que Wickham sea tan insensato. Y tú misma, Elizabeth, ¿le tienes en tan mal concepto para creerle capaz de una locura semejante?

—No lo creo capaz de olvidar su propia conveniencia, pero sí de olvidar todo lo que no se refiera a ello. ¡Ojalá fuese como vosotros decís! Yo no me atrevo a esperarlo. Y si no, ¿por qué no han ido a Escocia?

—En primer lugar —contestó el señor Gardiner—, no hay pruebas de que no hayan ido.

—¿Qué mejor prueba que el haber dejado la silla de postas y haber tomado un coche de alquiler? Además, no pasaron por el camino de Barnet.

—Bueno, supongamos que están en Londres. Pueden no haberlo hecho más que con el propósito de ocultarse. No es probable que ninguno de los dos ande sobrado de dinero, y habrán creído que les saldría más barato casarse en Londres que en Escocia, aunque les sea más difícil.

—¿Pero a qué ese secreto? ¿Por qué tienen que casarse a escondidas? Sabes por Jane que el más íntimo amigo de Wickham asegura que nunca pensó casarse con Lydia. Wickham no se casará jamás con una mujer que no tenga dinero, porque él no puede afrontar lo gastos de un matrimonio. ¿Y qué merecimientos tiene Lydia, qué atractivos, aparte de su salud, de su juventud y de su buen humor, para que Wickham renuncie por ella a la posibilidad de hacer un buen casamiento? No puedo apreciar con exactitud hasta qué punto le ha de perjudicar en el Cuerpo una fuga deshonrosa, pues ignoro las medidas que se toman en estos casos, pero en cuanto a tus restantes objeciones, me parece difícil que puedan sostenerse. Lydia no tiene hermanos que tomen cartas en el asunto; y dado el carácter de mi padre, su indolencia y la poca atención que siempre ha prestado a su familia, Wickham ha podido creer que no se lo tomaría muy a la tremenda.

—Pero ¿cómo supones que Lydia sea tan inconsiderada para todo lo que no sea amarle, que consienta en vivir con él de otra manera que siendo su mujer legítima?

—Así parece —replicó Elizabeth con los ojos llenos de lágrimas—, y es espantoso tener que dudar de la decencia y de la virtud de una hermana. Pero en realidad no sé qué decir. Tal vez la juzgo mal, pero es muy joven, nunca se le ha acostumbrado a pensar en cosas serias, y durante el último medio año, o más bien durante un año entero, no ha hecho más que correr en pos de las diversiones y de la vanidad. Se le ha dejado que se entregara al ocio y a la frivolidad y que no hiciese más que lo que se le antojaba. Desde que la guarnición del condado se acuarteló en Meryton, no pensó más que en el amor, en el coqueteo y en los oficiales. Hizo todo lo que pudo para excitar, ¿cómo lo diría?, la susceptibilidad de sus sentimientos, que ya son lo bastante vivos por naturaleza. Y todos sabemos que Wickham posee en su persona y en su trato todos los encantos que pueden cautivar a una mujer.

—Pero ya ves —insistió su tía— que tu hermana no cree a Wickham capaz de tal atentado.

—Jane nunca cree nada malo de nadie. Y mucho menos tratándose de una cosa así, hasta que no se lo hayan demostrado. Pero Jane sabe tan bien como yo quién es Wickham. Las dos sabemos que es un libertino en toda la extensión de la palabra, que carece de integridad y de honor y que es tan falso y engañoso como atractivo.

—¿Estás segura? —preguntó la señora Gardiner que ardía en deseos de conocer la fuente de información de su sobrina.

—Segurísima —replicó Elizabeth, sonrojándose—. Ya te hablé el otro día de su infame conducta con el señor Darcy, y tú misma oíste la última vez en Longbourn de qué manera hablaba del hombre que con tanta indulgencia y generosidad le ha tratado. Y aún hay otra circunstancia que no estoy autorizada... que no vale la pena contar. Lo cierto es que sus embustes sobre la familia de Pemberley no tienen fin. Por lo que nos había dicho de la señorita Darcy, yo creí que sería una muchacha altiva, reservada y antipática. Sin embargo, él sabía que era todo lo contrario. El debe saber muy bien, como nosotros hemos comprobado, cuán afectuosa y sencilla es.

—¿Y Lydia no está enterada de nada de eso? ¿Cómo ignora lo que Jane y tú sabéis?

—Tienes razón. Hasta que estuve en Kent y traté al señor Darcy y a su primo el coronel Fitzwilliam, yo tampoco lo supe. Cuando llegué a mi casa, la guarnición del condado iba a salir de Meryton dentro de tres semanas, de modo que ni Jane, a quien informé de todo, ni yo creímos necesario divulgarlo; porque ¿qué utilidad tendría que echásemos a perder la buena opinión que tenían de él en Hertfordshire? Y cuando se decidió que Lydia iría con los señores Forster a Brighton, jamás se me ocurrió descubrirle la verdadera personalidad de Wickham, pues no me pasó por la cabeza que corriera ningún peligro de ese tipo. Ya comprenderéis que estaba lejos de sospechar que hubiesen de derivarse tan funestas consecuencias.

—¿Cuando trasladaron la guarnición a Brighton, no tenías idea de que hubiese algo entre ellos?

—Ni la más mínima. No recuerdo haber notado ninguna señal de afecto ni por parte del uno ni por parte del otro. Si hubiese habido algo, ¡buena es mi familia para que les pasara inadvertido! Cuando Wickham entró en el Cuerpo, a Lydia le gustó mucho, pero no más que a todas nosotras. Todas las chicas de Meryton y de los alrededores perdieron la cabeza por él durante los dos primeros meses, pero él nunca hizo a Lydia ningún caso especial, por lo que después de un período de admiración extravagante y desenfrenada, dejó de acordarse de él y se dedicó a otros oficiales que le prestaban mayor atención.

Aunque pocas cosas nuevas podían añadir a sus temores, esperanzas y conjeturas sobre tan interesante asunto, los viajeros lo debatieron durante todo el camino. Elizabeth no podía pensar en otra cosa. La más punzante de todas las angustias, el reproche a sí misma, le impedía encontrar el menor intervalo de alivio o de olvido.

Anduvieron lo más de prisa que pudieron, pasaron la noche en una posada, y llegaron a Longbourn al día siguiente, a la hora de comer. El único consuelo de Elizabeth fue que no habría hecho esperar a Jane demasiado.

Los pequeños Gardiner, atraídos al ver un carruaje, esperaban de pie en las escaleras de la casa mientras éste atravesaba el camino de entrada. Cuando el coche paró en la puerta, la alegre sorpresa que brillaba en sus rostros y retozaba por todo su cuerpo haciéndoles dar saltos, fue el preludio de su bienvenida.

Elizabeth les dio un beso a cada uno y corrió al vestíbulo, en donde se encontró con Jane que bajaba a toda prisa de la habitación de su madre.

Se abrazaron con efusión, con los ojos llenos de lágrimas, y Elizabeth preguntó sin perder un segundo si se había sabido algo de los fugitivos.

—Todavía no —respondió Jane—, pero ahora que ya ha llegado nuestro querido tío, espero que todo vaya bien.

—¿Está papá en la capital?

—Sí, se fue el martes, como te escribí.

—¿Y qué noticias habéis tenido de él?

—Pocas. El miércoles me puso unas líneas diciéndome que había llegado bien y dándome su dirección, como yo le había pedido. Sólo añadía que no volvería a escribir hasta que tuviese algo importante que comunicarnos.

—¿Y mamá, cómo está? ¿Cómo estáis todas?

—Mamá está bien, según veo, aunque muy abatida. Está arriba y tendrá gran satisfacción en veros a todos. Todavía no sale de su cuarto. Mary y Catherine se encuentran perfectamente, gracias a Dios.

—¿Y tú, cómo te encuentras? —preguntó Elizabeth—. Estás pálida. ¡Cuánto habrás tenido que pasar! Pero Jane aseguró que estaba muy bien. Mientras tanto, los señores Gardiner, que habían estado ocupados con sus hijos, llegaron y pusieron fin a la conversación de las dos hermanas. Jane corrió hacia sus tíos y les dio la bienvenida y las gracias entre lágrimas y sonrisas.

Una vez reunidos en el salón, las preguntas hechas por Elizabeth fueron repetidas por los otros, y vieron que la pobre Jane no tenía ninguna novedad. Pero su ardiente confianza en que todo acabaría bien no la había abandonado; todavía esperaba que una de esas mañanas llegaría una carta de Lydia o de su padre explicando los sucesos y anunciando quizá el casamiento.

La señora Bennet, a cuya habitación subieron todos después de su breve conversación, les recibió como era de suponer: con lágrimas y lamentaciones, improperios contra la villana conducta de Wickham y quejas por sus propios sufrimientos, echándole la culpa a todo el mundo menos a quien, por su tolerancia y poco juicio, se debían principalmente los errores de su hija.

—Si hubiera podido —decía— realizar mi proyecto de ir a Brighton con toda mi familia, eso no habría ocurrido; pero la pobre Lydia no tuvo a nadie que cuidase de ella. Los Forster no tenían que haberla perdido de vista. Si la hubiesen vigilado bien, no habría hecho una cosa así, Lydia no es de esa clase de chicas. Siempre supe que los Forster eran muy poco indicados para hacerse cargo de ella, pero a mí no se me hizo caso, como siempre. ¡Pobre niña mía! Y ahora Bennet se ha ido y supongo que desafiará a Wickham dondequiera que le encuentre, y como morirá en el lance, ¿qué va a ser de nosotras?. Los Collins nos echarán de aquí antes de que él esté frío en su tumba, y si tú, hermano mío, no nos asistes, no sé qué haremos.

Todos protestaron contra tan terroríficas ideas. El señor Gardiner le aseguró que no les faltaría su amparo y dijo que pensaba estar en Londres al día siguiente para ayudar al señor Bennet con todo su esfuerzo para encontrar a Lydia.

—No os alarméis inútilmente —añadió—; aunque bien está prepararse para lo peor, tampoco debe darse por seguro. Todavía no hace una semana que salieron de Brighton. En pocos días más averiguaremos algo; y hasta que no sepamos que no están casados y que no tienen intenciones de estarlo, no demos el asunto por perdido. En cuanto llegue a Londres recogeré a mi hermano y me lo llevaré a Gracechurch Street; juntos deliberaremos lo que haya que hacer.

—¡Oh, querido hermano mío! exclamó la señora Bennet—, ése es justamente mi mayor deseo. Cuando llegues a Londres, encuéntralos dondequiera que estén, y si no están casados, haz que se casen. No les permitas que demoren la boda por el traje de novia, dile a Lydia que tendrá todo el dinero que quiera para comprárselo después. Y sobre todo, impide que Bennet se bata en duelo con Wickham. Dile en el horrible estado en que me encuentro: destrozada, trastornada, con tal temblor y agitación, tales convulsiones en el costado, tales dolores de cabeza y tales palpitaciones que no puedo reposar ni de día ni de noche. Y dile a mi querida Lydia que no encargue sus trajes hasta que me haya visto, pues ella no sabe cuáles son los mejores almacenes. ¡Oh, hermano! ¡Qué bueno eres! Sé que tú lo arreglarás todo.

El señor Gardiner le repitió que haría todo lo que pudiera y le recomendó que moderase sus esperanzas y sus temores. Conversó con ella de este modo hasta que la comida estuvo en la mesa, y la dejó que se desahogase con el ama de llaves que la asistía en ausencia de sus hijas.

Aunque su hermano y su cuñada estaban convencidos de que no había motivo para que no bajara a comer, no se atrevieron a pedirle que se sentara con ellos a la mesa, porque temían su imprudencia delante de los criados y creyeron preferible que sólo una de ellas, en la que más podían confiar, se enterase de sus cuitas.

En el comedor aparecieron Mary y Catherine que habían estado demasiado ocupadas en sus habitaciones para presentarse antes. La una acababa de dejar sus libros y la otra su tocador. Pero tanto la una como la otra estaban muy tranquilas y no parecían alteradas. Sólo la segunda tenía un acento más colérico que de costumbre, sea por la pérdida de la hermana favorita o por la rabia de no hallarse ella en su lugar. Poco después de sentarse a la mesa, Mary, muy segura de sí misma, cuchicheó con Elizabeth con aires de gravedad en su reflexión:

Es un asunto muy desdichado y probablemente será muy comentado; pero hemos de sobreponernos a la oleada de la malicia y derramar sobre nuestros pechos heridos el bálsamo del consuelo fraternal.

Al llegar aquí notó que Elizabeth no tenía ganas de contestar, y añadió:

—Aunque sea una desgracia para Lydia, para nosotras puede ser una lección provechosa: la pérdida de la virtud en la mujer es irreparable; un solo paso en falso lleva en sí la ruina final; su reputación no es menos frágil que su belleza, y nunca será lo bastante cautelosa en su comportamiento hacia las indignidades del otro sexo.

Elizabeth, atónita, alzó los ojos, pero estaba demasiado angustiada para responder. Mary continuó consolándose con moralejas por el estilo extraídas del infortunio que tenían ante ellos.

Por la tarde las dos hijas mayores de los Bennet pudieron estar solas durante media hora, y Elizabeth aprovechó al instante la oportunidad para hacer algunas preguntas que Jane tenía igual deseo de contestar.

Después de lamentarse juntas de las terribles consecuencias del suceso, que Elizabeth daba por ciertas y que la otra no podía asegurar que fuesen imposibles, la primera dijo:

Cuéntame todo lo que yo no sepa. Dame más detalles. ¿Qué dijo el coronel Forster? ¿No tenía ninguna sospecha de la fuga? Debían verlos siempre juntos.

—El coronel Forster confesó que alguna vez notó algún interés, especialmente por parte de Lydia, pero no vio nada que le alarmase. Me da pena de él. Estuvo de lo más atento y amable. Se disponía a venir a vernos antes de saber que no habían ido a Escocia, y cuando se presumió que estaban en Londres, apresuró su viaje.

—Y Denny, ¿estaba convencido de que Wickham no se casaría? ¿Sabía que iban a fugarse? ¿Ha visto a Denny el coronel Forster?

—Sí, pero cuando le interrogó, Denny dijo que no estaba enterado de nada y se negó a dar su verdadera opinión sobre el asunto. No repitió su convicción de que no se casarían y por eso pienso que a lo mejor lo interpretó mal.

—Supongo que hasta que vino el coronel Forster, nadie de la casa dudó de que estuviesen casados. —¿Cómo se nos iba a ocurrir tal cosa? Yo me sentí triste porque sé que es difícil que mi hermana sea feliz casándose con Wickham debido a sus pésimos antecedentes. Nuestros padres no sabían nada de eso, pero se dieron cuenta de lo imprudente de semejante boda. Entonces Catherine confesó, muy satisfecha de saber más que nosotros, que la última carta de Lydia ya daba a entender lo que tramaban. Parece que le decía que se amaban desde hacía unas semanas.

—Pero no antes de irse a Brighton.

—Creo que no.

—Y el coronel Forster, ¿tiene mal concepto de Wickham? ¿Sabe cómo es en realidad?

—He de confesar que no habló tan bien de él como antes. Le tiene por imprudente y manirroto. Y se dice que ha dejado en Meryton grandes deudas, pero yo espero que no sea cierto.

—¡Oh, Jane! Si no hubiésemos sido tan reservadas y hubiéramos dicho lo que sabíamos de Wickham, esto no habría sucedido.

—Tal vez habría sido mejor —repuso su hermana—, pero no es justo publicar las faltas del pasado de una persona, ignorando si se ha corregido. Nosotras obramos de buena fe.

—¿Repitió el coronel Forster los detalles de la nota que Lydia dejó a su mujer?

—La trajo consigo para enseñárnosla.

Jane la sacó de su cartera y se la dio a Elizabeth. Éste era su contenido:

«Querida Harriet: Te vas a reír al saber adónde me he ido, y ni yo puedo dejar de reírme pensando en el susto que te llevarás mañana cuando no me encuentres. Me marcho a Gretna Green, y si no adivinas con quién, creeré que eres una tonta, pues es el único hombre a quien amo en el mundo, por lo que no creo hacer ningún disparate yéndome con él. Si no quieres, no se lo digas a los de mi casa, pues así será mayor su sorpresa cuando les escriba y firme Lydia Wickham. ¡Será una broma estupenda! Casi no puedo escribir de risa. Te ruego que me excuses con Pratt por no cumplir mi compromiso de bailar con él esta noche; dile que espero que me perdone cuando lo sepa todo, y también que bailaré con él con mucho gusto en el primer baile en que nos encontremos. Mandaré por mis trajes cuando vaya a Longbourn, pero dile a Sally que arregle el corte del vestido de muselina de casa antes de que lo empaquetes. Adiós. Dale recuerdos al coronel Forster. Espero que brindaréis por nuestro feliz viaje. Afectuosos saludos de tu amiga,

Lydia Bennet.»

—¡Oh, Lydia, qué inconsciente! ¡Qué inconsciente! —exclamó Elizabeth al acabar de leer—. ¡Qué carta para estar escrita en semejante momento! Pero al menos parece que se tomaba en serio el objeto de su viaje; no sabemos a qué puede haberla arrastrado Wickham, pero el propósito de Lydia no era tan infame. ¡Pobre padre mío! ¡Cuánto lo habrá sentido!

—Nunca vi a nadie tan abrumado. Estuvo diez minutos sin poder decir una palabra. Mamá se puso mala en seguida. ¡Había tal confusión en toda la casa!

—¿Hubo algún criado que no se enterase de toda la historia antes de terminar el día?

—No sé, creo que no. Pero era muy difícil ser cauteloso en aquellos momentos. Mamá se puso histérica y aunque yo la asistí lo mejor que pude, no sé si hice lo que debía. El horror de lo que había sucedido casi me hizo perder el sentido.

—Te has sacrificado demasiado por mamá; no tienes buena cara. ¡Ojalá hubiese estado yo a tu lado! Así habrías podido cuidarte tú.

—Mary y Catherine se portaron muy bien y no dudo que me habrían ayudado, pero no lo creí conveniente para ninguna de las dos; Catherine es débil y delicada, y Mary estudia tanto que sus horas de reposo no deben ser interrumpidas. Tía Philips vino a Longbourn el martes, después de marcharse papá, y fue tan buena que se quedó conmigo hasta el jueves. Nos ayudó y animó mucho a todas. Lady Lucas estuvo también muy amable: vino el viernes por la mañana para condolerse y ofrecernos sus servicios en todo lo que le fuera posible y enviarnos a cualquiera de sus hijas si creíamos que podrían sernos útiles.

—Más habría valido que se hubiese quedado en su casa —dijo Elizabeth—; puede que sus intenciones fueran buenas; pero en desgracias como ésta se debe rehuir de los vecinos. No pueden ayudarnos y su condolencia es ofensiva. ¡Que se complazcan criticándonos a distancia!

Preguntó entonces cuáles eran las medidas que pensaba tomar su padre en la capital con objeto de encontrar a su hija.

—Creo que tenía intención de ir a Epsom —contestó Jane—, que es donde ellos cambiaron de caballos por última vez; hablará con los postillones y verá qué puede sonsacarles. Su principal objetivo es descubrir el número del coche de alquiler con el que salieron de Clapham; que había llegado de Londres con un pasajero; y como mi padre opina que el hecho de que un caballero y una dama cambien de carruaje puede ser advertido, quiere hacer averiguaciones en Clapham. Si pudiese descubrir la casa en la que el cochero dejó al viajero no sería difícil averiguar el tipo de coche que era y el número. No sé qué otros planes tendría; pero tenía tal prisa por irse y estaba tan desolado que sólo pude sacarle esto.

CAPÍTULO XLVIII

Todos esperaban carta del señor Bennet a la mañana siguiente; pero llegó el correo y no trajo ni una línea suya. Su familia sabía que no era muy aficionado a escribir, pero en aquella ocasión creían que bien podía hacer una excepción. Se vieron, por tanto, obligados a suponer que no había buenas noticias; pero incluso en ese caso, preferían tener la certeza. El señor Gardiner esperó sólo a que llegase el correo y se marchó.

Cuando se fue todos se quedaron con la seguridad de que así, al menos tendrían constante información de lo que ocurriese. El señor Gardiner les prometió persuadir al señor Bennet de que regresara a Longbourn cuanto antes para consuelo de su esposa, que consideraba su vuelta como única garantía de que no moriría en el duelo.

La señora Gardiner y sus hijos permanecerían en Hertfordshire unos días más, pues ésta creía que su presencia sería útil a sus sobrinas. Las ayudaba a cuidar a la señora Bennet y les servía de gran alivio en sus horas libres. Su otra tía las visitaba a menudo con el fin, según decía, de darles ánimos; pero como siempre les contaba algún nuevo ejemplo de los despilfarros y de la falta de escrúpulos de Wickham, rara vez se marchaba sin dejarlas aún más descorazonadas.

Todo Meryton se empeñaba en desacreditar al hombre que sólo tres meses antes había sido considerado como un ángel de luz. Se decía que debía dinero en todos los comercios de la ciudad, y sus intrigas, honradas con el nombre de seducciones, se extendían a todas las familias de los comerciantes. Todo el mundo afirmaba que era el joven más perverso del mundo, y empezaron a decir que siempre habían desconfiado de su aparente bondad. Elizabeth, a pesar de no dar crédito ni a la mitad de lo que murmuraban, creía lo bastante para afianzar su previa creencia en la ruina de su hermana, y hasta Jane comenzó a perder las esperanzas, especialmente cuando llegó el momento en que, de haber ido a Escocia, se habrían recibido ya noticias suyas.

El señor Gardiner salió de Longbourn el domingo y el martes tuvo carta su mujer. Le decía que a su llegada había ido en seguida en busca de su cuñado y se lo había llevado a Gracechurch Street; que el señor Bennet había estado en Epsom y en Clapham, pero sin ningún resultado, y que ahora quería preguntar en todas las principales hosterías de la ciudad, pues creía posible que se hubiesen albergado en una de ellas a su llegada a Londres, antes de procurarse otro alojamiento. El señor Gardiner opinaba que esta tentativa era inútil, pero como su cuñado estaba empeñado en llevarla a cabo, le ayudaría. Añadía que el señor Bennet se negaba a irse de Londres, y prometía escribir en breve. En una posdata decía lo siguiente:

«He escrito al coronel Forster suplicándole que averigüe entre los amigos del regimiento si Wickham tiene parientes o relaciones que puedan saber en qué parte de la ciudad estará oculto. Si hubiese alguien a quien se pudiera acudir con alguna probabilidad de obtener esa pista, se adelantaría mucho. Por ahora no hay nada que nos oriente. No dudo que el coronel Forster hará todo lo que esté a su alcance para complacernos, pero quizá Elizabeth pueda indicarnos mejor que nadie si Wickham tiene algún pariente.»

Elizabeth comprendió el porqué de esta alusión, pero no podía corresponder a ella. Jamás había oído decir si tenía parientes aparte de su padre y su madre muertos hacía muchos años. Pero era posible que alguno de sus compañeros fuera capaz de dar mejor información, y aunque no era optimista, consideraba acertado preguntarlo.

En Longbourn los días transcurrían con gran ansiedad, ansiedad que crecía con la llegada del correo. Todas las mañanas esperaban las cartas con impaciencia. Por carta habrían de saber la mala o buena marcha del asunto, y cada día creían que iban a recibir alguna noticia de importancia.

Pero antes de que volvieran a saber del señor Gardiner, llegó de Hunsford una misiva para el señor Bennet de su primo Collins. Como Jane había recibido la orden de leer en ausencia de su padre todo lo que recibiese, abrió la carta. Elizabeth, que sabía cómo eran las epístolas de Collins, leyó también por encima del hombro de su hermana. Decía así:

«Mi querido señor: Nuestro parentesco y mi situación en la vida me llevan a darle mis condolencias por la grave aflicción que está padeciendo, de la que fuimos informados por una carta de Hertfordshire. No dude de que tanto la señora Collins como yo les acompañamos en el sentimiento a usted y a toda su respetable familia en la presente calamidad, que ha de ser muy amarga, puesto que el tiempo no la puede borrar. No faltarán argumentos por mi parte para aliviar tan tremenda desventura o servir de consuelo en circunstancias que para un padre han de ser más penosas que para todos los demás. La muerte de una hija habría sido una bendición comparada con esto. Y es más lamentable porque hay motivos para suponer, según me dice mi querida Charlotte, que esa licenciosa conducta de su hija procede de un deplorable exceso de indulgencia; aunque al mismo tiempo y para consuelo suyo y de su esposa, me inclino a pensar que debía de ser de naturaleza perversa, pues de otra suerte no habría incurrido en tal atrocidad a una edad tan temprana. De todos modos es usted digno de compasión, opinión que no sólo comparte la señora Collins, sino también lady Catherine y su hija, a quienes he referido el hecho. Están de acuerdo conmigo en que ese mal paso de su hija será perjudicial para la suerte de las demás; porque, ¿quién —como la propia lady Catherine dice afablemente— querrá emparentar con semejante familia? Esta consideración me mueve a recordar con la mayor satisfacción cierto suceso del pasado noviembre, pues a no haber ido las cosas como fueron, me vería ahora envuelto en toda la tristeza y desgracia de ustedes. Permítame, pues, que le aconseje, querido señor, que se resigne todo lo que pueda y arranque a su indigna hija para siempre de su corazón, y deje que recoja ella los frutos de su abominable ofensa.»

El señor Gardiner no volvió a escribir hasta haber recibido contestación del coronel Forster, pero no pudo decir nada bueno. No se sabía que Wickham tuviese relación con ningún pariente y se aseguraba que no tenía ninguno cercano. Antiguamente había tenido muchas amistades, pero desde su ingreso en el ejército parecía apartado de todo el mundo. No había nadie, por consiguiente, capaz de dar noticias de su paradero. Había un poderoso motivo para que se ocultara, que venía a sumarse al temor de ser descubierto por la familia de Lydia, y era que había dejado tras sí una gran cantidad de deudas de juego. El coronel Forster opinaba que serían necesarias más de mil libras para clarear sus cuentas en Brighton. Mucho debía en la ciudad, pero sus deudas de honor eran aún más elevadas. El señor Gardiner no se atrevió a ocultar estos detalles a la familia de Longbourn. Jane se horrorizó:

—¡Un jugador! Eso no lo esperaba. ¡No podía imaginármelo!

Añadía el señor Gardiner en su carta que el señor Bennet iba a regresar a Longbourn al día siguiente, que era sábado. Desanimado por el fracaso de sus pesquisas había cedido a las instancias de su cuñado para que se volviese a su casa y le dejase hacer a él mientras las circunstancias no fuesen más propicias para una acción conjunta. Cuando se lo dijeron a la señora Bennet, no demostró la satisfacción que sus hijas esperaban en vista de sus inquietudes por la vida de su marido.

—¿Que viene a casa y sin la pobre Lydia? exclamó—. No puedo creer que salga de Londres sin haberlos encontrado. ¿Quién retará a Wickham y hará que se case, si Bennet regresa?

Como la señora Gardiner ya tenía ganas de estar en su casa se convino que se iría a Londres con los niños aprovechando la vuelta del señor Bennet. Por consiguiente, el coche de Longbourn les condujo hasta la primera etapa de su camino y trajo de vuelta al señor Bennet.

La señora Gardiner se fue perpleja aún al pensar en el encuentro casual de Elizabeth y su amigo de Derbyshire en dicho lugar. Elizabeth se había abstenido de pronunciar su nombre, y aquella especie de semiesperanza que la tía había alimentado de que recibirían una carta de él al llegar a Longbourn, se había quedado en nada. Desde su llegada, Elizabeth no había tenido ninguna carta de Pemberley.

El desdichado estado de toda la familia hacía innecesaria cualquier otra excusa para explicar el abatimiento de Elizabeth; nada, por lo tanto, podía conjeturarse sobre aquello, aunque a Elizabeth, que por aquel entonces sabía a qué atenerse acerca de sus sentimientos, le constaba que, a no ser por Darcy, habría soportado mejor sus temores por la deshonra de Lydia. Se habría ahorrado una o dos noches de no dormir.

El señor Bennet llegó con su acostumbrado aspecto de filósofo. Habló poco, como siempre; no dijo nada del motivo que le había impulsado a regresar, y pasó algún tiempo antes de que sus hijas tuvieran el valor de hablar del tema.

Por la tarde, cuando se reunió con ellas a la hora del té, Elizabeth se aventuró a tocar la cuestión; expresó en pocas palabras su pena por lo que su padre debía haber sufrido, y éste contestó:

—Déjate. ¿Quién iba a sufrir sino yo? Ha sido por mi culpa y está bien que lo pague.
—No seas tan severo contigo mismo replicó Elizabeth.
—No hay contemplaciones que valgan en males tan grandes. La naturaleza humana es demasiado propensa a recurrir a ellas. No, Lizzy; deja que una vez en la vida me dé cuenta de lo mal que he obrado. No voy a morir de la impresión; se me pasará bastante pronto.
—¿Crees que están en Londres?
—Sí; ¿dónde, si no podrían estar tan bien escondidos?
—¡Y Lydia siempre deseó tanto ir a Londres! —añadió Catherine.
—Entonces debe de ser feliz —dijo su padre fríamente— y no saldrá de allí en mucho tiempo. Después de un corto silencio, prosiguió:
Lizzy, no me guardes rencor por no haber seguido tus consejos del pasado mayo; lo ocurrido demuestra que eran acertados.
En ese momento fueron interrumpidos por Jane que venía a buscar el té para su madre.
—¡Mira qué bien! —exclamó el señor Bennet—. ¡Eso presta cierta elegancia al infortunio! Otro día haré yo lo mismo: me quedaré en la biblioteca con mi gorro de dormir y mi batín y os daré todo el trabajo que pueda, o acaso lo deje para cuando se escape Catherine...
—¡Yo no voy a escaparme, papá! —gritó Catherine furiosa—. Si yo hubiese ido a Brighton, me habría portado mejor que Lydia.
—¡Tú a Brighton! ¡No me fiaría de ti ni que fueras nada más que a la esquina! No, Catherine. Por fin he aprendido a ser cauto, y tú lo has de sentir. No volverá a entrar en esta casa un oficial aunque vaya de camino. Los bailes quedarán absolutamente prohibidos, a menos que os acompañe una de vuestras hermanas, y nunca saldréis ni a la puerta de la casa sin haber demostrado que habéis vivido diez minutos del día de un modo razonable.
Catherine se tomó en serio todas estas amenazas y se puso a llorar.
—Bueno, bueno —dijo el señor Bennet—, no te pongas así. Si eres buena chica en los próximos diez años, en cuanto pasen, te llevaré a ver un desfile.

CAPITULO XLIX

Dos días después de la vuelta del señor Bennet, mientras Jane y Elizabeth paseaban juntas por el plantío de arbustos de detrás de la casa, vieron al ama de llaves que venía hacia ellas. Creyeron que iba a llamarlas de parte de su madre y corrieron a su encuentro; pero la mujer le dijo a Jane: Dispense que la interrumpa, señorita; pero he supuesto que tendría usted alguna buena noticia de la capital y por eso me he tomado la libertad de venir a preguntárselo.
—¿Qué dice usted, Hill? No he sabido nada.
—¡Querida señorita! —exclamó la señora Hill con gran asombro—. ¿Ignora que ha llegado un propio para el amo, enviado por el señor Gardiner? Ha estado aquí media hora y el amo ha tenido una carta.
Las dos muchachas se precipitaron hacia la casa, demasiado ansiosas para poder seguir conversando. Pasaron del vestíbulo al comedor de allí a la biblioteca, pero su padre no estaba en ninguno de esos sitios; iban a ver si estaba arriba con su madre, cuando se encontraron con el mayordomo que les dijo:
—Si buscan ustedes a mi amo, señoritas, lo encontrarán paseando por el sotillo.
Jane y Elizabeth volvieron a atravesar el vestíbulo y, cruzando el césped, corrieron detrás de su padre que se encaminaba hacia un bosquecillo de al lado de la cerca.

Jane, que no era tan ligera ni tenía la costumbre de correr de Elizabeth, se quedó atrás, mientras su hermana llegaba jadeante hasta su padre y exclamó:

—¿Qué noticias hay, papá? ¿Qué noticias hay? ¿Has sabido algo de mi tío?

—Sí, me ha mandado una carta por un propio.

—¿Y qué nuevas trae, buenas o malas?

—¿Qué se puede esperar de bueno? —dijo el padre sacando la carta del bolsillo—. Tomad, leed si queréis.

Elizabeth cogió la carta con impaciencia. Jane llegaba entonces.

—Léela en voz alta —pidió el señor Bennet—, porque todavía no sé de qué se trata.

«Gracechurch Street, lunes 2 de agosto.

»Mi querido hermano: Por fin puedo enviarte noticias de mi sobrina, y tales, en conjunto, que espero te satisfagan. Poco después de haberte marchado tú el sábado, tuve la suerte de averiguar en qué parte de Londres se encontraban. Los detalles me los reservo para cuando nos veamos; básteme saber que ya están descubiertos; les he visto a los dos.»

Entonces es lo que siempre he esperado exclamó Jane—. ¡Están casados!

Elizabeth siguió leyendo:

«No están casados ni creo que tengan intención de estarlo, pero si quieres cumplir los compromisos que me he permitido contraer en tu nombre, no pasará mucho sin que lo estén. Todo lo que tienes que hacer es asegurar a tu hija como dote su parte igual en las cinco mil libras que recibirán tus hijas a tu muerte y a la de tu esposa, y prometer que le pasarás, mientras vivas, cien libras anuales. Estas son las condiciones que, bien mirado, no he vacilado en aceptar por ti, pues me creía autorizado para ello. Te mando la presente por un propio, pues no hay tiempo que perder para que me des una contestación. Comprenderás fácilmente por todos los detalles que la situación del señor Wickham no es tan desesperada como se ha creído. La gente se ha equivocado y me complazco en afirmar que después de pagadas todas las deudas todavía quedará algún dinerillo para dotar a mi sobrina como adición a su propia fortuna. Si, como espero, me envías plenos poderes para actuar en tu nombre en todo este asunto, daré órdenes enseguida a Haggerston para que redacte el oportuno documento. No hay ninguna necesidad de que vuelvas a la capital; por consiguiente, quédate tranquilo en Longbourn y confía en mi diligencia y cuidado. Contéstame cuanto antes y procura escribir con claridad. Hemos creído lo mejor que mi sobrina salga de mi casa para ir a casarse, cosa que no dudo aprobarás. Hoy va a venir. Volveré a escribirte tan pronto como haya algo nuevo. »Tuyo,

E. Gardiner.»

—¿Es posible? —exclamó Elizabeth al terminar la carta—. ¿Será posible que se case con ella?

—Entonces Wickham no es tan despreciable como creíamos —observó Jane—. Querido papá, te doy la enhorabuena.

—¿Ya has contestado la carta?

—No, pero hay que hacerlo en seguida.

Elizabeth le rogó vehementemente que no lo demorase.

—Querido papá, vuelve a casa y ponte a escribir inmediatamente. Piensa lo importante que son los minutos en estos momentos.

—Deja que yo escriba por ti —dijo Jane—, si no quieres molestarte.

—Mucho me molesta —repuso él—, pero no hay más remedio.

Y regresó con ellas a la casa.

—Supongo que aceptarás añadió Elizabeth.

—¡Aceptar! ¡Si estoy avergonzado de que pida tan poco!

—¡Deben casarse! Aunque él sea como es.

—Sí, sí, deben casarse. No se puede hacer otra cosa. Pero hay dos puntos que quiero aclarar: primero, cuánto dinero ha adelantado tu tío para resolver eso, y segundo, cómo voy a pagárselo.

—¿Dinero, mi tío? —preguntó Jane—. ¿Qué quieres decir?

—Digo que no hay hombre en su sano juicio que se case con Lydia por tan leve tentación como son cien libras anuales durante mi vida y cincuenta cuando yo me muera.

—Es muy cierto —dijo Elizabeth—; no se me había ocurrido. ¡Pagadas sus deudas y que todavía quede algo! Eso debe de ser obra de mi tío. ¡Qué hombre tan bueno y generoso! Temo que esté pasando apuros, pues con una pequeña cantidad no se hace todo eso.

—No —dijo el señor Bennet—, Wickham es un loco si acepta a Lydia por menos de diez mil libras. Sentiría juzgarle tan mal cuando vamos a empezar a ser parientes.

—¡Diez mil libras! ¡No lo quiera Dios! ¿Cuándo podríamos pagar la mitad de esa suma?

El señor Bennet no contestó, y, ensimismados todos en sus pensamientos, continuaron en silencio hasta llegar a la casa. El padre se metió en la biblioteca para escribir, y las muchachas se fueron al comedor.

—¿Se irán a casar, de veras? —exclamó Elizabeth en cuanto estuvieron solas—. ¡Qué raro! Y habremos de dar gracias aún. A pesar de las pocas probabilidades de felicidad de ese matrimonio y de la perfidia de Wickham, todavía tendremos que alegrarnos. ¡Oh, Lydia!

—Me consuelo pensando —replicó Jane— que seguramente no se casaría con Lydia si no la quisiera. Aunque nuestro bondadoso tío haya hecho algo por salvarlo, no puedo creer que haya adelantado diez mil libras ni nada parecido. Tiene hijos y puede tener más. No alcanzaría a ahorrar ni la mitad de esa suma.

—Si pudiéramos averiguar a cuánto ascienden las deudas de Wickham —dijo Elizabeth— y cuál es la dote que el tío Gardiner da a nuestra hermana, sabríamos exactamente lo que ha hecho por ellos, pues Wickham no tiene ni medio chelín. Jamás podremos pagar la bondad del tío. El llevarla a su casa y ponerla bajo su dirección y amparo personal es un sacrificio que nunca podremos agradecer bastante. Ahora debe de estar con ellos. Si tanta bondad no le hace sentirse miserable, nunca merecerá ser feliz. ¡Qué vergüenza para ella encontrarse cara a cara con nuestra tía!

—Unos y otros hemos de procurar olvidar lo sucedido —dijo Jane—: Espero que todavía sean dichosos. A mi modo de ver, el hecho de que Wickham haya accedido a casarse es prueba de que ha entrado por el buen camino. Su mutuo afecto les hará sentar la cabeza y confío que les volverá tan razonables que con el tiempo nos harán olvidar su pasada imprudencia:

—Se han portado de tal forma —replicó Elizabeth— que ni tú; ni yo, ni nadie podrá olvidarla nunca. Es inútil hablar de eso.

Se les ocurrió entonces a las muchachas que su madre ignoraba por completo todo aquello. Fueron a la biblioteca y le preguntaron a su padre si quería que se lo dijeran. El señor Bennet estaba escribiendo y sin levantar la cabeza contestó fríamente:

—Como gustéis.

—¿Podemos enseñarle la carta de tío Gardiner?

—Enseñadle lo que queráis y largaos.

Elizabeth cogió la carta de encima del escritorio y las dos hermanas subieron a la habitación de su madre. Mary y Catherine estaban con la señora Bennet, y, por lo tanto, tenían que enterarse también. Después de una ligera preparación para las buenas nuevas, se leyó la carta en voz alta. La señora Bennet apenas pudo contenerse, y en cuanto Jane llegó a las esperanzas del señor Gardiner de que Lydia estaría pronto casada, estalló su gozo, y todas las frases siguientes lo aumentaron. El júbilo le producía ahora una exaltación que la angustia y el pesar no le habían ocasionado. Lo principal era que su hija se casase; el temor de que no fuera feliz no le preocupó lo más mínimo, no la humilló el pensar en su mal proceder.

—¡Mi querida, mi adorada Lydia! —exclamó—. ¡Es estupendo! ¡Se casará! ¡La volveré a ver! ¡Casada a los dieciséis años! ¡Oh, qué bueno y cariñoso eres, hermano mío! ¡Ya sabía yo que había de ser así, que todo se arreglaría! ¡Qué ganas tengo de verla, y también al querido Wickham! ¿Pero, y los vestidos? ¿Y el traje de novia? Voy a escribirle ahora mismo a mi cuñada para eso. Lizzy, querida mía, corre a ver a tu padre y pregúntale cuánto va a darle. Espera, espera, iré yo misma. Toca la campanilla, Catherine, para que venga Hill. Me vestiré en un momento. ¡Mi querida, mi Lydia de mi alma! ¡Qué contentas nos pondremos las dos al vernos!

La hermana mayor trató de moderar un poco la violencia de su exaltación y de hacer pensar a su madre en las obligaciones que el comportamiento del señor Gardiner les imponía a todos.

—Pues hemos de atribuir este feliz desenlace añadió— a su generosidad. Estamos convencidos de que ha socorrido a Wickham con su dinero.

—Bueno —exclamó la madre—, es muy natural. ¿Quién lo había de hacer, más que tu tío? Si no hubiese tenido hijos, habríamos heredado su fortuna, ya lo sabéis, y ésta es la primera vez que hace algo por nosotros, aparte de unos pocos regalos. ¡Qué feliz soy! Dentro de poco tendré una hija casada: ¡la señora Wickham! ¡Qué bien suena! Y cumplió sólo dieciséis años el pasado junio. Querida Jane, estoy tan emocionada que no podré escribir; así que yo dictaré y tú escribirás por mí. Después determinaremos con tu padre lo relativo al dinero, pero las otras cosas hay que arreglarlas ahora mismo.

Se disponía a tratar de todos los particulares sobre sedas, muselinas y batistas, y al instante habría dictado algunas órdenes si Jane no la hubiese convencido, aunque con cierta dificultad, de que primero debería consultar con su marido. Le hizo comprender que un día de retraso no tendría la menor importancia, y la señora Bennet estaba muy feliz para ser tan obstinada como siempre. Además, ya se le habían ocurrido otros planes:

—Iré a Meryton en cuanto me vista, a comunicar tan excelentes noticias a mi hermana Philips. Y al regreso podré visitar a lady Lucas y a la señora Long. ¡Catherine, baja corriendo y pide el coche! Estoy segura de que me sentará muy bien tomar el aire. Niñas, ¿queréis algo para Meryton? ¡Oh!, aquí viene Hill. Querida Hill, ¿se ha enterado ya de las buenas noticias? La señorita Lydia va a casarse, y para que brinden por su boda, se beberán ustedes un ponche[L45].

La señora Hill manifestó su satisfacción y les dio sus parabienes a todas. Elizabeth, mareada ante tanta locura, se refugió en su cuarto para dar libre curso a sus pensamientos.

La situación de la pobre Lydia había de ser, aun poniéndose en lo mejor, bastante mala; pero no era eso lo peor; tenía que estar aún agradecida, pues aunque mirando al porvenir su hermana no podía esperar ninguna felicidad razonable ni ninguna prosperidad en el mundo, mirando hacia atrás, a lo que sólo dos horas antes Elizabeth había temido tanto, no se podía negar que todavía había tenido suerte.

CAPÍTULO L

Anteriormente, el señor Bennet había querido muchas veces ahorrar una cierta cantidad anual para mejorar el caudal de sus hijas y de su mujer, si ésta le sobrevivía, en vez de gastar todos sus ingresos. Y ahora se arrepentía de no haberlo hecho. Esto le habría evitado a Lydia endeudarse con su tío por todo lo que ahora tenía que hacer por ella tanto en lo referente a la honra como al dinero. Habría podido darse, además, el gusto de tentar a cualquiera de los más brillantes jóvenes de Gran Bretaña a casarse con ella.

Estaba seriamente consternado de que por un asunto que tan pocas ventajas ofrecía para nadie, su cuñado tuviese que hacer tantos sacrificios, y quería averiguar el importe de su donativo a fin de devolvérselo cuando le fuese posible.

En los primeros tiempos del matrimonio del señor Bennet, se consideró que no había ninguna necesidad de hacer economía, pues se daba por descontado que nacería un hijo varón y que éste heredaría la hacienda al llegar a la edad conveniente, con lo que la viuda y las hijas quedarían aseguradas. Pero vinieron al mundo sucesivamente cinco hijas y el varón no aparecía. Años después del nacimiento de Lydia, la señora Bennet creía aún que llegaría el heredero, pero al fin se dio ya por vencida. Ahora era demasiado tarde para ahorrar: la señora Bennet no tenía ninguna aptitud para la economía y el amor de su marido a la independencia fue lo único que impidió que se excediesen en sus gastos.

En las capitulaciones matrimoniales había cinco mil libras aseguradas para la señora Bennet y sus hijas; pero la distribución dependía de la voluntad de los padres. Por fin este punto iba a decidirse en lo referente a Lydia, y el señor Bennet no vaciló en acceder a lo propuesto. En términos de gratitud por la bondad de su cuñado, aunque expresados muy concisamente, confió al papel su aprobación a todo lo hecho y su deseo de cumplir los compromisos contraídos en su nombre. Nunca hubiera creído que Wickham consintiese en casarse con Lydia a costa de tan pocos inconvenientes como los que resultaban de aquel arreglo. Diez libras anuales era lo máximo que iba a perder al dar las cien que debía entregarles, pues entre los gastos ordinarios fijos, el dinero suelto que le daba a Lydia y los continuos regalos en metálico que le hacía su madre se iba en Lydia poco menos que aquella suma.

Otra de las cosas que le sorprendieron gratamente fue que todo se hiciera con tan insignificante molestia para él, pues su principal deseo era siempre que le dejasen tranquilo. Pasado el primer arranque de ira que le motivó buscar a su hija, volvió, como era de esperar, a su habitual indolencia. Despachó pronto la carta, eso sí tardaba en emprender las cosas, pero era rápido en ejecutarlas. En la carta pedía más detalles acerca de lo que le adeudaba a su cuñado, pero estaba demasiado resentido con Lydia para enviarle ningún mensaje.

Las buenas nuevas se extendieron rápidamente por la casa y con proporcional prontitud, por la vecindad. Cierto que hubiera dado más que hablar que Lydia Bennet hubiese venido a la ciudad, y que habría sido mejor aún si la hubiesen recluido en alguna granja distante; pero ya había bastante que charlar sobre su matrimonio, y los bien intencionados deseos de que fuese feliz que antes habían expresado las malévolas viejas de Meryton, no perdieron más que un poco de su viveza en este cambio de circunstancias, pues con semejante marido se daba por segura la desgracia de Lydia.

Hacía quince días que la señora Bennet no bajaba de sus habitaciones, pero a fin de solemnizar tan faustos acontecimientos volvió a ocupar radiante su sitio a la cabecera de la mesa. En su triunfo no había el más mínimo sentimiento de vergüenza. El matrimonio de una hija que constituyó el principal de sus anhelos desde que Jane tuvo dieciséis años, iba ahora a realizarse. No pensaba ni hablaba más que de bodas elegantes, muselinas finas, nuevos criados y nuevos carruajes. Estaba ocupadísima buscando en la vecindad una casa conveniente para la pareja, y sin saber ni considerar cuáles serían sus ingresos, rechazó muchas por falta de amplitud o de suntuosidad.

—Haye Park —decía— iría muy bien si los Gouldings lo dejasen; o la casa de Stoke, si el salón fuese mayor; ¡pero Asworth está demasiado lejos! Yo no podría resistir que viviese a diez millas de distancia. En cuanto a la Quinta de Purvis, los áticos son horribles.

Su marido la dejaba hablar sin interrumpirla mientras los criados estaban delante. Pero cuando se marcharon, le dijo:

—Señora Bennet, antes de tomar ninguna de esas casas o todas ellas para tu hija, vamos a dejar las cosas claras. Hay en esta vecindad una casa donde nunca serán admitidos. No animaré el impudor de ninguno de los dos recibiéndolos en Longbourn.

A esta declaración siguió una larga disputa, pero el señor Bennet se mantuvo firme. Se pasó de este punto a otro y la señora Bennet vio con asombro y horror que su marido no quería adelantar ni una guinea para comprar el traje de novia a su hija. Aseguró que no recibiría de él ninguna prueba de afecto en lo que a ese tema se refería. La señora Bennet no podía comprenderlo; era superior a las posibilidades de su imaginación que el rencor de su marido llegase hasta el punto de negar a su hija un privilegio sin el cual su matrimonio apenas parecería válido. Era más sensible a la desgracia de que su hija no tuviese vestido de novia que ponerse, que a la vergüenza de que se hubiese fugado y hubiese vivido con Wickham quince días antes de que la boda se celebrara.

Elizabeth se arrepentía más que nunca de haber comunicado a Darcy, empujada por el dolor del momento, la acción de su hermana, pues ya que la boda iba a cubrir el escándalo de la fuga, era de suponer que los ingratos preliminares serían ocultados a todos los que podían ignorarlos.

No temía la indiscreción de Darcy; pocas personas le inspiraban más confianza que él; pero le mortificaba que supiese la flaqueza de su hermana. Y no por el temor de que le acarrease a ella ningún perjuicio, porque de todos modos el abismo que parecía mediar entre ambos era invencible. Aunque el matrimonio de Lydia se hubiese arreglado de la manera más honrosa, no se podía suponer que Darcy quisiera emparentar con una familia que a todos sus demás reparos iba a añadir ahora la alianza más íntima con el hombre que con tanta justicia Darcy despreciaba.

Ante una cosa así era natural que Darcy retrocediera. El deseo de ganarse el afecto de Elizabeth que ésta había adivinado en él en Derbyshire, no podía sobrevivir a semejante golpe. Elizabeth se sentía humillada, entristecida, y llena de vagos remordimientos. Ansiaba su cariño cuando ya no podía esperar obtenerlo. Quería saber de él cuando ya no había la más mínima oportunidad de tener noticias suyas. Estaba convencida de que habría podido ser feliz con él, cuando era probable que no se volvieran a ver.

«¡Qué triunfo para él —pensaba— si supiera que las proposiciones que deseché con tanto orgullo hace sólo cuatro meses, las recibiría ahora encantada.»

No dudaba que era generoso como el que más, pero mientras viviese, aquello tenía que constituir para él un triunfo.

Empezó entonces a comprender que Darcy era exactamente, por su modo de ser y su talento, el hombre que más le habría convenido. El entendimiento y el carácter de Darcy, aunque no semejantes a los suyos, habrían colmado todos sus deseos. Su unión habría sido ventajosa para ambos: con la soltura y la viveza de ella, el temperamento de él se habría suavizado y habrían mejorado sus modales. Y el juicio, la cultura y el conocimiento del mundo que él poseía le habrían reportado a ella importantes beneficios.

Pero ese matrimonio ideal ya no podría dar una lección a las admiradoras multitudes de lo que era la felicidad conyugal; la unión que iba a efectuarse en la familia de Elizabeth era muy diferente y excluía la posibilidad de la primera.

No podían imaginar cómo se las arreglarían Wickham y Lydia para vivir con una pasable independencia; pero no le era difícil conjeturar lo poco estable que había de ser la felicidad de una pareja unida únicamente porque sus pasiones eran más fuertes que su virtud.

El señor Gardiner no tardó en volver a escribir a su cuñado. Contestaba brevemente al agradecimiento del señor Bennet diciendo que su mayor deseo era contribuir al bienestar de toda su familia y terminaba rogando que no se volviese a hablar más del tema. El principal objeto de la carta era informarle de que Wickham había resuelto abandonar el regimiento.

«Tenía muchas ganas de que lo hiciese —añadía cuando ultimamos el matrimonio; y creo que convendrás conmigo en que su salida de ese Cuerpo es altamente provechosa tanto para él como para mi sobrina. La intención del señor Wickham es entrar en el Ejército regular, y entre sus antiguos amigos hay quien puede y quiere ayudarle a conseguirlo. Se le ha prometido el grado de alférez en el regimiento del general X, actualmente acuartelado en el Norte. Es mucho mejor que se aleje de esta parte del reino. Él promete firmemente, y espero que sea así, que hallándose entre otras gentes ante las cuales no deberán desacreditarse, los dos serán más prudentes. He escrito al coronel Forster participándole nuestros arreglos y suplicándole que diga a los diversos acreedores del señor Wickham en Brighton y sus alrededores, que se les pagará inmediatamente bajo mi responsabilidad. ¿Te importaría tomarte la molestia de dar las mismas seguridades a los acreedores de Meryton, de los que te mando una lista de acuerdo con lo que el señor Wickham me ha indicado? Nos ha confesado todas sus deudas y espero que al menos en esto no nos haya engañado. Haggerston tiene ya instrucciones y dentro de una semana estará todo listo. Entonces el señor Wickham se incorporará a su regimiento, a no ser que primero se le invite a ir a Longbourn, pues me dice mi mujer que Lydia tiene muchos deseos de veros a todos antes de dejar el Sur.
Está muy bien y os ruega sumisamente que os acordéis de ella su madre y tú.»

Tuyo,

E. Gardiner.»

El señor Bennet y sus hijas comprendieron las ventajas de que Wickham saliese de la guarnición del condado tan claramente como el señor Gardiner; pero la señora Bennet no estaba tan satisfecha como ellos. Le disgustaba mucho que Lydia se estableciese en el Norte precisamente cuando ella esperaba con placer y orgullo disfrutar de su compañía, pues no había renunciado a su ilusión de que residiera en Hertfordshire. Y además era una lástima que Lydia se separase de un regimiento donde todos la conocían y donde tenía tantos admiradores.

—Quiere tanto a la señora Forster, que le será muy duro abandonarla. Y, además, hay varios muchachos que le gustan. Puede que los oficiales del regimiento del general X no sean tan simpáticos.

La súplica —pues como tal había de considerarse de su hija de ser admitida de nuevo en la familia antes de partir para el Norte fue al principio rotundamente denegada; pero Jane y Elizabeth, por los sentimientos y por el porvenir de su hermana, deseaban que notificase su matrimonio a sus padres en persona, e insistieron con tal interés, suavidad y dulzura en que el señor Bennet accediese a recibirles a ella y a su marido en Longbourn después de la boda, que le convencieron. De modo que la señora Bennet tuvo la satisfacción de saber que podrían presentar a la vecindad a su hija casada antes de que fuese desterrada al Norte. En consecuencia, cuando el señor Bennet volvió a escribir a su cuñado, le dio permiso para que la pareja viniese, y se determinó que al acabar la ceremonia saldrían para Longbourn. Elizabeth se quejó de que Wickham aceptase este plan, y si se hubiese guiado sólo por sus propios deseos, Wickham sería para ella la última persona con quien querría encontrarse.

CAPÍTULO LI

Llegó el día de la boda de Lydia, y Jane y Elizabeth se interesaron por ella probablemente más que ella misma. Se envió el coche a buscarlos a X, y volvería con ellos a la hora de comer. Jane y Elizabeth temían su llegada, especialmente Jane, que suponía en Lydia los mismos sentimientos que a ella la habrían embargado si hubiese sido la culpable, y se atormentaba pensando en lo que Lydia debía sufrir.

Llegaron. La familia estaba reunida en el saloncillo esperándolos. La sonrisa adornaba el rostro de la señora Bennet cuando el coche se detuvo frente a la puerta; su marido estaba impenetrablemente serio, y sus hijas, alarmadas, ansiosas e inquietas.

Se oyó la voz de Lydia en el vestíbulo; se abrió la puerta y la recién casada entró en la habitación. Su madre se levantó, la abrazó y le dio con entusiasmo la bienvenida, tendiéndole la mano a Wickham que seguía a su mujer, deseándoles a ambos la mayor felicidad, con una presteza que demostraba su convicción de que sin duda serían felices.

El recibimiento del señor Bennet, hacia quien se dirigieron luego, ya no fue tan cordial. Reafirmó su seriedad y apenas abrió los labios. La tranquilidad de la joven pareja era realmente suficiente para provocarle. A Elizabeth le daban vergüenza e incluso Jane estaba escandalizada. Lydia seguía siendo Lydia: indómita, descarada, insensata, chillona y atrevida. Fue de hermana en hermana pidiéndoles que la felicitaran, y cuando al fin se sentaron todos, miró con avidez por toda la estancia, notando que había habido un pequeño cambio, y, soltando una carcajada, dijo que hacía un montón de tiempo que no estaba allí.

Wickham no parecía menos contento que ella; pero sus modales seguían siendo tan agradables que si su modo de ser y su boda hubieran sido como debían, sus sonrisas y sus desenvueltos ademanes al reclamar el reconocimiento de su parentesco por parte de sus cuñadas, les habrían seducido a todas. Elizabeth nunca creyó que fuese capaz de tanta desfachatez, pero se sentó decidida a no fijar límites en adelante a la desvergüenza de un desvergonzado. Tanto Jane como ella estaban ruborizadas, pero las mejillas de los causantes de su turbación permanecían inmutables.

No faltó la conversación. La novia y la madre hablaban sin respiro, y Wickham, que se sentó al lado de Elizabeth, comenzó a preguntar por sus conocidos de la vecindad con una alegría y buen humor, que ella no habría podido igualar en sus respuestas. Tanto Lydia como Wickham parecían tener unos recuerdos maravillosos. Recordaban todo lo pasado sin ningún pesar, y ella hablaba voluntariamente de cosas a las que sus hermanas no habrían hecho alusión por nada del mundo.

—¡Ya han pasado tres meses desde que me fui! —exclamó—. ¡Y parece que fue hace sólo quince días! Y, sin embargo, ¡cuántas cosas han ocurrido! ¡Dios mío! Cuando me fui no tenía ni idea de que cuando volviera iba a estar casada; aunque pensaba que sería divertidísimo que así fuese.

Su padre alzó los ojos; Jane estaba angustiada; Elizabeth miró a Lydia significativamente, pero ella, que nunca veía ni oía lo que no le interesaba, continuó alegremente:

—Mamá, ¿sabe la gente de por aquí que me he casado? Me temía que no, y por eso, cuando adelantamos el carruaje de William Goulding, quise que se enterase; bajé el cristal que quedaba a su lado y me quité el guante y apoyé la mano en el marco de la ventanilla para que me viese el anillo. Entonces le saludé y sonreí como si nada.

Elizabeth no lo aguantó más. Se levantó y se fue a su cuarto y no bajó hasta oír que pasaban por el vestíbulo en dirección al comedor. Llegó a tiempo de ver cómo Lydia, pavoneándose, se colocaba en la mesa al lado derecho de su madre y le decía a su hermana mayor:

—Jane, ahora me corresponde a mí tu puesto. Tú pasas a segundo lugar, porque yo soy una señora casada.

No cabía suponer que el tiempo diese a Lydia aquella mesura de la que siempre había carecido. Su tranquilidad de espíritu y su desenfado iban en aumento. Estaba impaciente por ver a la señora Philips, a los Lucas y a todos los demás vecinos, para oír cómo la llamaban «señora Wickham». Mientras tanto, después de comer, fue a enseñar su anillo de boda a la señora Hill y a las dos criadas para presumir de casada.

—Bien, mamá —dijo cuando todos volvieron al saloncillo—, ¿qué te parece mi marido? ¿No es encantador? Estoy segura de que todas mis hermanas me envidian; sólo deseo que tengan la mitad de suerte que yo. Deberían ir a Brighton; es un sitio ideal para conseguir marido. ¡Qué pena que no hayamos ido todos!

—Es verdad. Si yo mandase, habríamos ido. Lydia, querida mía, no me gusta nada que te vayas tan lejos. ¿Tiene que ser así?

—¡Oh, Señor! Sí, no hay más remedio. Pero me gustará mucho. Tú, papá y mis hermanas tenéis que venir a vernos. Estaremos en Newcastle todo el invierno, y habrá seguramente algunos bailes; procuraré conseguir buenas parejas para todas.

—¡Eso es lo que más me gustaría! —suspiró su madre.

—Y cuando regreséis, que se queden con nosotros una o dos de mis hermanas, y estoy segura de que les habré encontrado marido antes de que acabe el invierno:

—Te agradezco la intención —repuso Elizabeth—, pero no me gusta mucho que digamos tu manera de conseguir marido.

Los invitados iban a estar en Longbourn diez días solamente. Wickham había recibido su destino antes de salir de Londres y tenía que incorporarse a su regimiento dentro de una quincena.

Nadie, excepto la señora Bennet, sentía que su estancia fuese tan corta. La mayor parte del tiempo se lo pasó en hacer visitas acompañada de su hija y en organizar fiestas en la casa. Las fiestas eran gratas a todos; evitar el círculo familiar era aún más deseable para los que pensaban que para los que no pensaban.

El cariño de Wickham por Lydia era exactamente tal como Elizabeth se lo había imaginado, y muy distinto que el de Lydia por él. No necesitó Elizabeth más que observar un poco a su hermana para darse cuenta de que la fuga había obedecido más al amor de ella por él que al de él por ella. Se habría extrañado de que Wickham se hubiera fugado con una mujer hacia la que no sentía ninguna atracción especial, si no hubiese tenido por cierto que la mala situación en que se encontraba le había impuesto aquella acción, y no era él hombre, en semejante caso, para rehuir la oportunidad de tener una compañera.

Lydia estaba loca por él; su «querido Wickham» no se le caía de la boca, era el hombre más perfecto del mundo y todo lo que hacía estaba bien hecho. Aseguraba que a primeros de septiembre Wickham mataría más pájaros que nadie de la comarca.

Una mañana, poco después de su llegada, mientras estaba sentada con sus hermanas mayores, Lydia le dijo a Elizabeth:

—Creo que todavía no te he contado cómo fue mi boda. No estabas presente cuando se la expliqué a mamá y a las otras. ¿No te interesa saberlo?

—Realmente, no —contestó Elizabeth—; no deberías hablar mucho de ese asunto.

—¡Ay, qué rara eres! Pero quiero contártelo. Ya sabes que nos casamos en San Clemente, porque el alojamiento de Wickham pertenecía a esa parroquia. Habíamos acordado estar todos allí a las once. Mis tíos y yo teníamos que ir juntos y reunirnos con los demás en la iglesia. Bueno; llegó la mañana del lunes y yo estaba que no veía. ¿Sabes? ¡Tenía un miedo de que pasara algo que lo echase todo a perder, me habría vuelto loca! Mientras me vestí, mi tía me estuvo predicando dale que dale como si me estuviera leyendo un sermón. Pero yo no escuché ni la décima parte de sus palabras porque, como puedes suponer, pensaba en mi querido Wickham, y en si se pondría su traje azul para la boda.

»Bueno; desayunamos a las diez, como de costumbre. Yo creí que aquello no acabaría nunca, porque has de saber que los tíos estuvieron pesadísimos conmigo durante todo el tiempo que pasé con ellos. Créeme, no puse los pies fuera de casa en los quince días; ni una fiesta, ninguna excursión, ¡nada! La verdad es que Londres no estaba muy animado; pero el Little Theatre estaba abierto. En cuanto llegó el coche a la puerta, mi tío tuvo que atender a aquel horrible señor Stone para cierto asunto. Y ya sabes que en cuanto se encuentran, la cosa va para largo. Bueno, yo tenía tanto miedo que no sabía qué hacer, porque mi tío iba a ser el padrino, y si llegábamos después de la hora, ya no podríamos casarnos aquel día. Pero, afortunadamente, mi tío estuvo listo a los dos minutos y salimos para la iglesia. Pero después me acordé de que si tío Gardiner no hubiese podido ir a la boda, de todos modos no se habría suspendido, porque el señor Darcy podía haber ocupado su lugar.

¡El señor Darcy! —repitió Elizabeth con total asombro.

¡Claro! Acompañaba a Wickham, ya sabes. Pero ¡ay de mí, se me había olvidado! No debí decirlo. Se lo prometí fielmente. ¿Qué dirá Wickham? ¡Era un secreto!

—Si era un secreto —dijo Jane— no digas ni una palabra más. Yo no quiero saberlo.

—Naturalmente —añadió Elizabeth, a pesar de que se moría de curiosidad—, no te preguntaremos nada.

—Gracias —dijo Lydia—, porque si me preguntáis, os lo contaría todo y Wickham se enfadaría.

Con semejante incentivo para sonsacarle, Elizabeth se abstuvo de hacerlo y para huir de la tentación se marchó.

Pero ignorar aquello era imposible o, por lo menos, lo era no tratar de informarse. Darcy había asistido a la boda de Lydia. Tanto el hecho como sus protagonistas parecían precisamente los menos indicados para que Darcy se mezclase con ellos. Por su cabeza cruzaron rápidas y confusas conjeturas sobre lo que aquello significaba, pero ninguna le pareció aceptable. Las que más le complacían, porque enaltecían a Darcy, eran aparentemente improbables. No podía soportar tal incertidumbre, por lo que se apresuró y cogió una hoja de papel para escribir una breve carta a su tía pidiéndole le aclarase lo que a Lydia se le había escapado, si era compatible con el secreto del asunto.

«Ya comprenderás —añadía— que necesito saber por qué una persona que no tiene nada que ver con nosotros y que propiamente hablando es un extraño para nuestra familia, ha estado con vosotros en ese momento. Te suplico que me contestes a vuelta de correo y me lo expliques, a no ser que haya poderosas razones que impongan el secreto que Lydia dice, en cuyo caso tendré que tratar de resignarme con la ignorancia.»

«Pero no lo haré», se dijo a sí misma al acabar la carta; «y querida tía, si no me lo cuentas, me veré obligada a recurrir a tretas y estratagemas para averiguarlo».

El delicado sentido del honor de Jane le impidió hablar a solas con Elizabeth de lo que a Lydia se le había escapado. Elizabeth se alegró, aunque de esta manera, si sus pesquisas daban resultado, no podría tener un confidente.

CAPÍTULO LII

Elizabeth tuvo la satisfacción de recibir inmediata respuesta a su carta. Corrió con ella al sotillo, donde había menos probabilidades de que la molestaran, se sentó en un banco y se preparó a ser feliz, pues la extensión de la carta la convenció de que no contenía una negativa.

«Gracechurch Street, 8 de septiembre.

»Mi querida sobrina: Acabo de recibir tu carta y voy a dedicar toda la mañana a contestarla, pues creo que en pocas palabras no podré decirte lo mucho que tengo que contarte. Debo confesar que me sorprendió tu pregunta, pues no la esperaba de ti. No te enfades, sólo deseo que sepas que no creía que tales aclaraciones fueran necesarias por tu parte. Si no quieres entenderme, perdona mi impertinencia. Tu tío está tan sorprendido como yo, y sólo por la creencia de que eres parte interesada se ha permitido obrar como lo ha hecho. Pero por si efectivamente eres inocente y no sabes nada de nada, tendré que ser más explícita.

»El mismo día que llegué de Longbourn, tu tío había tenido una visita muy inesperada. El señor Darcy vino y estuvo encerrado con él varias horas. Cuando yo regresé, ya estaba todo arreglado; así que mi curiosidad no padeció tanto como la tuya. Darcy vino para decir a Gardiner que había descubierto el escondite de Wickham y tu hermana, y que les había visto y hablado a los dos: a Wickham varias veces, a tu hermana una solamente. Por lo que puedo deducir, Darcy se fue de Derbyshire al día siguiente de habernos ido nosotros y vino a Londres con la idea de buscarlos. El motivo que dio es que se reconocía culpable de que la infamia de Wickham no hubiese sido suficientemente conocida para impedir que una muchacha decente le amase o se confiara a él. Generosamente lo imputó todo a su ciego orgullo, diciendo que antes había juzgado indigno de él publicar sus asuntos privados. Su conducta hablaría por él. Por lo tanto creyó su deber intervenir y poner remedio a un mal que él mismo había ocasionado. Si tenía otro motivo, estoy segura de que no era deshonroso... Había pasado varios días en la capital sin poder dar con ellos, pero tenía una pista que podía guiarle y que era más importante que todas las nuestras y que, además, fue otra de las razones que le impulsaron a venir a vernos.

»Parece ser que hay una señora, una tal señora Younge, que tiempo atrás fue el aya de la señorita Darcy, y hubo que destituirla de su cargo por alguna causa censurable que él no nos dijo. Al separarse de la familia Darcy, la señora Younge tomó una casa grande en Edwards Street y desde entonces se ganó la vida alquilando habitaciones. Darcy sabía que esa señora Younge tenía estrechas relaciones con Wickham, y a ella acudió en busca de noticias de éste en cuanto llegó a la capital. Pero pasaron dos o tres días sin que pudiera obtener de dicha señora lo que necesitaba. Supongo que no quiso hablar hasta que le sobornaran, pues, en realidad, sabía desde el principio en dónde estaba su amigo. Wickham, en efecto, acudió a ella a su llegada a Londres, y si hubiese habido lugar en su casa, allí se habría alojado. Pero, al fin, nuestro buen amigo consiguió la dirección que buscaba. Estaban en la calle X. Vio a Wickham y luego quiso ver a Lydia. Nos confesó que su primer propósito era convencerla de que saliese de aquella desdichada situación y volviese al seno de su familia si se podía conseguir que la recibieran, y le ofreció su ayuda en todo lo que estuviera a su alcance. Pero encontró a Lydia absolutamente decidida a seguir tal como estaba. Su familia no le importaba un comino y rechazó la ayuda de Darcy; no quería oír hablar de abandonar a Wickham;

estaba convencida de que se casarían alguna vez y le tenía sin cuidado saber cuándo. En vista de esto, Darcy pensó que lo único que había que hacer era facilitar y asegurar el matrimonio; en su primer diálogo con Wickham, vio que el matrimonio no entraba en los cálculos de éste. Wickham confesó que se había visto obligado a abandonar el regimiento debido a ciertas deudas de honor que le apremiaban; no tuvo el menor escrúpulo en echar la culpa a la locura de Lydia todas las desdichadas consecuencias de la huida. Dijo que renunciaría inmediatamente a su empleo, y en cuanto al porvenir, no sabía qué iba a ser de él; debía irse a alguna parte, pero no sabía dónde y reconoció que no tenía dónde caerse muerto.

»El señor Darcy le preguntó por qué no se había casado con tu hermana en el acto. Aunque el señor Bennet no debía de ser muy rico, algo podría hacer por él y su situación mejoraría con el matrimonio. Pero por la contestación que dio Wickham, Darcy comprendió que todavía acariciaba la esperanza de conseguir una fortuna más sólida casándose con otra muchacha en algún otro país; no obstante, y dadas las circunstancias en que se hallaba, no parecía muy reacio a la tentación de obtener una solución inmediata.

»Se entrevistaron repetidas veces porque había muchas cosas que discutir. Wickham, desde luego, necesitaba mucho más de lo que podía dársele, pero al fin se prestó a ser razonable.

»Cuando todo estuvo convenido entre ellos, lo primero que hizo el señor Darcy fue informar a tu tío, por lo cual vino a Gracechurch Street por vez primera, la tarde anterior a mi llegada. Pero no pudo ver a Gardiner. Darcy averiguó que tu padre seguía aún en nuestra casa, pero que iba a marcharse al día siguiente. No creyó que tu padre fuese persona más a propósito que tu tío para tratar del asunto, y entonces aplazó su visita hasta que tu padre se hubo ido. No dejó su nombre, y al otro día supimos únicamente que había venido un caballero por una cuestión de negocios.

»El sábado volvió. Tu padre se había marchado y tu tío estaba en casa. Como he dicho antes, hablaron largo rato los dos.

»El domingo volvieron a reunirse y entonces le vi yo también. Hasta el lunes no estuvo todo decidido, y entonces fue cuando se mandó al propio a Longbourn. Pero nuestro visitante se mostró muy obstinado; te aseguro, Elizabeth, que la obstinación es el verdadero defecto de su carácter. Le han acusado de muchas faltas en varias ocasiones, pero ésa es la única verdadera. Todo lo quiso hacer él por su cuenta, a pesar de que tu tío —y no lo digo para que me lo agradezcas, así que te ruego no hables de ello— lo habría arreglado todo al instante.

»Discutieron los dos mucho tiempo, mucho más de lo que merecían el caballero y la señorita en cuestión. Pero al cabo tu tío se vio obligado a ceder, y en lugar de permitirle que fuese útil a su sobrina, le redujo a aparentarlo únicamente, por más disgusto que esto le causara a tu tío. Así es que me figuro que tu carta de esta mañana le ha proporcionado un gran placer al darle la oportunidad de confesar la verdad y quitarse los méritos que se deben a otro. Pero te suplico que no lo divulgues y que, como máximo, no se lo digas más que a Jane.

»Me imagino que sabrás lo que se ha hecho por esos jóvenes. Se han pagado las deudas de Wickham, que ascienden, según creo, a muchísimo más de mil libras; se han fijado otras mil para aumentar la dote de Lydia, y se le ha conseguido a él un empleo. Según Darcy, las razones por las cuales ha hecho todo esto son unicamente las que te he dicho antes: por su reserva no se supo quién era Wickham y se le recibió y consideró de modo que no merecía. Puede que haya algo de verdad en esto, aunque yo no dudo que ni la reserva de Darcy ni la de nadie tenga nada que ver en el asunto. Pero a pesar de sus bonitas palabras, mi querida Elizabeth, puedes estar segura de que tu tío jamás habría cedido a no haberle creído movido por otro interés.

»Cuando todo estuvo resuelto, el señor Darcy regresó junto a sus amigos que seguían en Pemberley, pero prometió volver a Londres para la boda y para liquidar las gestiones monetarias.

»Creo que ya te lo he contado todo. Si es cierto lo que dices, este relato te habrá de sorprender muchísimo, pero me figuro que no te disgustará. Lydia vino a casa y Wickham tuvo constante acceso a ella. El era el mismo que conocí en Hertfordshire, pero no te diría lo mucho que me desagradó la conducta de Lydia durante su permanencia en nuestra casa, si no fuera porque la carta de Jane del miércoles me dio a entender que al llegar a Longbourn se portó exactamente igual, por lo que no habrá de extrañarte lo que ahora cuento. Le hablé muchas veces con toda seriedad haciéndole ver la desgracia que había acarreado a su familia, pero si me oyó sería por casualidad, porque estoy convencida de que ni siquiera me escuchaba. Hubo veces en que llegó a irritarme; pero me acordaba de mis queridas Elizabeth y Jane y me revestía de paciencia.

»El señor Darcy volvió puntualmente y, como Lydia os dijo, asistió a la boda. Comió con nosotros al día siguiente. Se disponía a salir de Londres el miércoles o el jueves. ¿Te enojarás conmigo, querida Lizzy, si aprovecho esta oportunidad para decirte lo que nunca me habría atrevido a decirte antes, y es lo mucho que me gusta Darcy? Su conducta con nosotros ha sido tan agradable en todo como cuando estábamos en Derbyshire. Su inteligencia, sus opiniones, todo me agrada. No le falta más que un poco de viveza, y eso si se casa juiciosamente, su mujer se lo enseñará. Me parece que disimula muy bien; apenas pronunció tu nombre. Pero se ve que el disimulo está de moda.

»Te ruego que me perdones si he estado muy suspicaz, o por lo menos no me castigues hasta el punto de excluirme de Pemberley. No seré feliz del todo hasta que no haya dado la vuelta completa a la finca. Un faetón bajo con un buen par de jacas sería lo ideal.

»No puedo escribirte más. Los niños me están llamando desde hace media hora.

»Tuya afectísima,

M. Gardiner.»

El contenido de esta carta dejó a Elizabeth en una conmoción en la que no se podía determinar si tomaba mayor parte el placer o la pena. Las vagas sospechas que en su incertidumbre sobre el papel de Darcy en la boda de su hermana había concebido, sin osar alentarlas porque implicaban alardes de bondad demasiado grandes para ser posibles, y temiendo que fueran ciertas por la humillación que la gratitud impondría, quedaban, pues, confirmadas. Darcy había ido detrás de ellos expresamente, había asumido toda la molestia y mortificación inherentes a aquella búsqueda, imploró a una mujer a la que debía detestar y se vio obligado a tratar con frecuencia, a persuadir y a la postre sobornar, al hombre que más deseaba evitar y cuyo solo nombre le horrorizaba pronunciar. Todo lo había hecho para salvar a una muchacha que nada debía de importarle y por quien no podía sentir ninguna estimación. El corazón le decía a Elizabeth que lo había hecho por ella, pero otras consideraciones reprimían esta esperanza y pronto se dio cuenta de que halagaba su vanidad al pretender explicar el hecho de esa manera, pues Darcy no podía sentir ningún afecto por una mujer que le había rechazado y, si lo sentía, no sería capaz de sobreponerse a un sentimiento tan natural como el de emparentar con Wickham. ¡Darcy, cuñado de Wickham! El más elemental orgullo tenía que rebelarse contra ese vínculo. Verdad es que Darcy había hecho tanto que Elizabeth estaba confundida, pero dio una razón muy verosímil. No era ningún disparate pensar que Darcy creyese haber obrado mal; era generoso y tenía medios para demostrarlo, y aunque Elizabeth se resistía a admitir que hubiese sido ella el móvil principal, cabía suponer que un resto de interés por ella había contribuido a sus gestiones en un asunto que comprometía la paz de su espíritu. Era muy penoso quedar obligados de tal forma a una persona a la que nunca podrían pagar lo que había hecho. Le debían la salvación y la reputación de Lydia. ¡Cuánto le dolieron a Elizabeth su ingratitud y las insolentes palabras que le había dirigido! Estaba avergonzada de sí misma, pero orgullosa de él, orgullosa de que se hubiera portado tan compasivo y noblemente. Leyó una y otra vez los elogios que le tributaba su tía, y aunque no le parecieron suficientes, le complacieron. Le daba un gran placer, aunque también la entristecía pensar que sus tíos creían que entre Darcy y ella subsistía afecto y confianza.

Se levantó de su asiento y salió de su meditación al notar que alguien se aproximaba; y antes de que pudiera alcanzar otro sendero, Wickham la abordó.

—Temo interrumpir tu solitario paseo, querida hermana —le dijo poniéndose a su lado.

—Así es, en efecto —replicó con una sonrisa—, pero no quiere decir que la interrupción me moleste.

—Sentiría molestarte. Nosotros hemos sido siempre buenos amigos. Y ahora somos algo más.

—Cierto. ¿Y los demás, han salido?

—No sé. La señora Bennet y Lydia se han ido en coche a Meryton. Me han dicho tus tíos, querida hermana, que has estado en Pemberley.

Elizabeth contestó afirmativamente.

—Te envidio ese placer, y si me fuera posible pasaría por allí de camino a Newcastle. Supongo que verías a la anciana ama de llaves. ¡Pobre señora Reynolds! ¡Cuánto me quería! Pero me figuro que no me nombraría delante de vosotros.

—Sí, te nombró.

—¿Y qué dijo?

—Que habías entrado en el ejército y que andabas en malos pasos. Ya sabes que a tanta distancia las cosas se desfiguran.

—Claro —contestó él mordiéndose los labios.

Elizabeth creyó haberle callado, pero Wickham dijo en seguida:

Me sorprendió ver a Darcy el mes pasado en la capital. Nos encontramos varias veces. Me gustaría saber qué estaba haciendo en Londres.

—Puede que preparase su matrimonio con la señorita de Bourgh —dijo Elizabeth—. Debe de ser algo especial para que esté en Londres en esta época del año.

—Indudablemente. ¿Le viste cuando estuviste en Lambton? Creo que los Gardiner me dijeron que sí.

—Efectivamente; nos presentó a su hermana.

—¿Y te gustó?

—Muchísimo.

—Es verdad que he oído decir que en estos dos últimos años ha mejorado extraordinariamente. La última vez que la vi no prometía mucho. Me alegro de que te gustase. Espero que le vaya bien.

—Le irá bien. Ha pasado ya la edad más difícil.

—¿Pasaste por el pueblo de Kimpton?

—No me acuerdo.

—Te lo digo, porque ésa es la rectoría que debía haber tenido yo. ¡Es un lugar delicioso! ¡Y qué casa parroquial tan excelente tiene! Me habría convenido desde todos los puntos de vista.

—¿Te habría gustado componer sermones?
—Muchísimo. Lo habría tomado como una parte de mis obligaciones y pronto no me habría costado ningún esfuerzo. No puedo quejarme, pero no hay duda de que eso habría sido lo mejor para mí. La quietud y el retiro de semejante vida habrían colmado todos mis anhelos. ¡Pero no pudo ser! ¿Le oíste a Darcy mencionar ese tema cuando estuviste en Kent?
—Supe de fuentes fidedignas que la parroquia se te legó sólo condicionalmente y a la voluntad del actual señor de Pemberley.
—¿Eso te ha dicho? Sí, algo de eso había; así te lo conté la primera vez, ¿te acuerdas?
—También oí decir que hubo un tiempo en que el componer sermones no te parecía tan agradable como ahora, que entonces declaraste tu intención de no ordenarte nunca, y que el asunto se liquidó de acuerdo contigo.
—Sí, es cierto. Debes recordar lo que te dije acerca de eso cuando hablamos de ello la primera vez.

Estaba ya casi a la puerta de la casa, pues Elizabeth había seguido paseando para quitárselo de encima. Por consideración a su hermana no quiso provocarle y sólo le dijo con una sonrisa:

—Vamos, Wickham; somos hermanos. No discutamos por el pasado. Espero que de ahora en adelante no tengamos por qué discutir.

Le dio la mano y él se la besó con afectuosa galantería, aunque no sabía qué cara poner, y entraron en la casa.

CAPÍTULO LIII

Wickham quedó tan escarmentado con aquella conversación que nunca volvió a exponerse, ni a provocar a su querida hermana Elizabeth a reanudarla. Y ella se alegró de haber dicho lo suficiente para que no mencionase el tema más.

Llegó el día de la partida del joven matrimonio, y la señora Bennet se vio forzada a una separación que al parecer iba a durar un año, por lo menos, ya que de ningún modo entraba en los cálculos del señor Bennet el que fuesen todos a Newcastle.

—¡Oh, señor! ¡No lo sé! ¡Acaso tardaremos dos o tres años!
—Escríbeme muy a menudo, querida.
—Tan a menudo como pueda. Pero ya sabes que las mujeres casadas no disponemos de mucho tiempo para escribir. Mis hermanas sí podrán escribirme; no tendrán otra cosa que hacer.

El adiós de Wickham fue mucho más cariñoso que el de su mujer. Sonrió, estuvo muy agradable y dijo cosas encantadoras.

—Es un joven muy fino —dijo el señor Bennet en cuanto se habían ido—; no he visto nunca otro igual. Es una máquina de sonrisas y nos hace la pelota a todos. Estoy orgullosísimo de él. Desafío al mismo sir William Lucas a que consiga un yerno más valioso.

La pérdida de su hija sumió en la tristeza a la señora Bennet por varios días.

—Muchas veces pienso —decía— que no hay nada peor que separarse de las personas queridas. ¡Se queda una tan desamparada sin ellas!

—Pues ya ves, ésa es una consecuencia de casar a las hijas —observó Elizabeth—. Te hará más feliz que las otras cuatro sigamos solteras.

No es eso. Lydia no me abandona porque se haya casado, sino porque el regimiento de su marido está lejos. Si hubiera estado más cerca, no se habría marchado tan pronto.

Pero el desaliento que este suceso le causó se alivió en seguida y su mente empezó a funcionar de nuevo con gran agitación ante la serie de noticias que circulaban por aquel entonces. El ama de llaves de Netherfield había recibido órdenes de preparar la llegada de su amo que iba a tener lugar dentro de dos o tres días, para dedicarse a la caza durante unas semanas[L46]. La señora Bennet estaba nerviosísima. Miraba a Jane y sonreía y sacudía la cabeza alternativamente.

—Bueno, bueno, ¿conque viene el señor Bingley, hermana? —pues fue la señora Philips la primera en darle la noticia—. Pues mejor. Aunque no me importa. Tú sabes que nada tenemos que ver con él y que no quiero volver a verlo. Si quiere venir a Netherfield, que venga. ¿Y quién sabe lo que puede pasar? Pero no nos importa. Ya sabes que hace tiempo acordamos no volver a decir palabra de esto. ¿Es cierto que viene?

—Puedes estar segura —respondió la otra—, porque la señora Nicholls estuvo en Meryton ayer tarde; la vi pasar y salí dispuesta a saber la verdad; ella me dijo que sí, que su amo llegaba. Vendrá el jueves a más tardar; puede que llegue el miércoles. La señora Nicholls me dijo que iba a la carnicería a encargar carne para el miércoles y llevaba tres pares de patos listos para matar.

Al saber la noticia, Jane mudó de color. Hacía meses que entre ella y Elizabeth no se hablaba de Bingley, pero ahora en cuanto estuvieron solas le dijo:

—He notado, Elizabeth, que cuando mi tía comentaba la noticia del día, me estabas mirando. Ya sé que pareció que me dio apuro, pero no te figures que era por alguna tontería. Me quedé confusa un momento porque me di cuenta de que me estaríais observando. Te aseguro que la noticia no me da tristeza ni gusto. De una cosa me alegro: de que viene solo, porque así lo veremos menos. No es que tenga miedo por mí, pero temo los comentarios de la gente.

Elizabeth no sabía qué pensar. Si no le hubiera visto en Derbyshire, habría podido creer que venía tan sólo por el citado motivo, pero no dudaba de que aún amaba a Jane, y hasta se arriesgaba a pensar que venía con la aprobación de su amigo o que se había atrevido incluso a venir sin ella.

«Es duro —pensaba a veces— que este pobre hombre no pueda venir a una casa que ha alquilado legalmente sin levantar todas estas cábalas. Yo le dejaré en paz.»

A pesar de lo que su hermana decía y creía de buena fe, Elizabeth pudo notar que la expectativa de la llegada de Bingley le afectaba. Estaba distinta y más turbada que de costumbre.

El tema del que habían discutido sus padres acaloradamente hacía un año, surgió ahora de nuevo. —Querido mío, supongo que en cuanto llegue el señor Bingley irás a visitarle.

—No y no. Me obligaste a hacerlo el año pasado, prometiéndome que se iba a casar con una de mis hijas. Pero todo acabó en agua de borrajas, y no quiero volver a hacer semejante paripé como un tonto.

Su mujer le observó lo absolutamente necesaria que sería aquella atención por parte de todos los señores de la vecindad en cuanto Bingley llegase a Netherfield.

—Es una etiqueta que me revienta —repuso el señor Bennet—. Si quiere nuestra compañía, que la busque; ya sabe dónde vivimos. No puedo perder el tiempo corriendo detrás de los vecinos cada vez que se van y vuelven.

—Bueno, será muy feo que no le visites; pero eso no me impedirá invitarle a comer. Vamos a tener en breve a la mesa a la señora Long y a los Goulding, y como contándonos a nosotros seremos trece, habrá justamente un lugar para él.

Consolada con esta decisión, quedó perfectamente dispuesta a soportar la descortesía de su esposo, aunque le molestara enormemente que, con tal motivo, todos los vecinos viesen a Bingley antes que ellos. Al acercarse el día de la llegada, Jane dijo:

—A pesar de todo, empiezo a sentir que venga. No me importaría nada y le veré con la mayor indiferencia, pero no puedo resistir oír hablar de él perpetuamente. Mi madre lo hace con la mejor intención, pero no sabe, ni sabe nadie, el sufrimiento que me causa. No seré feliz hasta que Bingley se haya ido de Netherfield.

—Querría decirte algo para consolarte —contestó Elizabeth—, pero no puedo. Debes comprenderlo. Y la normal satisfacción de recomendar paciencia a los que sufren me está vedada porque a ti nunca te falta.

Bingley llegó. La señora Bennet trató de obtener con ayuda de las criadas las primeras noticias, para aumentar la ansiedad y el mal humor que la consumían. Contaba los días que debían transcurrir para invitarle, ya que no abrigaba esperanzas de verlo antes. Pero a la tercera mañana de la llegada de Bingley al condado, desde la ventana de su vestidor le vio que entraba por la verja a caballo y se dirigía hacia la casa.

Llamó al punto a sus hijas para que compartieran su gozo. Jane se negó a dejar su lugar junto a la mesa. Pero Elizabeth, para complacer a su madre, se acercó a la ventana, miró y vio que Bingley entraba con Darcy, y se volvió a sentar al lado de su hermana.

—Mamá, viene otro caballero con él —dijo Catherine—. ¿Quién será?

—Supongo que algún conocido suyo, querida; no le conozco.

—¡Oh! —exclamó Catherine—. Parece aquel señor que antes estaba con él. El señor... ¿cómo se llama? Aquel señor alto y orgulloso.

—¡Santo Dios! ¿El señor Darcy? Pues sí, es él. Bueno; cualquier amigo del señor Bingley será siempre bienvenido a esta casa; si no fuera por eso... No puedo verle ni en pintura.

Jane miró a Elizabeth con asombro e interés. Sabía muy poco de su encuentro en Derbyshire y, por consiguiente, comprendía el horror que había de causarle a su hermana ver a Darcy casi por primera vez después de la carta aclaratoria. Las dos hermanas estaban bastante intranquilas; cada una sufría por la otra, y como es natural, por sí misma. Entretanto la madre seguía perorando sobre su odio a Darcy y sobre su decisión de estar cortés con él sólo por consideración a Bingley. Ninguna de las chicas la escuchaba. Elizabeth estaba inquieta por algo que Jane no podía sospechar, pues nunca se había atrevido a mostrarle la carta de la señora Gardiner, ni a revelarle el cambio de sus sentimientos por Darcy. Para Jane, Darcy no era más que el hombre cuyas proposiciones había rechazado Elizabeth y cuyos méritos menospreciaba. Pero para Elizabeth, Darcy era el hombre a quien su familia debía el mayor de los favores, y a quien ella miraba con un interés, si no tan tierno, por lo menos tan razonable y justo como el que Jane sentía por Bingley. Su asombro ante la venida de Darcy a Netherfield, a Longbourn, buscándola de nuevo voluntariamente, era casi igual al que experimentó al verlo tan cambiado en Derbyshire.

El color, que había desaparecido de su semblante, acudió en seguida violentamente a sus mejillas, y una sonrisa de placer dio brillo a sus ojos al pensar que el cariño y los deseos de Darcy seguían siendo los mismos. Pero no quería darlo por seguro.

«Primero veré cómo se comporta —se dijo— y luego Dios dirá si puedo tener esperanzas.»

Se puso a trabajar atentamente y se esforzó por mantener la calma. No osaba levantar los ojos, hasta que su creciente curiosidad le hizo mirar a su hermana cuando la criada fue a abrir la puerta. Jane estaba más pálida que de costumbre, pero más sosegada de lo que Elizabeth hubiese creído. Cuando entraron los dos caballeros, enrojeció, pero los recibió con bastante tranquilidad, y sin dar ninguna muestra de resentimiento ni de innecesaria complacencia.

Elizabeth habló a los dos jóvenes lo menos que la educación permitía, y se dedicó a bordar con más aplicación que nunca. Sólo se aventuró a dirigir una mirada a Darcy. Éste estaba tan serio como siempre, y a ella se le antojó que se parecía más al Darcy que había conocido en Hertfordshire que al que había visto en Pemberley. Pero quizá en presencia de su madre no se sentía igual que en presencia de sus tíos. Era una suposición dolorosa, pero no improbable.

Miró también un instante a Bingley, y le pareció que estaba contento y cohibido a la vez. La señora Bennet le recibió con unos aspavientos que dejaron avergonzadas a sus dos hijas, especialmente por el contraste con su fría y ceremoniosa manera de saludar y tratar a Darcy.

Particularmente Elizabeth, sabiendo que su madre le debía a Darcy la salvación de su hija predilecta de tan irremediable infamia, se entristeció profundamente por aquella grosería.

Darcy preguntó cómo estaban los señores Gardiner, y Elizabeth le contestó con cierta turbación. Después, apenas dijo nada. No estaba sentado al lado de Elizabeth, y acaso se debía a esto su silencio; pero no estaba así en Derbyshire. Allí, cuando no podía hablarle a ella hablaba con sus amigos; pero ahora pasaron varios minutos sin que se le oyera la voz, y cuando Elizabeth, incapaz de contener su curiosidad, alzaba la vista hacia él, le encontraba con más frecuencia mirando a Jane que a ella, y a menudo mirando sólo al suelo. Parecía más pensativo y menos deseoso de agradar que en su último encuentro. Elizabeth estaba decepcionada y disgustada consigo misma por ello.

«¿Cómo pude imaginarme que estuviese de otro modo? se decía—. Ni siquiera sé por qué ha venido aquí.»

No tenía humor para hablar con nadie más que con él, pero le faltaba valor para dirigirle la palabra. Le preguntó por su hermana, pero ya no supo más qué decirle.

—Mucho tiempo ha pasado, señor Bingley, desde que se fue usted —dijo la señora Bennet.   —Efectivamente —dijo Bingley.

—Empezaba a temer —continuó ella— que ya no volvería. La gente dice que por San Miguel piensa usted abandonar esta comarca; pero espero que no sea cierto. Han ocurrido muchas cosas en la vecindad desde que usted se fue; la señorita Lucas se casó y está establecida en Hunsford, y también se casó una de mis hijas. Supongo que lo habrá usted sabido, seguramente lo habrá leído en los periódicos. Salió en el Times y en el Courrier, sólo que no estaba bien redactado. Decía solamente: «El caballero George Wickham contrajo matrimonio con la señorita Lydia Bennet», sin mencionar a su padre ni decir dónde vivía la novia ni nada. La gacetilla debió de ser obra de mi hermano Gardiner, y no comprendo cómo pudo hacer una cosa tan desabrida. ¿Lo vio usted?

Bingley respondió que sí y la felicitó. Elizabeth no se atrevía a levantar los ojos y no pudo ver qué cara ponía Darcy.

—Es delicioso tener una hija bien casada —siguió diciendo—, pero al mismo tiempo, señor Bingley, es muy duro que se me haya ido tan lejos. Se han trasladado a Newcastle, que cae muy al Norte, según creo, y allí estarán no sé cuánto tiempo. El regimiento de mi yerno está destinado allí, porque habrán usted oído decir que ha dejado la guarnición del condado y se ha pasado a los regulares. Gracias a Dios tiene todavía algunos amigos, aunque quizá no tantos como merece.

Elizabeth, sabiendo que esto iba dirigido a Darcy, sintió tanta vergüenza que apenas podía sostenerse en la silla. Sin embargo, hizo un supremo esfuerzo para hablar y preguntó a Bingley si pensaba permanecer mucho tiempo en el campo. El respondió que unas semanas.

—Cuando haya matado usted todos sus pájaros, señor Bingley —dijo la señora Bennet—, venga y mate todos los que quiera en la propiedad de mi esposo. Estoy segura que tendrá mucho gusto en ello y de que le reservará sus mejores nidadas.

El malestar de Elizabeth aumentó con tan innecesaria y oficiosa atención. No le cabía la menor duda de que todas aquellas ilusiones que renacían después de un año acabarían otra vez del mismo modo. Pensó que años enteros de felicidad no podrían compensarle a ella y a Jane de aquellos momentos de penosa confusión.

«No deseo más que una cosa —se dijo—, y es no volver a ver a ninguno de estos dos hombres. Todo el placer que pueda proporcionar su compañía no basta para compensar esta vergüenza. ¡Ojalá no tuviera que volver a encontrármelos nunca!»

Pero aquella desdicha que no podrían compensar años enteros de felicidad, se atenuó poco después al observar que la belleza de su hermana volvía a despertar la admiración de su antiguo enamorado. Al principio Bingley habló muy poco con Jane, pero a cada instante parecía más prendado de ella. La encontraba tan hermosa como el año anterior, tan sensible y tan afable, aunque no tan habladora. Jane deseaba que no se le notase ninguna variación y creía que hablaba como siempre, pero su mente estaba tan ocupada que a veces no se daba cuenta de su silencio.

Cuando los caballeros se levantaron para irse, la señora Bennet no olvidó su proyectada invitación. Los dos jóvenes aceptaron y se acordó que cenarían en Longbourn dentro de pocos días.

—Me debía una visita, señor Bingley añadió la señora Bennet—, pues cuando se fue usted a la capital el último invierno, me prometió comer en familia con nosotros en cuanto regresara. Ya ve que no lo he olvidado. Estaba muy disgustada porque no volvió usted para cumplir su compromiso.

Bingley pareció un poco desconcertado por esa reflexión, y dijo que lo sentía mucho, pero que sus asuntos le habían retenido. Darcy y él se marcharon.

La señora Bennet había estado a punto de invitarles a comer aquel mismo día, pero a pesar de que siempre se comía bien en su casa, no creía que dos platos fuesen de ningún modo suficientes para un hombre que le inspiraba tan ambiciosos proyectos, ni para satisfacer el apetito y el orgullo de otro que tenía diez mil libras al año de renta.

CAPÍTULO LIV

En cuanto se marcharon, Elizabeth salió a pasear para recobrar el ánimo o, mejor dicho, para meditar la causa que le había hecho perderlo. La conducta de Darcy la tenía asombrada y enojada. ¿Por qué vino —se decía— para estar en silencio, serio e indiferente?»

No podía explicárselo de modo satisfactorio.

«Si pudo estar amable y complaciente con mis tíos en Londres, ¿por qué no conmigo? Si me temía, ¿por qué vino? Y si ya no le importo nada, ¿por qué estuvo tan callado? ¡Qué hombre más irritante! No quiero pensar más en él.»

Involuntariamente mantuvo esta resolución durante un rato, porque se le acercó su hermana, cuyo alegre aspecto demostraba que estaba más satisfecha de la visita que ella.

—Ahora —le dijo—, pasado este primer encuentro, me siento completamente tranquila. Sé que soy fuerte y que ya no me azoraré delante de él. Me alegro de que venga a comer el martes, porque así se verá que nos tratamos simplemente como amigos indiferentes.

—Sí, muy indiferentes —contestó Elizabeth riéndose—. ¡Oh, Jane! ¡Ten cuidado!

—Lizzy, querida, no vas a creer que soy tan débil como para correr ningún peligro.

—Creo que estás en uno muy grande, porque él te ama como siempre.

No volvieron a ver a Bingley hasta el martes, y, entretanto, la señora Bennet se entregó a todos los venturosos planes que la alegría y la constante dulzura del caballero habían hecho revivir en media hora de visita. El martes se congregó en Longbourn un numeroso grupo de gente y los señores que con más ansias eran esperados llegaron con toda puntualidad. Cuando entraron en el comedor, Elizabeth observó atentamente a Bingley para ver si ocupaba el lugar que siempre le había tocado en anteriores comidas al lado de su hermana; su prudente madre, pensando lo mismo, se guardó mucho de invitarle a que tomase asiento a su lado. Bingley pareció dudar, pero Jane acertó a mirar sonriente a su alrededor y la cosa quedó decidida: Bingley se sentó al lado de Jane.

Elizabeth, con triunfal satisfacción, miró a Darcy. Éste sostuvo la mirada con noble indiferencia, Elizabeth habría imaginado que Bingley había obtenido ya permiso de su amigo para disfrutar de su felicidad si no hubiese sorprendido los ojos de éste vueltos también hacia Darcy, con una expresión risueña, pero de alarma.

La conducta de Bingley con Jane durante la comida reveló la admiración que sentía por ella, y aunque era más circunspecta que antes, Elizabeth se quedó convencida de que si sólo dependiese de él, su dicha y la de Jane quedaría pronto asegurada. A pesar de que no se atrevía a confiar en el resultado, Elizabeth se quedó muy satisfecha y se sintió todo lo animada que su mal humor le permitía. Darcy estaba al otro lado de la mesa, sentado al lado de la señora Bennet, y Elizabeth comprendía lo poco grata que les era a los dos semejante colocación, y lo poco ventajosa que resultaba para nadie. No estaba lo bastante cerca para oír lo que decían, pero pudo observar que casi no se hablaban y lo fríos y ceremoniosos que eran sus modales cuando lo hacían. Esta antipatía de su madre por Darcy le hizo más penoso a Elizabeth el recuerdo de lo que todos le debían, y había momentos en que habría dado cualquier cosa por poder decir que su bondad no era desconocida ni inapreciada por toda la familia.

Esperaba que la tarde le daría oportunidad de estar al lado de Darcy y que no acabaría la visita sin poder cambiar con él algo más que el sencillo saludo de la llegada. Estaba tan ansiosa y desasosegada que mientras esperaba en el salón la entrada de los caballeros, su desazón casi la puso de mal talante. De la presencia de Darcy dependía para ella toda esperanza de placer en aquella tarde.

«Si no se dirige hacia mí —se decía— me daré por vencida.»

Entraron los caballeros y pareció que Darcy iba a hacer lo que ella anhelaba; pero desgraciadamente las señoras se habían agrupado alrededor de la mesa en donde la señora Bennet preparaba el té y Elizabeth servía el café, estaban todas tan apiñadas que no quedaba ningún sitio libre a su lado ni lugar para otra silla. Al acercarse los caballeros, una de las muchachas se aproximó a Elizabeth y le dijo al oído:

—Los hombres no vendrán a separarnos; ya lo tengo decidido; no nos hacen ninguna falta, ¿no es cierto?

Darcy entonces se fue a otro lado de la estancia. Elizabeth le seguía con la vista y envidiaba a todos con quienes conversaba; apenas tenía paciencia para servir el café, y llegó a ponerse furiosa consigo misma por ser tan tonta.

«¡Un hombre al que he rechazado! Loca debo estar si espero que renazca su amor. No hay un solo hombre que no se rebelase contra la debilidad que supondría una segunda declaración a la misma mujer. No hay indignidad mayor para ellos.»

Se reanimó un poco al ver que Darcy venía a devolverle la taza de café, y ella aprovechó la oportunidad para preguntarle:

—¿Sigue su hermana en Pemberley?
—Sí, estará allí hasta las Navidades.
—¿Y está sola? ¿Se han ido ya todos sus amigos?

—Sólo la acompaña la señora Annesley; los demás se han ido a Scarborough a pasar estas tres semanas.

A Elizabeth no se le ocurrió más que decir, pero si él hubiese querido hablar, ¡con qué placer le habría contestado! No obstante, se quedó a su lado unos minutos, en silencio, hasta que la muchacha de antes se puso a cuchichear con Elizabeth, y entonces él se retiró.

Una vez quitado el servicio de té y puestas las mesas de juego, se levantaron todas las señoras. Elizabeth creyó entonces que podría estar con él, pero sus esperanzas rodaron por el suelo cuando vio que su madre se apoderaba de Darcy y le obligaba a sentarse a su mesa de whist. Elizabeth renunció ya a todas sus ilusiones. Toda la tarde estuvieron confinados en mesas diferentes, pero los ojos de Darcy se volvían tan a menudo donde ella estaba, que tanto el uno como el otro perdieron todas las partidas.

La señora Bennet había proyectado que los dos caballeros de Netherfield se quedaran a cenar, pero fueron los primeros en pedir su coche y no hubo manera de retenerlos.

—Bueno, niñas —dijo la madre en cuanto se hubieron ido todos—, ¿qué me decís? A mi modo de ver todo ha ido hoy a pedir de boca. La comida ha estado tan bien presentada como las mejores que he visto; el venado asado, en su punto, y todo el mundo dijo que las ancas eran estupendas; la sopa, cincuenta veces mejor que la que nos sirvieron la semana pasada en casa de los Lucas; y hasta el señor Darcy reconoció que las perdices estaban muy bien hechas, y eso que él debe de tener dos o tres cocineros franceses. Y, por otra parte, Jane querida, nunca estuviste más guapa que esta tarde; la señora Long lo afirmó cuando yo le pregunté su parecer. Y ¿qué crees que me dijo, además? «¡Oh, señora Bennet, por fin la tendremos en Netherfield!» Así lo dijo. Opino que la señora Long es la mejor persona del mundo, y sus sobrinas son unas muchachas muy bien educadas y no son feas del todo; me gustan mucho.

Total que la señora Bennet estaba de magnífico humor. Se había fijado lo bastante en la conducta de Bingley para con Jane para convencerse de que al fin lo iba a conseguir. Estaba tan excitada y sus fantasías sobre el gran porvenir que esperaba a su familia fueron tan lejos de lo razonable, que se disgustó muchísimo al ver que Bingley no se presentaba al día siguiente para declararse.

—Ha sido un día muy agradable —dijo Jane a Elizabeth—. ¡Qué selecta y qué cordial fue la fiesta! Espero que se repita.

Elizabeth se sonrió.

—No te rías. Me duele que seas así, Lizzy. Te aseguro que ahora he aprendido a disfrutar de su conversación y que no veo en él más que un muchacho inteligente y amable. Me encanta su proceder y no me importa que jamás haya pensado en mí. Sólo encuentro que su trato es dulce y más atento que el de ningún otro hombre.

—¡Eres cruel! —contestó su hermana—. No me dejas sonreír y me estás provocando a hacerlo a cada momento.

—¡Qué difícil es que te crean en algunos casos!

—¡Y qué imposible en otros!

—¿Por qué te empeñas en convencerme de que siento más de lo que confieso?

—No sabría qué contestarte. A todos nos gusta dar lecciones, pero sólo enseñamos lo que no merece la pena saber. Perdóname, pero si persistes en tu indiferencia, es mejor que yo no sea tu confidente.

CAPÍTULO LV

Pocos días después de aquella visita, Bingley volvió a Longbourn, solo. Su amigo se había ido a Londres por la mañana, pero iba a regresar dentro de diez días. Pasó con ellas una hora, y estuvo de excelente humor. La señora Bennet le invitó a comer, Bingley dijo que lo sentía, pero que estaba convidado en otro sitio.

—La próxima vez que venga —repuso la señora Bennet— espero que tengamos más suerte.

—Tendré mucho gusto —respondió Bingley. Y añadió que, si se lo permitían, aprovecharía cualquier oportunidad para visitarles.

—¿Puede usted venir mañana?

Bingley dijo que sí, pues no tenía ningún compromiso para el día siguiente.

Llegó tan temprano que ninguna de las señoras estaba vestida, La señora Bennet corrió al cuarto de sus hijas, en bata y a medio peinar, exclamando:

—¡Jane, querida, date prisa y ve abajo! ¡Ha venido el señor Bingley! Es él, sin duda. ¡Ven, Sara! Anda en seguida a ayudar a vestirse a la señorita Jane. No te preocupes del peinado de la señorita Elizabeth.

—Bajaremos en cuanto podamos —dijo Jane—, pero me parece que Catherine está más adelantada que nosotras, porque subió hace media hora.

—¡Mira con lo que sales! ¿Qué tiene que ver en esto Catherine? Tú eres la que debe bajar en seguida. ¿Dónde está tu corsé?

Pero cuando su madre había salido, Jane no quiso bajar sin alguna de sus hermanas.

Por la tarde, la madre volvió a intentar que Bingley se quedara a solas con Jane. Después del té, el señor Bennet se retiró a su biblioteca como de costumbre, y Mary subió a tocar el piano. Habiendo desaparecido dos de los cinco obstáculos, la señora Bennet se puso a mirar y a hacer señas y guiños a Elizabeth y a Catherine sin que ellas lo notaran. Catherine lo advirtió antes que Elizabeth y preguntó con toda inocencia:

—¿Qué pasa, mamá? ¿Por qué me haces señas? ¿Qué quieres que haga?

—Nada, niña, nada. No te hacía ninguna seña.

Siguió sentada cinco minutos más, pero era incapaz de desperdiciar una ocasión tan preciosa. Se levantó de pronto y le dijo a Catherine:

—Ven, cariño. Tengo que hablar contigo.

Y se la llevó de la habitación. Jane miró al instante a Elizabeth denotando su pesar por aquella salida tan premeditada y pidiéndole que no se fuera.

Pero a los pocos minutos la señora Bennet abrió la puerta y le dijo a Elizabeth:

—Ven, querida. Tengo que hablarte.

Elizabeth no tuvo más remedio que salir.

—Dejémoslos solos, ¿entiendes? —le dijo su madre en el vestíbulo—. Catherine y yo nos vamos arriba a mi cuarto.

Elizabeth no se atrevió a discutir con su madre; pero se quedó en el vestíbulo hasta que la vio desaparecer con Catherine, y entonces volvió al salón.

Los planes de la señora Bennet no se realizaron aquel día. Bingley era un modelo de gentileza, pero no el novio declarado de su hija. Su soltura y su alegría contribuyeron en gran parte a la animación de la reunión de la noche; aguantó toda la indiscreción y las impertinencias de la madre y escuchó todas sus necias advertencias con una paciencia y una serenidad que dejaron muy complacida a Jane.

Apenas necesitó que le invitaran para quedarse a cenar y, antes de que se fuera, la señora Bennet le hizo una nueva invitación para que viniese a la mañana siguiente a cazar con su marido.

Después de este día, Jane ya no dijo que Bingley le fuese indiferente. Las dos hermanas no hablaron una palabra acerca de él, pero Elizabeth se acostó con la feliz convicción de que todo se arreglaría pronto, si Darcy no volvía antes del tiempo indicado. Sin embargo, estaba seriamente convencida de que todo esto habría tenido igualmente lugar sin la ausencia de dicho caballero.

Bingley acudió puntualmente a la cita, y él y el señor Bennet pasaron juntos la mañana del modo convenido. El señor Bennet estuvo mucho más agradable de lo que su compañero esperaba. No había nada en Bingley de presunción o de tontería que el otro pudiese ridiculizar o disgustarle interiormente, por lo que estuvo con él más comunicativo y menos hosco de lo que solía. Naturalmente, Bingley regresó con el señor Bennet a la casa para comer, y por la tarde la señora Bennet volvió a maquinar para dejarle solo con su hija. Elizabeth tenía que escribir una carta, y fue con ese fin al saloncillo poco después del té, pues como los demás se habían sentado a jugar, su presencia ya no era necesaria para estorbar las tramas de su madre.

Pero al entrar en el salón, después de haber terminado la carta, vio con infinita sorpresa que había razón para temer que su madre se hubiera salido con la suya. En efecto, al abrir la puerta divisó a. su hermana y a Bingley solos, apoyados en la chimenea como abstraídos en la más interesante conversación; y por si esto no hubiese dado lugar a todas las sospechas, los rostros de ambos al volverse rápidamente y separarse lo habrían dicho todo. La situación debió de ser muy embarazosa para ellos, pero Elizabeth iba a marcharse, cuando Bingley, que, como Jane, se había sentado, se levantó de pronto, dijo algunas palabras al oído de Jane y salió de la estancia.

Jane no podía tener secretos para Elizabeth, sobre todo, no podía ocultarle una noticia que sabía que la alegraría. La estrechó entre sus brazos y le confesó con la más viva emoción que era la mujer más dichosa del mundo.

—¡Es demasiado! —añadió. ¡Es demasiado! No lo merezco. ¡Oh! ¿Por qué no serán todos tan felices como yo?

La enhorabuena de Elizabeth fue tan sincera y tan ardiente y reveló tanto placer que no puede expresarse con palabras. Cada una de sus frases cariñosas fue una fuente de dicha para Jane. Pero no pudo quedarse con Elizabeth ni contarle la mitad de las cosas que tenía que comunicarle todavía.

—Voy a ver al instante a mamá —dijo—. No puedo ignorar su afectuosa solicitud ni permitir que se entere por otra persona. Él acaba de ir a hablar con papá. ¡Oh, Lizzy! Lo que voy a decir llenará de alegría a toda la familia. ¿Cómo podré resistir tanta dicha?

Se fue presurosamente en busca de su madre que había suspendido adrede la partida de cartas y estaba arriba con Catherine.

Elizabeth se quedó sonriendo ante la facilidad y rapidez con que se había resuelto un asunto que había causado tantos meses de incertidumbre y de dolor.

«¡He aquí en qué ha parado —se dijo— la ansiosa circunspección de su amigo y toda la falsedad y las tretas de sus hermanas! No podía darse un desenlace más feliz, más prudente y más razonable.»

A los pocos minutos entró Bingley, que había terminado su corta conferencia con el señor Bennet. —¿Dónde está su hermana? —le dijo al instante de abrir la puerta.

—Arriba, con mamá. Creo que bajará en seguida.

Entonces Bingley cerró la puerta y le pidió su parabién, rogándole que le considerase como un hermano. Elizabeth le dijo de todo corazón lo mucho que se alegraba de aquel futuro parentesco. Se dieron las manos cordialísimamente y hasta que bajó Jane, Bingley estuvo hablando de su felicidad y de las perfecciones de su amada. Elizabeth no creyó exageradas sus esperanzas de dicha, a pesar del amor que cegaba al joven, pues al buen entendimiento y al excelente corazón de Jane se unían la semejanza de sentimientos y gustos con su prometida.

La tarde transcurrió en medio del embeleso general la satisfacción de Jane daba a su rostro una luz y una expresión tan dulce que le hacían parecer más hermosa que nunca.

Catherine sonreía pensando que pronto le llegaría su turno. La señora Bennet dio su consentimiento y expresó su aprobación en términos calurosísimos que, no obstante, no alcanzaron a describir el júbilo que sentía, y durante media hora no pudo hablarle a Bingley de otra cosa. Cuando el señor Bennet se reunió con ellos para la cena, su voz y su aspecto revelaban su alegría.

Pero ni una palabra salió de sus labios que aludiese al asunto hasta que el invitado se despidió. Tan pronto como se hubo ido, el señor Bennet se volvió a su hija y le dijo:

—Te felicito, Jane. Serás una mujer muy feliz. Jane corrió hacia su padre, le dio un beso y las gracias por su bondad.

—Eres una buena muchacha —añadió el padre— y mereces la suerte que has tenido. Os llevaréis muy bien. Vuestros caracteres son muy parecidos. Sois tan complacientes el uno con el otro que nunca resolveréis nada, tan confiados que os engañará cualquier criado, y tan generosos que siempre gastaréis más de lo que tengáis.

—Eso sí que no. La imprudencia o el descuido en cuestiones de dinero sería imperdonable para mí. —¡Gastar más de lo tenga! —exclamó la señora Bennet—. ¿Qué estás diciendo? Bingley posee cuatro o cinco mil libras anuales, y puede que más.

Después, dirigiéndose a su hija, añadió:

¡Oh, Jane, querida, vida mía, soy tan feliz que no voy a poder cerrar ojo en toda la noche! Ya sabía yo que esto llegaría; siempre dije que al final se arreglaría todo. Estaba segura de que tu hermosura no iba a ser en balde. Recuerdo que en cuanto lo vi la primera vez que llegó a Hertfordshire, pensé que por fuerza teníais que casaros. ¡Es el hombre más guapo que he visto en mi vida!

Wickham y Lydia quedaron olvidados. Jane era ahora su hija favorita, sin ninguna comparación; en aquel momento las demás no le importaban nada. Las hermanas menores pronto empezaron a pedirle a Jane todo lo que deseaban y que ella iba a poder dispensarles en breve.

Mary quería usar la biblioteca de Netherfield, y Catherine le suplicó que organizase allí unos cuantos bailes en invierno.

Bingley, como era natural, iba a Longbourn todos los días. Con frecuencia llegaba antes del almuerzo y se quedaba hasta después de la cena, menos cuando algún bárbaro vecino, nunca detestado lo bastante, le invitaba a comer, y Bingley se creía obligado a aceptar.

Elizabeth tenía pocas oportunidades de conversar con su hermana, pues mientras Bingley estaba presente, Jane no tenía ojos ni oídos para nadie más; pero resultaba muy útil al uno y al otro en las horas de separación que a veces se imponían. En ausencia de Jane, Bingley buscaba siempre a Elizabeth para darse el gusto de hablar de su amada; y cuando Bingley se iba, Jane recurría constantemente al mismo consuelo. —¡No sabes lo feliz que me ha hecho —le dijo una noche a su hermana— al participarme que ignoraba que yo había estado en Londres la pasada primavera! ¡Me parecía imposible!

—Me lo figuraba. Pero ¿cómo se explica?

—Debe de haber sido cosa de sus hermanas. La verdad es que no querían saber nada conmigo, cosa que no me extraña, pues Bingley hubiese podido encontrar algo mejor desde todos los puntos de vista. Pero cuando vean, como supongo que verán, que su hermano es feliz a mi lado, se contentarán y volveremos a ser amigas, aunque nunca como antes.

—Esto es lo más imperdonable que te he oído decir en mi vida —exclamó Elizabeth—. ¡Infeliz! Me irrita de veras que creas en la pretendida amistad de la señorita Bingley.

—¿Creerás, Elizabeth, que al irse a la capital el pasado noviembre me amaba de veras y sólo la certeza de que me era indiferente le impidió volver?

—Se equivocó un poquito, en realidad; pero esto habla muy en favor de su modestia.

Esto indujo a Jane, naturalmente, a hacer un panegírico de la falta de presunción de su novio y del poco valor que daba a sus propias cualidades.

Elizabeth se alegró de que no hubiese traicionado a su amigo hablándole de la intromisión de éste, pues a pesar de que Jane poseía el corazón más generoso y propenso al perdón del mundo, esto podía haber creado en ella algún prejuicio contra Darcy.

—Soy indudablemente la criatura más afortunada de la tierra exclamó Jane . ¡Oh, Lizzy, qué pena me da ser la más feliz de la casa! ¡Si por lo menos tú también lo fueses! ¡Si hubiera otro hombre como Bingley para ti!

—Aunque me dieras cuarenta como él nunca sería tan dichosa como tú. Mientras no tenga tu carácter, jamás podré disfrutar de tanta felicidad. No, no; déjame como estoy. Si tengo buena suerte, puede que con el tiempo encuentre otro Collins.

El estado de los asuntos de la familia de Longbourn no podía permanecer en secreto. La señora Bennet tuvo el privilegio de comunicarlo a la señora Philips y ésta se lanzó a pregonarlo sin previo permiso por las casas de todos los vecinos de Meryton.

Los Bennet no tardaron en ser proclamados la familia más afortunada del mundo, a pesar de que pocas semanas antes, con ocasión de la fuga de Lydia, se les había considerado como la gente más desgraciada de la tierra.

CAPÍTULO LVI

Una mañana, aproximadamente una semana después de la declaración de Bingley, mientras éste se hallaba reunido en el saloncillo con las señoras de Longbourn, fueron atraídos por el ruido de un carruaje y miraron a la ventana, divisando un landó de cuatro caballos que cruzaba la explanada de césped de delante de la casa. Era demasiado temprano para visitas y además el equipo del coche no correspondía a ninguno de los vecinos; los caballos eran de posta y ni el carruaje ni la librea de los lacayos les eran conocidos. Pero era evidente que alguien venía a la casa. Bingley le propuso a Jane irse a pasear al plantío de arbustos para evitar que el intruso les separase. Se fueron los dos, y las tres que se quedaron en el comedor continuaron sus conjeturas, aunque con poca satisfacción, hasta que se abrió la puerta y entró la visita. Era lady Catherine de Bourgh.

Verdad es que todas esperaban alguna sorpresa, pero ésta fue superior a todas las previsiones. Aunque la señora Bennet y Catherine no conocían a aquella señora, no se quedaron menos atónitas que Elizabeth.

Entró en la estancia con aire todavía más antipático que de costumbre; contestó al saludo de Elizabeth con una simple inclinación de cabeza, y se sentó sin decir palabra. Elizabeth le había dicho su nombre a la señora Bennet, cuando entró Su Señoría, aunque ésta no había solicitado ninguna presentación.

La señora Bennet, pasmadísima aunque muy ufana al ver en su casa a persona de tanto rango, la recibió con la mayor cortesía. Estuvieron sentadas todas en silencio durante un rato, hasta que al fin lady Catherine dijo con empaque a Elizabeth:

—Supongo que estará usted bien, y calculo que esa señora es su madre.

Elizabeth contestó que sí concisamente.

—Y esa otra imagino que será una de sus hermanas.

—Sí, señora —respondió la señora Bennet muy oronda de poder hablar con lady Catherine—. Es la penúltima; la más joven de todas se ha casado hace poco, y la mayor está en el jardín paseando con un caballero que creo no tardará en formar parte de nuestra familia.

—Tienen ustedes una finca muy pequeña —dijo Su Señoría después de un corto silencio.

—No es nada en comparación con Rosings, señora; hay que reconocerlo; pero le aseguro que es mucho mejor que la de sir William Lucas.

—Ésta ha de ser una habitación muy molesta en las tardes de verano; las ventanas dan por completo a poniente.

La señora Bennet le aseguró que nunca estaban allí después de comer, y añadió:

—¿Puedo tomarme la libertad de preguntar a Su Señoría qué tal ha dejado a los señores Collins?

—Muy bien; les vi anteayer por la noche. Elizabeth esperaba que ahora le daría alguna carta de Charlotte, pues éste parecía el único motivo probable de su visita; pero lady Catherine no sacó ninguna carta, y Elizabeth siguió con su perplejidad.

La señora Bennet suplicó finísimamente a Su Señoría que tomase algo, pero lady Catherine rehusó el obsequio con gran firmeza y sin excesiva educación. Luego levantándose, le dijo a Elizabeth:

—Señorita Bennet, me parece que ahí, a un lado de la pradera, hay un sitio precioso y retirado. Me gustaría dar una vuelta por él si me hiciese el honor de acompañarme.

—Anda, querida —exclamó la madre—, enséñale a Su Señoría todos los paseos. Creo que la ermita le va a gustar[L47].

Elizabeth obedeció, corrió a su cuarto a buscar su sombrilla y esperó abajo a su noble visitante. Al pasar por el vestíbulo, lady Catherine abrió las puertas del comedor y del salón y después de una corta inspección declaró que eran piezas decentes, después de lo cual siguió andando.

El carruaje seguía en la puerta y Elizabeth vio que la doncella de Su Señoría estaba en él. Caminaron en silencio por el sendero de gravilla que conducía a los corrales. Elizabeth estaba decidida a no dar conversación a quella señora que parecía más insolente y desagradable aún que de costumbre.

¿Cómo pude decir alguna vez que se parecía a su sobrino?, se dijo al mirarla a la cara.

Cuando entraron en un breñal, lady Catherine le dijo lo siguiente:

—Seguramente sabrá usted, señorita Bennet, la razón de mi viaje hasta aquí. Su propio corazón y su conciencia tienen que decirle el motivo de mi visita. Elizabeth la contempló con el natural asombro:

—Está usted equivocada, señora. De ningún modo puedo explicarme el honor de su presencia.

—Señorita Bennet —repuso Su Señoría con tono enfadado—, debe usted saber que no me gustan las bromas; por muy poco sincera que usted quiera ser, yo no soy así. Mi carácter ha sido siempre celebrado por su lealtad y franqueza y en un asunto de tanta importancia como el que aquí me trae me apartaré mucho menos de mi modo de ser. Ha llegado a mis oídos que no sólo su hermana está a punto de casarse muy ventajosamente, sino que usted, señorita Bennet, es posible que se una después con mi sobrino Darcy. Aun sabiendo que esto es una espantosa falsedad y aunque no quiero injuriar a mi sobrino, admitiendo que haya algún asomo de verdad en ello, decidí en el acto venir a comunicarle a usted mis sentimientos.

—Si creyó usted de veras que eso era imposible –replicó Elizabeth roja de asombro y de desdén–, me admira que se haya molestado en venir tan lejos. ¿Qué es lo que se propone?

—Ante todo, intentar que esa noticia sea rectificada en todas sus partes.

—Su venida a Longbourn para visitarme a mí y a mi familia —observó Elizabeth fríamente—, la confirmará con más visos de verdad, si es que tal noticia ha circulado.

—¿Que si ha circulado? ¿Pretende ignorarlo? ¿No han sido ustedes mismos los que se han tomado el trabajo de difundirla?

—Jamás he oído nada que se le parezca.

—¿Y va usted a decirme también que no hay ningún fundamento de lo que le digo?

—No presumo de tanta franqueza como Su Señoría. Usted puede hacerme preguntas que yo puedo no querer contestar.

—¡Es inaguantable! Señorita Bennet, insisto en que me responda. ¿Le ha hecho mi sobrino proposiciones de matrimonio?

—Su Señoría ha declarado ya que eso era imposible.

—Debe serlo, tiene que serlo mientras Darcy conserve el uso de la razón. Pero sus artes y sus seducciones pueden haberle hecho olvidar en un momento de ceguera lo que debe a toda su familia y a sí mismo. A lo mejor le ha arrastrado usted a hacerlo.

—Si lo hubiese hecho, no sería yo quien lo confesara.

—Señorita Bennet, ¿sabe usted quién soy? No estoy acostumbrada a ese lenguaje. Soy casi el familiar más cercano que tiene mi sobrino en el mundo, y tengo motivos para saber cuáles son sus más caros intereses.

—Pero no los tiene usted para saber cuáles son los míos, ni el proceder de usted es el más indicado para inducirme a ser más explícita.

—Entiéndame bien: ese matrimonio al que tiene usted la presunción de aspirar nunca podrá realizarse, nunca. El señor Darcy está comprometido con mi hija. ¿Qué tiene usted que decir ahora?

—Sólo esto: que si es así, no tiene usted razón para suponer que me hará proposición alguna.

Lady Catherine vaciló un momento y luego dijo:

—El compromiso entre ellos es peculiar. Desde su infancia han sido destinados el uno para el otro. Era el mayor deseo de la madre de él y de la de ella. Desde que nacieron proyectamos su unión; y ahora, en el momento en que los anhelos de las dos hermanas iban a realizarse, ¿lo va a impedir la intrusión de una muchacha de cuna inferior, sin ninguna categoría y ajena por completo a la familia? ¿No valen nada para usted los deseos de los amigos de Darcy, relativos a su tácito compromiso con la señorita de Bourgh? ¿Ha perdido usted toda noción de decencia y de delicadeza? ¿No me ha oído usted decir que desde su edad más temprana fue destinado a su prima?

—Sí, lo he oído decir; pero, ¿qué tiene que ver eso conmigo? Si no hubiera otro obstáculo para que yo me casara con su sobrino, tenga por seguro que no dejaría de efectuarse nuestra boda por suponer que su madre y su tía deseaban que se uniese con la señorita de Bourgh. Ustedes dos hicieron lo que pudieron con proyectar ese matrimonio, pero su realización depende de otros. Si el señor Darcy no se siente ligado a su prima ni por el honor ni por la inclinación, ¿por qué no habría de elegir a otra? Y si soy yo la elegida, ¿por qué no habría de aceptarlo?

—Porque se lo impiden el honor, el decoro, la prudencia e incluso el interés. Sí, señorita Bennet, el interés; porque no espere usted ser reconocida por la familia o los amigos de Darcy si obra usted tercamente contra la voluntad de todos. Será usted censurada, desairada y despreciada por todas las relaciones de Darcy. Su enlace será una calamidad; sus nombres no serán nunca pronunciados por ninguno de nosotros.

—Graves desgracias son ésas —replicó Elizabeth—. Pero la esposa del señor Darcy gozará seguramente de tales venturas que podrá a pesar de todo sentirse muy satisfecha.

—¡Ah, criatura tozuda y obstinada! ¡Me da usted vergüenza! ¿Es esa su gratitud por mis atenciones en la pasada primavera? Sentémonos. Ha de saber usted, señorita

Bennet, que he venido aquí con la firme resolución de conseguir mi propósito. No me daré por vencida. No estoy acostumbrada a someterme a los caprichos de nadie; no estoy hecha a pasar sinsabores.

—Esto puede que haga más lastimosa la situación actual de Su Señoría, pero a mí no me afecta. —¡No quiero que me interrumpa! Escuche usted en silencio. Mi hija y mi sobrino han sido formados el uno para el otro. Por línea materna descienden de la misma ilustre rama, y por la paterna, de familias respetables, honorables y antiguas, aunque sin título. La fortuna de ambos lados es espléndida. Están destinados el uno para el otro por el voto de todos los miembros de sus casas respectivas; y ¿qué puede separarlos? Las intempestivas pretensiones de una muchacha de humilde cuna y sin fortuna. ¿Cómo puede admitirse? ¡Pero no ocurrirá! Si velara por su propio bien, no querría salir de la esfera en que ha nacido.

—Al casarme con su sobrino no creería salirme de mi esfera. Él es un caballero y yo soy hija de otro caballero; por consiguiente, somos iguales.

—Así es; usted es hija de un caballero. Pero, ¿quién es su madre? ¿Quiénes son sus tíos y tías? ¿Se figura que ignoro su condición?

—Cualesquiera que sean mis parientes, si su sobrino no tiene nada que decir de ellos, menos tiene que decir usted —repuso Elizabeth.

Dígame de una vez por todas, ¿está usted comprometida con él?

Aunque por el mero deseo de que se lo agradeciese lady Catherine, Elizabeth no habría contestado a su pregunta; no pudo menos que decir, tras un instante de deliberación:

—No lo estoy.

Lady Catherine parecía complacida.

—¿Y me promete usted no hacer nunca semejante compromiso?

—No haré ninguna promesa de esa clase. ¡Señorita Bennet! ¡Estoy horrorizada y sorprendida! Esperaba que fuese usted más sensata. Pero no se haga usted ilusiones: no pienso ceder. No me iré hasta que me haya dado la seguridad que le exijo.

—Pues la verdad es que no se la daré jamás. No crea usted que voy a intimidarme por una cosa tan disparatada. Lo que Su Señoría quiere es que Darcy se case con su hija; pero si yo le hiciese a usted la promesa que ansía, ¿resultaría más probable ese matrimonio? Supongamos que esté interesado por mí; ¿si yo me negara a aceptar su mano, cree usted que iría a ofrecérsela a su prima? Permítame decirle, lady Catherine, que los argumentos en que ha apoyado usted su extraordinaria exigencia han sido tan frívolos como irreflexiva la exigencia. Se ha equivocado usted conmigo enormemente, si se figura que puedo dejarme convencer por semejantes razones. No sé hasta qué punto podrá aprobar su sobrino la intromisión de usted en sus asuntos; pero desde luego no tiene usted derecho a meterse en los míos. Por consiguiente, le suplico que no me importune más sobre esta cuestión.

—No se precipite, por favor, no he terminado todavía. A todas las objeciones que he expuesto, tengo que añadir otra más. No ignoro los detalles del infame rapto de su hermana menor. Lo sé todo. Sé que el muchacho se casó con ella gracias a un arreglo hecho entre su padre y su tío. ¿Y esa mujer ha de ser la hermana de mi sobrino? Y su marido, el hijo del antiguo administrador de su padre, ¿se ha de convertir en el hermano de Darcy? ¡Por todos los santos! ¿Qué se cree usted? ¿Han de profanarse así los antepasados de Pemberley?

—Ya lo ha dicho usted todo —contestó Elizabeth indignada—. Me ha insultado de todas las formas posibles. Le ruego que volvamos a casa.

Y al decir esto se levantó. Lady Catherine se levantó también y regresaron. Su Señoría estaba hecha una furia.

—¿Así, pues, no tiene usted ninguna consideración a la honra y a la reputación de mi sobrino? ¡Criatura insensible y egoísta! ¿No repara en que si se casa con usted quedará desacreditado a los ojos de todo el mundo?

Lady Catherine, no tengo nada más que decir. Ya sabe cómo pienso.

—¿Está usted, pues, decidida a conseguirlo?

—No he dicho tal cosa., No estoy decidida más que a proceder del modo que crea más conveniente para mi felicidad sin tenerla en cuenta a usted ni a nadie que tenga tan poco que ver conmigo.

—Muy bien. Entonces se niega usted a complacerme. Rehúsa usted obedecer al imperio del deber, del honor y de la gratitud. Está usted determinada a rebajar a mi sobrino delante de todos sus amigos y a convertirle en el hazmerreír de todo el mundo.

—Ni el deber, ni el honor, ni la gratitud —repuso Elizabeth—, pueden exigirme nada en las presentes circunstancias. Ninguno de sus principios sería violado por mi casamiento con Darcy. Y en cuanto al resentimiento de su familia o a la indignación del mundo, si los primeros se enfurecen por mi boda con su sobrino, no me importaría lo más mínimo; y el mundo tendría el suficiente buen sentido de sumarse a mi desprecio.

—¿Y ésta es su actitud, su última resolución? Muy bien; ya sé lo que tengo que hacer. No se figure que su ambición, señorita Bennet, quedará nunca satisfecha. Vine para probarla. Esperaba que fuese usted una persona razonable. Pero tenga usted por seguro que me saldré con la mía.

Todo esto fue diciendo lady Catherine hasta que llegaron a la puerta del coche. Entonces se volvió y dijo:

—No me despido de usted, señorita Bennet; no mando ningún saludo a su madre; no se merece usted esa atención. Me ha ofendido gravemente. Elizabeth no respondió ni trató de convencer a Su Señoría de que entrase en la casa. Se fue sola y despacio. Cuando subía la escalera, oyó que el coche partía. Su madre, impaciente, le salió al encuentro a la puerta del vestidor para preguntarle cómo no había vuelto a descansar lady Catherine.

—No ha querido —dijo su hija—. Se ha marchado.

—¡Qué mujer tan distinguida! ¡Y qué cortesía la suya al venir a visitarnos! Porque supongo que habrá venido para decirnos que los Collins están bien. Debía de ir a alguna parte y al pasar por Meryton pensó que podría visitarnos. Supongo que no tenía nada de particular que decirte, ¿verdad, Lizzy?

Elizabeth se vio obligada a contar una pequeña mentira, porque descubrir la materia de su conversación era imposible.

CAPITULO LVII

No sin dificultad logró vencer Elizabeth la agitación que le causó aquella extraordinaria visita. Estuvo muchas horas sin poder pensar en otra cosa. Al parecer, lady Catherine se había tomado la molestia de hacer el viaje desde Rosings a Hertfordshire con el único fin de romper su supuesto compromiso con Darcy. Aunque lady Catherine era muy capaz de semejante proyecto, Elizabeth no alcanzaba a imaginar de dónde había sacado la noticia de dicho compromiso, hasta que recordó que el ser él tan amigo de Bingley y ella hermana de Jane, podía haber dado origen a la idea, ya que la boda de los unos predisponía a suponer la de los otros. Elizabeth había pensado, efectivamente, que el matrimonio de su hermana les acercaría a ella y a Darcy. Por eso mismo debió de ser por lo que los Lucas —por cuya correspondencia con los Collins presumía Elizabeth que la conjetura había llegado a oídos de lady Catherine dieron por inmediato lo que ella también había creído posible para más adelante.

Pero al meditar sobre las palabras de lady Catherine, no pudo evitar cierta intranquilidad por las consecuencias que podía tener su intromisión. De lo que dijo acerca de su resolución de impedir el casamiento, dedujo Elizabeth que tenía el propósito de interpelar a su sobrino, y no sabía cómo tomaría Darcy la relación de los peligros que entrañaba su unión con ella. Ignoraba hasta dónde llegaba el afecto de Darcy por su tía y el caso que hacía de su parecer; pero era lógico suponer que tuviese más consideración a Su Señoría de la que tenía ella, y estaba segura de que su tía le tocaría el punto flaco al enumerar las desdichas de un matrimonio con una persona de familia tan desigual a la suya. Dadas las ideas de Darcy sobre ese particular, Elizabeth creía probable que los argumentos que a ella le habían parecido tan débiles y ridículos se le antojasen a él llenos de buen sentido y sólido razonamiento.

De modo que si Darcy había vacilado antes sobre lo que tenía que hacer, cosa que a menudo había aparentado, las advertencias e instancias de un deudo tan allegado disiparían quizá todas sus dudas y le inclinarían de una vez para siempre a ser todo lo feliz que le permitiese una dignidad inmaculada. En ese caso, Darcy no volvería a Hertfordshire. Lady Catherine le vería a su paso por Londres, y el joven rescindiría su compromiso con Bingley de volver a Netherfield.

«Por lo tanto —se dijo Elizabeth—, si dentro de pocos días Bingley recibe una excusa de Darcy para no venir, sabré a qué atenerme. Y entonces tendré que alejar de mí toda esperanza y toda ilusión sobre su constancia. Si se conforma con lamentar mi pérdida cuando podía haber obtenido mi amor y mi mano, yo también dejaré pronto de lamentar el perderle a él.»

La sorpresa del resto de la familia al saber quién había sido la visita fue enorme; pero se lo explicaron todo del mismo modo que la señora Bennet, y Elizabeth se ahorró tener que mencionar su indignación.

A la mañana siguiente, al bajar de su cuarto, se encontró con su padre que salía de la biblioteca con una carta en la mano.

—Elizabeth —le dijo—, iba a buscarte. Ven conmigo.

Elizabeth le siguió y su curiosidad por saber lo que tendría que comunicarle aumentó pensando que a lo mejor estaba relacionado con lo del día anterior. Repentinamente se le ocurrió que la carta podía ser de lady Catherine, y previó con desaliento de lo que se trataba.

Fue con su padre hasta la chimenea y ambos se sentaron. Entonces el señor Bennet dijo:

—He recibido una carta esta mañana que me ha dejado patidifuso. Como se refiere a ti principalmente, debes conocer su contenido. No he sabido hasta ahora que tenía dos hijas a punto de casarse. Permíteme que te felicite por una conquista así.

Elizabeth se quedó demudada creyendo que la carta en vez de ser de la tía era del sobrino; y titubeaba entre alegrarse de que Darcy se explicase por fin, y ofenderse de que no le hubiese dirigido a ella la carta, cuando su padre continuó:

—Parece que lo adivinas. Las muchachas tenéis una gran intuición para estos asuntos. Pero creo poder desafiar tu sagacidad retándote a que descubras el nombre de tu admirador. La carta es de Collins.

—¡De Collins! ¿Y qué tiene él que decir? —Como era de esperar, algo muy oportuno. Comienza con la enhorabuena por la próxima boda de mi hija mayor, de la cual parece haber sido informado por alguno de los bondadosos y parlanchines Lucas. No te aburriré leyéndote lo que dice sobre ese punto. Lo referente a ti es lo siguiente:

«Después de haberle felicitado a usted de parte de la señora Collins y mía por tan fausto acontecimiento, permítame añadir una breve advertencia acerca de otro asunto, del cual hemos tenido noticia por el mismo conducto. Se supone que su hija Elizabeth no llevará mucho tiempo el nombre de Bennet en cuanto lo haya dejado su hermana mayor, y que la pareja que le ha tocado en suerte puede razonablemente ser considerada como una de nuestras más ilustres personalidades.»

—¿Puedes sospechar, Lizzy, lo que esto significa?

«Ese joven posee todo lo que se puede ambicionar en este mundo: soberbias propiedades, ilustre familia y un extenso patronato. Pero a pesar de todas esas tentaciones, permítame advertir a mi prima Elizabeth y a usted mismo los peligros a que pueden exponerse con una precipitada aceptación de las proposiciones de semejante caballero, que, como es natural, se inclinarán ustedes considerar como ventajosas.»

—¿No tienes idea de quién es el caballero, Elizabeth? Ahora viene.

«Los motivos que tengo para avisarle son los siguientes: su tía, lady Catherine de Bourgh, no mira ese matrimonio con buenos ojos.»

—Como ves, el caballero en cuestión es el señor Darcy. Creo, Elizabeth, que te habrás quedado de una pieza. Ni Collins ni los Lucas podían haber escogido entre el círculo de nuestras amistades un nombre que descubriese mejor que lo que propagan es un infundio. ¡El señor Darcy, que no mira a una mujer más que para criticarla, y que probablemente no te ha mirado a ti en su vida! ¡Es fenomenal!

Elizabeth trató de bromear con su padre, pero su esfuerzo no llegó más que a una sonrisa muy tímida. El humor de su padre no había tomado nunca un derrotero más desagradable para ella.

—¿No te ha divertido?

—¡Claro! Sigue leyendo.

«Cuando anoche mencioné a Su Señoría la posibilidad de ese casamiento, con su habitual condescendencia expresó su parecer sobre el asunto. Si fuera cierto, lady Catherine no daría jamás su consentimiento a lo que considera desatinadísima unión por ciertas objeciones a la familia de mi prima. Yo creí mi deber comunicar esto cuanto antes a mi prima, para que ella y su noble admirador sepan lo que ocurre y no se apresuren a efectuar un matrimonio que no ha sido debidamente autorizado.»

Y el señor Collins, además, añadía:

«Me alegro sinceramente de que el asunto de su hija Lydia se haya solucionado tan bien, y sólo lamento que se extendiese la noticia de que vivían juntos antes de que el casamiento se hubiera celebrado. No puedo olvidar lo que debo a mi situación absteniéndome de declarar mi asombro al saber que recibió usted a la joven pareja cuando estuvieron casados. Eso fue alentar el vicio; y si yo hubiese sido el rector de Longbourn, me habría opuesto resueltamente. Verdad es que debe usted perdonarlos como cristiano, pero no admitirlos en su presencia ni permitir que sus nombres sean pronunciados delante de usted.»

—¡Éste es su concepto del perdón cristiano! El resto de la carta se refiere únicamente al estado de su querida Charlotte, y a su esperanza de tener un retoño. Pero, Elizabeth, parece que no te ha divertido. Supongo que no irías a enojarte y a darte por ofendida por esta imbecilidad. ¿Para qué vivimos si no es para entretener a nuestros vecinos y reírnos nosotros de ellos a la vez?

—Sí, me he divertido mucho —exclamó Elizabeth—. ¡Pero es tan extraño!

—Pues eso es lo que lo hace más gracioso. Si hubiesen pensado en otro hombre, no tendría nada de particular; pero la absoluta indiferencia de Darcy y la profunda tirria que tú le tienes, es lo que hace el chiste. Por mucho que me moleste escribir, no puedo prescindir de la correspondencia de Collins. La verdad es que cuando leo una carta suya, me parece superior a Wickham, a pesar de que tengo a mi yerno por el espejo de la desvergüenza y de la hipocresía. Y dime, Eliza, ¿cómo tomó la cosa lady Catherine? ¿Vino para negarte su consentimiento?

A esta pregunta Elizabeth contestó con una carcajada, y como su padre se la había dirigido sin la menor sospecha, no le importaba —que se la repitiera. Elizabeth no se había visto nunca en la situación de fingir que sus sentimientos eran lo que no eran en realidad. Pero ahora tuvo que reír cuando más bien habría querido llorar. Su padre la había herido cruelmente al decirle aquello de la indiferencia de Darcy, y no pudo menos que maravillarse de la falta de intuición de su padre, o temer que en vez de haber visto él demasiado poco, hubiese ella visto demasiado mucho.

CAPÍTULO LVIII

Pocos días después de la visita de lady Catherine, Bingley no sólo no recibió ninguna carta de excusa de su amigo, sino que le llevó a Longbourn en persona. Los caballeros llegaron temprano, y antes de que la señora Bennet tuviese tiempo de decirle a Darcy que había venido a visitarles su tía, cosa que Elizabeth temió por un momento, Bingley, que quería estar solo con Jane, propuso que todos salieran de paseo. Se acordó así, pero la señora Bennet no tenía costumbre de pasear y Mary no podía perder el tiempo. Así es que salieron los cinco restantes. Bingley y Jane dejaron en seguida que los otros se adelantaran y ellos se quedaron atrás. Elizabeth, Darcy y Catherine iban juntos, pero hablaban muy poco. Catherine tenía demasiado miedo a Darcy para poder charlar; Elizabeth tomaba en su fuero interno una decisión desesperada, y puede que Darcy estuviese haciendo lo mismo.

Se encaminaron hacia la casa de los Lucas, porque Catherine quería ver a María, y como Elizabeth creyó que esto podía interesarle a ella, cuando Catherine les dejó siguió andando audazmente sola con Darcy. Llegó entonces el momento de poner en práctica su decisión, y armándose de valor dijo inmediatamente:

—Señor Darcy, soy una criatura muy egoísta que no me preocupo más que de mis propios sentimientos, sin pensar que quizá lastimaría los suyos. Pero ya no puedo pasar más tiempo sin darle a usted las gracias por su bondad sin igual para con mi pobre hermana. Desde que lo supe he estado ansiando manifestarle mi gratitud. Si mi familia lo supiera, ellos también lo habrían hecho.

—Siento muchísimo —replicó Darcy en tono de sorpresa y emoción— que haya sido usted informada de una cosa que, mal interpretada, podía haberle causado alguna inquietud. No creí que la señora Gardiner fuese tan poco reservada.

—No culpe a mi tía. La indiscreción de Lydia fue lo primero que me descubrió su intervención en el asunto; y, como es natural, no descansé hasta que supe todos los detalles. Déjeme que le agradezca una y mil veces, en nombre de toda mi familia, el generoso interés que le llevó a tomarse tanta molestia y a sufrir tantas mortificaciones para dar con el paradero de los dos.

—Si quiere darme las gracias —repuso Darcy—, hágalo sólo en su nombre. No negaré que el deseo de tranquilizarla se sumó a las otras razones que me impulsaron a hacer lo que hice; pero su familia no me debe nada. Les tengo un gran respeto, pero no pensé más que en usted.

Elizabeth estaba tan confusa que no podía hablar. Después de una corta pausa, su compañero añadió: —Es usted demasiado generosa para burlarse de mí. Si sus sentimientos son aún los mismos que en el pasado abril, dígamelo de una vez. Mi cariño y mis deseos no han cambiado, pero con una sola palabra suya no volveré a insistir más.

Elizabeth, sintiéndose más torpe y más angustiada que nunca ante la situación de Darcy, hizo un esfuerzo para hablar en seguida, aunque no rápidamente, le dio a entender que sus sentimientos habían experimentado un cambio tan absoluto desde la época a la que él se refería, que ahora recibía con placer y gratitud sus proposiciones. La dicha que esta contestación proporcionó a Darcy fue la mayor de su existencia, y se expresó con todo el calor y la ternura que pueden suponerse en un hombre locamente enamorado. Si Elizabeth hubiese sido capaz de mirarle a los ojos, habría visto cuán bien se reflejaba en ellos la delicia que inundaba su corazón; pero podía escucharle, y los sentimientos que Darcy le confesaba y que le demostraban la importancia que ella tenía para él, hacían su cariño cada vez más valioso.

Siguieron paseando sin preocuparse de la dirección que llevaban. Tenían demasiado que pensar, que sentir y que decir para fijarse en nada más. Elizabeth supo en seguida que debían su acercamiento a los afanes de la tía de Darcy, que le visitó en Londres a su regreso y le contó su viaje a Longbourn, los móviles del mismo y la sustancia de su conversación con la joven, recalcando enfáticamente las expresiones que denotaban, a juicio de Su Señoría, la perversidad y descaro de Elizabeth, segura de que este relato le ayudaría en su empresa de arrancar al sobrino la promesa que ella se había negado a darle. Pero por desgracia para Su Señoría, el efecto fue contraproducente.

—Gracias a eso concebí esperanzas que antes apenas me habría atrevido a formular. Conocía de sobra el carácter de usted para saber que si hubiese estado absoluta e irrevocablemente decidida contra mí, se lo habría dicho a lady Catherine con toda claridad y franqueza.

Elizabeth se ruborizó y se rió, contestando:

—Sí, conocía usted de sobra mi franqueza para creerme capaz de eso. Después de haberle rechazado tan odiosamente cara a cara, no podía tener reparos en decirle lo mismo a todos sus parientes.

—No me dijo nada que no me mereciese. Sus acusaciones estaban mal fundadas, pero mi proceder con usted era acreedor del más severo reproche. Aquello fue imperdonable; me horroriza pensarlo.

—No vamos a discutir quién estuvo peor aquella tarde —dijo Elizabeth—. Bien mirado, los dos tuvimos nuestras culpas. Pero me parece que los dos hemos ganado en cortesía desde entonces.

—Yo no puedo reconciliarme conmigo mismo con tanta facilidad. El recuerdo de lo que dije e hice en aquella ocasión es y será por mucho tiempo muy doloroso para mí. No puedo olvidar su frase tan acertada: «Si se hubiese portado usted más caballerosamente.» Éstas fueron sus palabras. No sabe, no puede imaginarse cuánto me han torturado, aunque confieso que tardé en ser lo bastante razonable para reconocer la verdad que encerraban.

—Crea usted que yo estaba lejos de suponer que pudieran causarle tan mala impresión. No tenía la menor idea de que le afligirían de ese modo.

—No lo dudo. Entonces me suponía usted desprovisto de todo sentimiento elevado, estoy seguro. Nunca olvidaré tampoco su expresión al decirme que de cualquier modo que me hubiese dirigido a usted, no me habría aceptado.

—No repita todas mis palabras de aquel día. Hemos de borrar ese recuerdo. Le juro que hace tiempo que estoy sinceramente avergonzada de aquello.

Darcy le habló de su carta:

—¿Le hizo a usted rectificar su opinión sobre mí? ¿Dio crédito a su contenido?

Ella le explicó el efecto que le había producido y cómo habían ido desapareciendo sus anteriores prejuicios.

—Ya sabía —prosiguió Darcy— que lo que le escribí tenía que apenarla, pero era necesario. Supongo que habrá destruido la carta. Había una parte, especialmente al empezar, que no querría que volviese usted a leer. Me acuerdo de ciertas expresiones que podrían hacer que me odiase.

—Quemaremos la carta si cree que es preciso para preservar mi afecto, pero aunque los dos tenemos razones para pensar que mis opiniones no son enteramente inalterables, no cambian tan fácilmente como usted supone.

—Cuando redacté aquella carta —replicó Darcy— me creía perfectamente frío y tranquilo; pero después me convencí de que la había escrito en un estado de tremenda amargura.

—Puede que empezase con amargura, pero no terminaba de igual modo. La despedida era muy cariñosa. Pero no piense más en la carta. Los sentimientos de la persona que la escribió y los de la persona que la recibió son ahora tan diferentes, que todas las circunstancias desagradables que a ella se refieran deben ser olvidadas. Ha de aprender mi filosofía. Del pasado no tiene usted que recordar más que lo placentero.

—No puedo creer en esa filosofía suya. Sus recuerdos deben de estar tan limpios de todo reproche que la satisfacción que le producen no proviene de la filosofía, sino de algo mejor: de la tranquilidad de conciencia. Pero conmigo es distinto: me salen al paso recuerdos penosos que no pueden ni deben ser ahuyentados. He sido toda mi vida un egoísta en la práctica, aunque no en los principios. De niño me enseñaron a pensar bien, pero no a corregir mi temperamento. Me inculcaron buenas normas, pero dejaron que las siguiese cargado de orgullo y de presunción. Por desgracia fui hijo único durante varios años, y mis padres, que eran buenos en sí, particularmente mi padre, que era la bondad y el amor personificados, me permitieron, me consintieron y casi me encaminaron hacia el egoísmo y el autoritarismo, hacia la despreocupación por todo lo que no fuese mi propia familia, hacia el desprecio del resto del mundo o, por lo menos, a creer que la inteligencia y los méritos de los demás eran muy inferiores a los míos. Así desde los ocho hasta los veintiocho años, y así sería aún si no hubiese sido por usted, amadísima Elizabeth. Se lo debo todo. Me dio una lección que fue, por cierto, muy dura al principio, pero también muy provechosa. Usted me humilló como convenía, usted me enseñó lo insuficientes que eran mis pretensiones para halagar a una mujer que merece todos los halagos.

—¿Creía usted que le iba a aceptar?

—Claro que sí. ¿Qué piensa usted de mi vanidad? Creía que usted esperaba y deseaba mi declaración.

—Me porté mal, pero fue sin intención. Nunca quise engañarle, y sin embargo muchas veces me
equivoco. ¡Cómo debió odiarme después de aquella tarde!

—¡Odiarla! Tal vez me quedé resentido al principio; pero el resentimiento no tardó en transformarse en algo mejor.

—Casi no me atrevo a preguntarle qué pensó al encontrarme en Pemberley. ¿Le pareció mal que hubiese ido?

—Nada de eso. Sólo me quedé sorprendido.

—Su sorpresa no sería mayor que la mía al ver que usted me saludaba. No creí tener derecho a sus atenciones y confieso que no esperaba recibir más que las merecidas.

—Me propuse —contestó Darcy— demostrarle, con mi mayor cortesía, que no era tan ruin como para estar dolido de lo pasado, y esperaba conseguir su perdón y atenuar el mal concepto en que me tenía probándole que no había menospreciado sus reproches. Me es difícil decirle cuánto tardaron en mezclarse a estos otros deseos, pero creo que fue a la media hora de haberla visto.

Entonces le explicó lo encantada que había quedado Georgiana al conocerla y lo que lamentó la repentina interrupción de su amistad. Esto les llevó, naturalmente, a tratar de la causa de dicha interrupción, y Elizabeth se enteró de que Darcy había decidido irse de Derbyshire en busca de Lydia antes de salir de la fonda, y que su seriedad y aspecto meditabundo no obedecían a más cavilaciones que las inherentes al citado proyecto.

Volvió Elizabeth a darle las gracias, pero aquel asunto era demasiado agobiante para ambos y no insistieron en él.

Después de andar varias millas en completo abandono y demasiado ocupados para cuidarse de otra cosa, miraron sus relojes y vieron que era hora de volver a casa.

—¿Qué habrá sido de Bingley y de Jane?

Esta exclamación les llevó a hablar de los asuntos de ambos. Darcy estaba contentísimo con su compromiso, que Bingley le había notificado inmediatamente.

—¿Puedo preguntarle si le sorprendió? —dijo Elizabeth.

—De ningún modo. Al marcharme comprendí que la cosa era inminente.

—Es decir, que le dio usted su permiso. Ya lo sospechaba.

Y aunque él protestó de semejantes términos, ella encontró que eran muy adecuados.

—La tarde anterior a mi viaje a Londres —dijo Darcy— le hice una confesión que debí haberle hecho desde mucho antes. Le dije todo lo que había ocurrido para convertir mi intromisión en absurda e impertinente. Se quedó boquiabierto. Nunca había sospechado nada. Le dije además que me había engañado al suponer que Jane no le amaba, y cuando me di cuenta de que Bingley la seguía queriendo, ya no dudé de que serían felices.

Elizabeth no pudo menos que sonreír al ver cuán fácilmente manejaba a su amigo.

—Cuando le dijo que mi hermana le amaba, ¿fue porque usted lo había observado o porque yo se lo había confesado la pasada primavera?

—Por lo primero. La observé detenidamente durante las dos visitas que le hice últimamente, y me quedé convencido de su cariño por Bingley.

—Y su convencimiento le dejó a él también convencido, ¿verdad?

—Así es. Bingley es el hombre más modesto y menos presumido del mundo. Su apocamiento le impidió fiarse de su propio juicio en un caso de tanta importancia;. pero su sumisión al mío lo arregló todo. Tuve que declararle una cosa que por un tiempo y con toda razón le tuvo muy disgustado. No pude ocultarle que su hermana había estado tres meses en Londres el pasado invierno, que yo lo sabía y que no se lo dije a propósito. Se enfadó mucho. Pero estoy seguro de que se le pasó al convencerse de que su hermana le amaba todavía. Ahora me ha perdonado ya de todo corazón.

Elizabeth habría querido añadir que Bingley era el más estupendo de los amigos por la facilidad con que se le podía traer y llevar, y que era realmente impagable. Pero su contuvo. Recordó que Darcy tenía todavía que aprender a reírse de estas cosas, y que era demasiado pronto para empezar. Haciendo cábalas sobre la felicidad de Bingley que, desde luego, sólo podía ser inferior a la de ellos dos, Darcy siguió hablando hasta que llegaron a la casa. En el vestíbulo se despidieron.

CAPÍTULO LIX

Elizabeth, querida, ¿por dónde has estado paseando?

Ésta es la pregunta que Jane le dirigió a Elizabeth en cuanto estuvieron en su cuarto, y la que le hicieron todos los demás al sentarse a la mesa. Elizabeth respondió que habían estado vagando hasta donde acababa el camino que ella conocía. Al decir esto se sonrojó, pero ni esto ni nada despertó la menor sospecha sobre la verdad.

La velada pasó tranquilamente sin que ocurriese nada extraordinario. Los novios oficiales charlaron y rieron, y los no oficiales estuvieron callados. La felicidad de Darcy nunca se desbordaba en regocijo; Elizabeth, agitada y confusa, sabía que era feliz más que sentirlo, pues además de su aturdimiento inmediato la inquietaban otras cosas. Preveía la que se armaría en la familia cuando supiesen lo que había ocurrido. Le constaba que Darcy no gustaba a ninguno de los de su casa más que a Jane, e incluso temía que ni su fortuna ni su posición fuesen bastante para contentarles.

Por la noche abrió su corazón a Jane, y aunque Jane no era de natural desconfiada, no pudo creer lo que su hermana le decía:

—¡Estás bromeando, Eliza! ¡Eso no puede ser! ¡Tú, comprometida con Darcy! No, no; no me engañarás. Ya sé que es imposible.

—¡Pues sí que empieza mal el asunto! Sólo en ti confiaba, pero si tú no me crees, menos me van a creer los demás. Te estoy diciendo la pura verdad. Darcy todavía me quiere y nos hemos comprometido.

Jane la miró dudando:

—Elizabeth, no es posible. ¡Pero si sé que no le puedes ni ver!

—No sabes nada de nada. Hemos de olvidar todo eso. Tal vez no siempre le haya querido como ahora; pero en estos casos una buena memoria es imperdonable. Ésta es la última vez que yo lo recuerdo.

Jane contemplaba a su hermana con asombro. Elizabeth volvió a afirmarle con la mayor seriedad que lo que decía era cierto.

—¡Cielo Santo! ¿Es posible? ¿De veras? Pero ahora ya te creo —exclamó Jane—. ¡Querida Elizabeth! Te felicitaría, te felicito, pero..., ¿estás segura, y perdona la pregunta, completamente segura de que serás dichosa con él?

—Sin duda alguna. Ya hemos convenido que seremos la pareja más venturosa de la tierra. ¿Estás contenta, Jane? ¿Te gustará tener a Darcy por hermano?

—Mucho, muchísimo, es lo que más placer puede darnos a Bingley y a mí. Y tú, ¿le quieres realmente bastante? ¡Oh, Elizabeth! Haz cualquier cosa menos casarte sin amor. ¿Estás absolutamente segura de que sientes lo que debe sentirse?

—¡Oh, sí! Y te convencerás de que siento más de lo que debo cuando te lo haya contado todo.

—¿Qué quieres decir?

—Pues que he de confesarte que le quiero más que tú a Bingley. Temo que te disgustes.

—Hermana, querida, no estás hablando en serio. Dime una cosa que necesito saber al momento: ¿desde cuándo le quieres?

—Ese amor me ha ido viniendo tan gradualmente que apenas sé cuándo empezó; pero creo que data de la primera vez que vi sus hermosas posesiones de Pemberley.

Jane volvió a pedirle formalidad y Elizabeth habló entonces solemnemente afirmando que adoraba a Darcy. Jane quedó convencida y se dio enteramente por satisfecha.

—Ahora sí soy feliz del todo —dijo—, porque tú vas a serlo tanto como yo. Siempre he sentido gran estimación por Darcy. Aunque no fuera más que por su amor por ti, ya le tendría que querer; pero ahora que además de ser el amigo de Bingley será tu marido, sólo a Bingley y a ti querré más que a él. ¡Pero qué callada y reservada has estado conmigo! ¿Cómo no me hablaste de lo que pasó en Pemberley y en Lambton? Lo tuve que saber todo por otra persona y no por ti.

Elizabeth le expuso los motivos de su secreto. No había querido nombrarle a Bingley, y la indecisión de sus propios sentimientos le hizo evitar también el nombre de su amigo. Pero ahora no quiso ocultarle la intervención de Darcy en el asunto de Lydia. Todo quedó aclarado y las dos hermanas se pasaron hablando la mitad de la noche.

—¡Ay, ojalá ese antipático señor Darcy no. venga otra vez con nuestro querido Bingley! —suspiró la señora Bennet al asomarse a la ventana al día siguiente—. ¿Por qué será tan pesado y vendrá aquí continuamente? Ya podría irse a cazar o a hacer cualquier cosa en lugar de venir a importunarnos. ¿Cómo podríamos quitárnoslo de encima? Elizabeth, tendrás que volver a salir de paseo con él para que no estorbe a Bingley.

Elizabeth por poco suelta una carcajada al escuchar aquella proposición tan interesante, a pesar de que le dolía que su madre le estuviese siempre insultando.

En cuanto entraron los dos caballeros, Bingley miró a Elizabeth expresivamente y le estrechó la mano con tal ardor que la joven comprendió que ya lo sabía todo. Al poco rato Bingley dijo:

Señor Bennet, ¿no tiene usted por ahí otros caminos en los que Elizabeth pueda hoy volver a perderse?

—Recomiendo al señor Darcy, a Lizzy y a Kitty —dijo la señora Bennet— que vayan esta mañana a la montaña de Oagham. Es un paseo largo y precioso y el señor Darcy nunca ha visto ese panorama.

—Esto puede estar bien para los otros dos —explicó Bingley—, pero me parece que Catherine se cansaría. ¿Verdad?

La muchacha confesó que preferiría quedarse en casa; Darcy manifestó gran curiosidad por disfrutar de la vista de aquella montaña, y Elizabeth accedió a acompañarle. Cuando subió para arreglarse, la señora Bennet la siguió para decirle:

—Lizzy, siento mucho que te veas obligada a andar con una persona tan antipática; pero espero que lo hagas por Jane. Además, sólo tienes que hablarle de vez en cuando. No te molestes mucho.

Durante el paseo decidieron que aquella misma tarde pedirían el consentimiento del padre. Elizabeth se reservó el notificárselo a la madre. No podía imaginarse cómo lo tomaría; a veces dudaba de si toda la riqueza y la alcurnia de Darcy serían suficientes para contrarrestar el odio que le profesaba; pero tanto si se oponía violentamente al matrimonio, como si lo aprobaba también con violencia, lo que no tenía duda era que sus arrebatos no serían ninguna muestra de buen sentido, y por ese motivo no podría soportar que Darcy presenciase ni los primeros raptos de júbilo ni las primeras manifestaciones de su desaprobación.

Por la tarde, poco después de haberse retirado el señor Bennet a su biblioteca, Elizabeth vio que Darcy se levantaba también y le seguía. El corazón se le puso a latir fuertemente. No temía que su padre se opusiera, pero le afligiría mucho y el hecho de que fuese ella, su hija favorita, la que le daba semejante disgusto y la que iba a inspirarle tantos cuidados y pesadumbres con su desafortunada elección, tenía a Elizabeth muy entristecida. Estuvo muy abatida hasta que Darcy volvió a entrar y hasta que, al mirarle, le dio ánimos su sonrisa. A los pocos minutos Darcy se acercó a la mesa junto a la cual estaba sentada Elizabeth con Catherine, y haciendo como que miraba su labor, le dijo al oído:

—Vaya a ver a su padre: la necesita en la biblioteca.

Elizabeth salió disparada.

Su padre se paseaba por la estancia y parecía muy serio e inquieto.

—Elizabeth —le dijo—, ¿qué vas a hacer? ¿Estás en tu sano juicio al aceptar a ese hombre? ¿No habíamos quedado en que le odiabas?

¡Cuánto sintió Elizabeth que su primer concepto de Darcy hubiera sido tan injusto y sus expresiones tan inmoderadas! Así se habría ahorrado ciertas explicaciones y confesiones que le daban muchísima vergüenza, pero que no había más remedio que hacer. Bastante confundida, Elizabeth aseguró a su padre que amaba a Darcy profundamente.

—En otras palabras, que estás decidida a casarte con él. Es rico, eso sí; podrás tener mejores trajes y mejores coches que Jane. Pero ¿te hará feliz todo eso?

—¿Tu única objeción es que crees que no le amo?

—Ni más ni menos. Todos sabemos que es un hombre orgulloso y desagradable; pero esto no tiene nada que ver si a ti te gusta.

—Pues sí, me gusta —replicó Elizabeth con lágrimas en los ojos—; le amo. Además no tiene ningún orgullo. Es lo más amable del mundo. Tú no le conoces. Por eso te suplico que no me hagas daño hablándome de él de esa forma.

—Elizabeth —añadió su padre—, le he dado mi consentimiento. Es uno de esos hombres, además, a quienes nunca te atreverías a negarles nada de lo que tuviesen la condescendencia de pedirte. Si estás decidida a casarte con él, te doy a ti también mi consentimiento. Pero déjame advertirte que lo pienses mejor. Conozco tu carácter, Lizzy. Sé que nunca podrás ser feliz ni prudente si no aprecias verdaderamente a tu marido, si no le consideras como a un superior. La viveza de tu talento te pondría en el más grave de los peligros si hicieras un matrimonio desigual. Difícilmente podrías salvarte del descrédito y la catástrofe. Hija mía, no me des el disgusto de verte incapaz de respetar al compañero de tu vida. No sabes lo que es eso.

Elizabeth, más conmovida aun que su padre, le respondió con vehemencia y solemnidad; y al fin logró vencer la incredulidad de su padre reiterándole la sinceridad de su amor por Darcy, exponiéndole el cambio gradual que se había producido en sus sentimientos por él, afirmándole que el afecto de él no era cosa de un día, sino que había resistido la prueba de muchos meses, y enumerando enérgicamente todas sus buenas cualidades. Hasta el punto que el señor Bennet aprobó ya sin reservas la boda.

—Bueno, querida —le dijo cuando ella terminó de hablar—, no tengo más que decirte. Siendo así, es digno de ti. Lizzy mía, no te habría entregado a otro que valiese menos.

Para completar la favorable impresión de su padre, Elizabeth le relató lo que Darcy había hecho espontáneamente por Lydia.

—¡Ésta es de veras una tarde de asombro! ¿De modo que Darcy lo hizo todo: llevó a efecto el casamiento, dio el dinero, pagó las deudas del pollo y le obtuvo el destino? Mejor: así me libraré de un mar de confusiones y de cuentas. Si lo hubiese hecho tu tío, habría tenido que pagarle; pero esos jóvenes y apasionados enamorados cargan con todo. Mañana le ofreceré pagarle; él protestará y hará una escena invocando su amor por ti, y asunto concluido.

Entonces recordó el señor Bennet lo mal que lo había pasado Elizabeth mientras él le leía la carta de Collins, y después de bromear con ella un rato, la dejó que se fuera y le dijo cuando salía de la habitación:

—Si viene algún muchacho por Mary o Catherine, envíamelo, que estoy completamente desocupado.

Elizabeth sintió que le habían quitado un enorme peso de encima, y después de media hora de tranquila reflexión en su aposento, se halló en disposición de reunirse con los demás, bastante sosegada. Las cosas estaban demasiado recientes para poderse abandonar a la alegría, pero la tarde pasó en medio de la mayor serenidad. Nada tenía que temer, y el bienestar de la soltura y de la familiaridad vendrían a su debido tiempo.

Cuando su madre se retiró a su cuarto por la noche, Elizabeth entró con ella y le hizo la importante comunicación. El efecto fue extraordinario, porque al principio la señora Bennet se quedó absolutamente inmóvil, incapaz de articular palabra; y hasta al cabo de muchos minutos no pudo comprender lo que había oído, a pesar de que comúnmente no era muy reacia a creer todo lo que significase alguna ventaja para su familia o noviazgo para alguna de sus hijas. Por fin empezó a recobrarse y a agitarse. Se levantaba y se volvía a sentar. Se maravillaba y se congratulaba:

—¡Cielo santo! ¡Que Dios me bendiga! ¿Qué dices querida hija? ¿El señor Darcy? ¡Quién lo iba a decir! ¡Oh, Eliza de mi alma! ¡Qué rica y qué importante vas a ser! ¡Qué dineral, qué joyas, qué coches vas a tener! Lo de Jane no es nada en comparación, lo que se dice nada. ¡Qué contenta estoy, qué feliz! ¡Qué hombre tan encantador, tan guapo, tan bien plantado! ¡Lizzy, vida mía, perdóname que antes me fuese tan antipático! Espero que él me perdone también. ¡Elizabeth de mi corazón! ¡Una casa en la capital! ¡Todo lo apetecible! ¡Tres hijas casadas! ¡Diez mil libras al año! ¡Madre mía! ¿Qué va a ser de mí? ¡Voy a enloquecer!

Esto bastaba para demostrar que su aprobación era indudable. Elizabeth, encantada de que aquellas efusiones no hubiesen sido oídas más que por ella, se fue en seguida. Pero no hacía tres minutos que estaba en su cuarto, cuando entró su madre.

—¡Hija de mi corazón! —exclamó. No puedo pensar en otra cosa. ¡Diez mil libras anuales y puede que más! ¡Vale tanto como un lord! Y licencia especial[L48], porque debéis tener que casaros con licencia especial. Prenda mía, dime qué plato le gusta más a Darcy para que pueda preparárselo para mañana.

Mal presagio era esto de lo que iba a ser la conducta de la señora Bennet con el caballero en cuestión, y Elizabeth comprendió que a pesar de poseer el ardiente amor de Darcy y el consentimiento de toda su familia, todavía le faltaba algo. Pero la mañana siguiente transcurrió mejor de lo que había creído, porque, felizmente, su futuro yerno le infundía a la señora Bennet tal pavor, que no se atrevía a hablarle más que cuando podía dedicarle alguna atención o asentir a lo que él decía.

Elizabeth tuvo la satisfacción de ver que su padre se esforzaba en intimar con él, y le aseguró, para colmo, que cada día le gustaba más.

CAPÍTULO LX

Elizabeth no tardó en recobrar su alegría, y quiso que Darcy le contara cómo se había enamorado de ella:

—¿Cómo empezó todo? —le dijo—. Comprendo que una vez en el camino siguieras adelante, pero ¿cuál fue el primer momento en el que te gusté?

—No puedo concretar la hora, ni el sitio, ni la mirada, ni las palabras que pusieron los cimientos de mi amor. Hace bastante tiempo. Estaba ya medio enamorado de ti antes de saber que te quería.

—Pues mi belleza bien poco te conmovió. Y en lo que se refiere a mis modales contigo, lindaban con la grosería. Nunca te hablaba más que para molestarte. Sé franco: ¿me admiraste por mi impertinencia?

—Por tu vigor y por tu inteligencia.

—Puedes llamarlo impertinencia, pues era poco menos que eso. Lo cierto es que estabas harto de cortesías, de deferencias, de atenciones. Te fastidiaban las mujeres que hablaban sólo para atraerte. Yo te irrité y te interesé porque no me parecía a ellas. Por eso, si no hubieses sido en realidad tan afable, me habrías odiado; pero a pesar del trabajo que te tomabas en disimular, tus sentimientos eran nobles y justos, y desde el fondo de tu corazón despreciabas por completo a las personas que tan asiduamente te cortejaban. Mira cómo te he ahorrado la molestia de explicármelo. Y, la verdad, al fin y al cabo, empiezo a creer que es perfectamente razonable. Estoy segura de que ahora no me encuentras ningún mérito, pero nadie repara en eso cuando se enamora.

—¿No había ningún mérito en tu cariñosa conducta con Jane cuando cayó enferma en Netherfield?

—¡Mi querida Jane! Cualquiera habría hecho lo mismo por ella. Pero interprétalo como virtud, si quieres. Mis buenas cualidades te pertenecen ahora, y puedes exagerarlas cuanto se te antoje. En cambio a mí me corresponde el encontrar ocasiones de contrariarte y de discutir contigo tan a menudo como pueda. Así es que voy a empezar ahora mismo. ¿Por qué tardaste tanto en volverme a hablar de tu cariño? ¿Por qué estabas tan tímido cuando viniste la primera vez y luego cuando comiste con nosotros? ¿Por qué, especialmente, mientras estabas en casa, te comportabas como si yo no te importase nada?

—Porque te veía seria y silenciosa y no me animabas.

—Estaba muy violenta.

—Y yo también.

—Podías haberme hablado más cuando venías a comer.

—Si hubiese estado menos conmovido, lo habría hecho.

—¡Qué lástima que siempre tengas una contestación razonable, y que yo sea también tan razonable que la admita! Pero si tú hubieses tenido que decidirte, todavía estaríamos esperando. ¿Cuándo me habrías dicho algo, si no soy yo la que empieza? Mi decisión de darte las gracias por lo que hiciste por Lydia surtió buen efecto; demasiado: estoy asustada; porque ¿cómo queda la moral si nuestra felicidad brotó de la infracción de una promesa? Yo no debí haber hablado de aquello, no volveré a hacerlo.

—No te atormentes. La moral quedará a salvo por completo. El incalificable proceder de lady Catherine para separarnos fue lo que disipó todas mis dudas. No debo mi dicha actual a tu vehemente deseo de expresarme tu gratitud. No necesitaba que tú me dijeras nada. La narración de mi tía me había dado esperanzas y estaba decidido a saberlo todo de una vez.

—Lady Catherine nos ha sido, pues, infinitamente útil, cosa que debería extasiarla a ella que tanto le gusta ser útil a todo el mundo. Pero dime, ¿por qué volviste a Netherfield? ¿Fue sólo para venir a Longbourn a azorarte, o pensaste en obtener un resultado más serio?

—Mi verdadero propósito era verte y comprobar si podía abrigar aún esperanzas de que me amases. Lo que confesaba o me confesaba a mí mismo era ver si tu hermana quería todavía a Bingley, y, de ser así, reiterarle la confesión que ya otra vez le había hecho.

—¿Tendrás valor de anunciarle a lady Catherine lo que le espera?

—Puede que más bien me falte tiempo que valor. Vamos a ello ahora mismo. Si me das un pliego de papel, lo hago inmediatamente.

—Y si yo no tuviese que escribir otra carta, podría sentarme a tu lado y admirar la uniformidad de tu letra, como hacía cierta señorita en otra ocasión. Pero yo tengo una tía a la que no quiero dejar olvidada por más tiempo.

Por no querer confesar que habían exagerado su intimidad con Darcy, Elizabeth no había contestado aún a la larga carta de la señora Gardiner. Pero ahora, al poder anunciarles lo que tan bien recibido sería, casi se avergonzaba de que sus tíos se hubieran perdido tres días de disfrutar de aquella noticia. Su carta fue como sigue:

«Querida tía: te habría dado antes, como era mi deber, las gracias por tu extensa, amable y satisfactoria descripción del hecho que tú sabes; pero sabrás que estaba demasiado afligida para hacerlo. Tus suposiciones iban más allá de la realidad. Pero ahora ya puedes suponer lo que te plazca, puedes dar rienda suelta a tu fantasía, puedes permitir a tu imaginación que vuele libremente, y no errarás más que si te figuras que ya estoy casada. Tienes que escribirme pronto y alabar a Darcy mucho más de lo que le alababas en tu última carta. Doy gracias a Dios una y mil veces por no haber ido a los Lagos. ¡Qué necedad la mía al desearlo! Tu idea de las jacas es magnífica; todos los días recorreremos la finca. Soy la criatura más dichosa del mundo. Tal vez otros lo hayan dicho antes, pero nadie con tanta justicia. Soy todavía más feliz que Jane. Ella sólo sonríe. Yo me río del todo. Darcy te envía todo el cariño de que pueda privarme. Vendréis todos a Pemberley para las Navidades.»

La misiva de Darcy a lady Catherine fue diferente. Y todavía más diferente fue la que el señor Bennet le mandó al señor Collins en contestación a su última:

«Querido señor: tengo que molestarle una vez más con la cuestión de las enhorabuenas: Elizabeth será pronto la esposa del señor Darcy. Consuele a lady Catherine lo mejor que pueda; pero yo que usted me quedaría con el sobrino. Tiene más que ofrecer. Le saludo atentamente.»

Los parabienes de la señorita Bingley a su hermano con ocasión de su próxima boda fueron muy cariñosos, pero no sinceros. Escribió también a Jane para expresarle su alegría y repetirle sus antiguas manifestaciones de afecto. Jane no se engañó, pero se sintió conmovida, y aunque no le inspiraba ninguna confianza, no pudo menos que remitirle una contestación mucho más amable de lo que pensaba que merecía. La alegría que le causó a la señorita Darcy la noticia fue tan verdadera como la de su hermano al comunicársela. Mandó una carta de cuatro páginas que todavía le pareció insuficiente para expresar toda su satisfacción y su vivo deseo de obtener el cariño de su hermana.

Antes de que llegara ninguna respuesta de Collins ni felicitación de su esposa a Elizabeth, la familia de Longbourn se enteró de que los Collins iban a venir a casa de los Lucas. Pronto se supo la razón de tan repentino traslado. Lady Catherine se había puesto tan furiosa al recibir la carta de su sobrino, que Charlotte, que de veras se alegraba de la boda, quiso marcharse hasta que la tempestad amainase. La llegada de su amiga en aquellos momentos fue un gran placer para Elizabeth; aunque durante sus encuentros este placer se le venía abajo al ver a Darcy expuesto a la ampulosa cortesía de Collins. Pero Darcy lo soportó todo con admirable serenidad. Incluso atendió a sir William Lucas cuando fue a cumplimentarle por llevarse la más brillante joya del condado y le expresó sus esperanzas de que se encontrasen todos en St. James. Darcy se encogió de hombros, pero cuando ya sir William no podía verle.

La vulgaridad de la señora Philips fue otra y quizá la mayor de las contribuciones impuestas a su paciencia, pues aunque dicha señora, lo mismo que su hermana, le tenía demasiado respeto para hablarle con la familiaridad a que se prestaba el buen humor de Bingley, no podía abrir la boca sin decir una vulgaridad. Ni siquiera aquel respeto que la reportaba un poco consiguió darle alguna elegancia. Elizabeth hacía todo lo que podía para protegerle de todos y siempre procuraba tenerle junto a ella o junto a las personas de su familia cuya conversación no le mortificaba. Las molestias que acarreó todo esto quitaron al noviazgo buena parte de sus placeres, pero añadieron mayores esperanzas al futuro. Elizabeth pensaba con delicia en el porvenir, cuando estuvieran alejados de aquella sociedad tan ingrata para ambos y disfrutando de la comodidad y la elegancia de su tertulia familiar de Pemberley.

CAPÍTULO LXI

El día en que la señora Bennet se separó de sus dos mejores hijas, fue de gran bienaventuranza para todos sus sentimientos maternales. Puede suponerse con qué delicioso orgullo visitó después a la señora Bingley y habló de la señora Darcy. Querría poder decir, en atención a su familia, que el cumplimiento de sus más vivos anhelos al ver colocadas a tantas de sus hijas, surtió el feliz efecto de convertirla en una mujer sensata, amable y juiciosa para toda su vida; pero quizá fue una suerte para su marido (que no habría podido gozar de la dicha del hogar en forma tan desusada) que siguiese ocasionalmente nerviosa e invariablemente mentecata.

El señor Bennet echó mucho de menos a su Elizabeth; su afecto por ella le sacó de casa con una frecuencia que no habría logrado ninguna otra cosa. Le deleitaba ir a Pemberley, especialmente cuando menos le esperaban.

Bingley y Jane sólo estuvieron un año en Netherfield. La proximidad de su madre y de los parientes de Meryton no era deseable ni aun contando con el fácil carácter de Bingley y con el cariñoso corazón de Jane. Entonces se realizó el sueño dorado de las hermanas de Bingley; éste compró una posesión en un condado cercano a Derbyshire, y Jane y Elizabeth, para colmo de su felicidad, no estuvieron más que a treinta millas de distancia.

Catherine, sólo por su interés material, se pasaba la mayor parte del tiempo con sus dos hermanas mayores; y frecuentando una sociedad tan superior a la que siempre había conocido, progresó notablemente. Su temperamento no era tan indomable como el de Lydia, y lejos del influjo de ésta, llegó, gracias a una atención y dirección conveniente, a ser menos irritable, menos ignorante y menos insípida. Como era natural, la apartaron cuidadosamente de las anteriores desventajas de la compañía de Lydia, y aunque la señora Wickham la invitó muchas veces a ir a su casa, con la promesa de bailes y galanes, su padre nunca consintió que fuese.

Mary fue la única que se quedó en la casa y se vio obligada a no despegarse de las faldas de la señora Bennet, que no sabía estar sola. Con tal motivo tuvo que mezclarse más con el mundo, pero pudo todavía moralizar acerca de todas las visitas de las mañanas, y como ahora no la mortificaban las comparaciones entre su belleza y la de sus hermanas, su padre sospechó que había aceptado el cambio sin disgusto.

En cuanto a Wickham y Lydia, las bodas de sus hermanas les dejaron tal como estaban. Él aceptaba filosóficamente la convicción de que Elizabeth sabría ahora todas sus falsedades y toda su ingratitud que antes había ignorado; pero, no obstante, alimentaba aún la esperanza de que Darcy influiría para labrar su suerte. La carta de felicitación por su matrimonio que Elizabeth recibió de Lydia daba a entender que tal esperanza era acariciada, si no por él mismo, por lo menos por su mujer. Decía textualmente así:

«Mi querida Lizzy: Te deseo la mayor felicidad. Si quieres al señor Darcy la mitad de lo que yo quiero a mi adorado Wickham, serás muy dichosa. Es un gran consuelo pensar que eres tan rica; y cuando no tengas nada más que hacer, acuérdate de nosotros. Estoy segura de que a Wickham le gustaría muchísimo un destino de la corte, y nunca tendremos bastante dinero para vivir allí sin alguna ayuda. Me refiero a una plaza de trescientas o cuatrocientas libras anuales aproximadamente; pero, de todos modos, no le hables a Darcy de eso si no lo crees conveniente.»

Y como daba la casualidad de que Elizabeth lo creía muy inconveniente, en su contestación trató de poner fin a todo ruego y sueño de esa índole. Pero con frecuencia le mandaba todas las ayudas que le permitía su práctica de lo que ella llamaba economía en sus gastos privados. Siempre se vio que los ingresos administrados por personas tan manirrotas como ellos dos y tan descuidados por el porvenir, habían de ser insuficientes para mantenerse. Cada vez que se mudaban, o Jane o ella recibían alguna súplica de auxilio para pagar sus cuentas. Su vida, incluso después de que la paz les confinó a un hogar, era extremadamente agitada. Siempre andaban cambiándose de un lado para otro en busca de una casa más barata y siempre gastando más de lo que podían. El afecto de Wickham por Lydia no tardó en convertirse en indiferencia; el de Lydia duró un poco más, y a pesar de su juventud y de su aire, conservó todos los derechos a la reputación que su matrimonio le había dado.

Aunque Darcy nunca recibió a Wickham en Pemberley, le ayudó a progresar en su carrera por consideración a Elizabeth. Lydia les hizo alguna que otra visita cuando su marido iba a divertirse a Londres o iba a tomar baños. A menudo pasaban temporadas con los Bingley, hasta tan punto que lograron acabar con el buen humor de Bingley y llegó a insinuarles que se largasen.

La señorita Bingley quedó muy resentida con el matrimonio de Darcy, pero en cuanto se creyó con derecho a visitar Pemberley, se le pasó el resentimiento: estuvo más loca que nunca por Georgiana, casi tan atenta con Darcy como en otro tiempo y tan cortés con Elizabeth que le pagó sus atrasos de urbanidad.

Georgiana se quedó entonces a vivir en Pemberley y se encariñó con su hermana tanto como Darcy había previsto. Las dos se querían tiernamente. Georgiana tenía el más alto concepto de Elizabeth, aunque al principio se asombrase y casi se asustase al ver lo juguetona que era con su hermano; veía a aquel hombre que siempre le había inspirado un respeto que casi sobrepasaba al cariño, convertido en objeto de francas bromas. Su entendimiento recibió unas luces con las que nunca se había tropezado. Ilustrada por Elizabeth, empezó a comprender que una mujer puede tomarse con su marido unas libertades que un hermano nunca puede tolerar a una hermana diez años menor que él.

Lady Catherine se puso como una fiera con la boda de su sobrino, y como abrió la esclusa a toda su genuina franqueza al contestar a la carta en la que él le informaba de su compromiso, usó un lenguaje tan inmoderado, especialmente al referirse a Elizabeth, que sus relaciones quedaron interrumpidas por algún tiempo. Pero, al final, convencido por Elizabeth, Darcy accedió a perdonar la ofensa y buscó la reconciliación. Su tía resistió todavía un poquito, pero cedió o a su cariño por él o a su curiosidad por ver cómo se comportaba su esposa, de modo que se dignó visitarles en Pemberley, a pesar de la profanación que habían sufrido sus bosques no sólo por la presencia de semejante dueña, sino también por las visitas de sus tíos de Londres.

Con los Gardiner estuvieron siempre los Darcy en las más íntima relación. Darcy, lo mismo que Elizabeth, les quería de veras; ambos sentían la más ardiente gratitud por las personas que, al llevar a Elizabeth a Derbyshire, habían sido las causantes de su unión.

[L1]Fiesta que se celebra el 29 de septiembre, que en Inglaterra representa el primer día oficial del cuarto trimestre, en el que vencen cienos pagos y comienzan o terminan los arrendamientos de propiedades.

[L2]Diminutivo de Elizabeth.

[L3]Kitty: Diminutivo de Catherine.

[L4]Boulanger: Baile tradicional francés.

[L5]tanto su fortuna como la de su hermano había sido hecha en el comercio: Las hermanas Bingley, como otra gente rica de la época, se avergonzaban de saber que la fortuna de la familia procedía de los beneficios del comercio. Pertenecían a una clase social que creía que era humillante trabajar para ganarse la vida y hubieran preferido que su dinero se derivase de los intereses de inversiones o de rentas de fincas.

[L6]los dos años escaros de haber llegado eí señor Bingley a su mayoría de edad...: Los ingleses alcanzaban la mayoría de edad al cumplir los veintiún años. El señor Bingley estaba entre los veintidós y los veintitrés.

[L7]... se había elevado a la categoría de caballero por petición al Rey durante su alcaldía...: El alcalde (elegido anualmente) presentaba un saludo de lealtad al Rey cuando éste visitaba la ciudad o se lo enviaba a Londres con motivo de una celebración real o nacional. El señor Lucas, como alcalde de Meryton, había expresado dicho saludo en nombre de sus conciudadanos y, en recompensa, el Rey le otorgó el título de caballero, por lo que pasó a llamarse sir William Lucas.

[L8]... su presentación en St. James...: Significa su presentación en la Corte Real del palacio de St. James, en Londres, para ser nombrado caballero personalmente por el Rey. En la actualidad, tales ceremonias se llevan a cabo en el palacio de Buckingham, pero se sigue utilizando la expresión «Corte de St. James» desde los tiempos en los que el palacio de St. James era la residencia oficial de los Reyes.

[L9]Coche de alquiler: La señora Bennet consideraba que era una muestra de categoría social inferior acudir a un baile en coche de alquiler en vez de en uno propio

[L10]«Guáraate el aíre para enfriar la ropa»: Traducción del dicho popular inglés «keep your breath to cool your porridge», que aún se utiliza en Inglaterra y que se atribuye a personas que hablan demasiado irritando a los demás.

[L11]Una hacienda... destinada, por falta de herederos varones, a un pariente lejano: Para evitar que la propiedad pasase a otras familias, sólo ciertas personas (normalmente, como aquí, varones) podían heredar dicha propiedad. Si a las hijas se les permitía heredar, la propiedad pasaría a las familias de sus maridos o a parientes más lejanos que ellas mismas podían nombrar a su voluntad en caso de permanecer solteras. Pero si el propietario había establecido que los herederos fuesen varones, y no tenía hijos, como en el caso del señor Bennet, las hijas resultaban perjudicadas, puesto que la propiedad pasaba a manos del heredero varón más próximo, que en esta circunstancia resultaba ser un pariente lejano, el señor Collins.

[L12]Un regimiento militar: Traducción de a militia regiment. En el ejército británico estos regimientos estaban formados por soldados voluntarios que sólo se entrenaban en ocasiones en tiempo de paz, pero podían ser movilizados para la defensa de la patria en tiempos de guerra. En la época en la que fue escrita Orgullo y prejuicio, el ejército regular británico estaba luchando contra Napoleón en el continente, por lo que estos regimientos fueron movilizados y enviados a diversos acuartelamientos estratégicos en el país, entre los cuales figuraba Meryton.

[L13]... me gustó mucho una casaca roja...: Hasta que las guerras del siglo XX demostraron que el color rojo convertía a los soldados británicos en un blanco fácil para el enemigo, las casacas rojas formaban parte del uniforme de muchos regimientos. En tiempos de paz el colorido de estas casacas hacía que los hombres resultasen particularmente atractivos para las chicas.

[L14]Ragout: Asado de carne con verduras, de sabor fuerte.

[L15]Cheapside: Puede entenderse como zona (side) barata (cheap), lo que provocó la burla de las hermanas Bingley.

[L16]
Loo: juego de cartas en el que los jugadores debían pagar prenda cada vez que perdían.

[L17]Piquet: Juego de cartas, para dos personas, de 32 naipes.

[L18]...palabras de cuatro sílabas: Las palabras de más de tres sílabas en inglés proceden en su mayor parte del latín o del griego, son cultas y su uso excesivo es signo de pedantería.

[L19]Reel: Es uno de los vigorosos bailes nacionales escoceses.

[L20]... un soldado había sido azotado...: La flagelación era una forma habitual de castigar a los soldados de más bajo rango del ejército.

[L21]Faetón: Carruaje abierto tirado por un par de caballos.

[L22]Biblioteca circulante: Tales bibliotecas estaban de moda en el siglo XVIII y a menudo servían de lugares de encuentro para la gente ociosa. Eran costeadas por las cuotas que pagaban sus socios. En aquel tiempo los libros eran muy caros y no existían bibliotecas públicas. Las bibliotecas circulantes eran el único recurso que tenía la gente de medios limitados para acceder a libros nuevos.

[L23]Los sermones de Fordyce: Se refiere a —los sermones del reverendo James Fordyce (1720—1796), un predicador escocés muy conocido que sirvió como ministro en una iglesia de Londres desde 1760 a 1782.

[L24]...sólo la chimenea había cortado Soo libras: Se refiere a la pieza exterior de la chimenea, que desde el siglo XVI hasta el XVIII solían ser esculpidas por expertos artesanos; las más antiguas, en madera, y las del siglo XVIII, en mármol. Muchas de estas chimeneas se conservan ahora como antigüedades valiosas en museos o en colecciones particulares.

[L25]La calle Grovesnor: En aquel tiempo una calle muy de moda en el oeste de Londres. La calle Grovesnor va de la calle New Bond a Park Lane. Ahora la ocupan principalmente oficinas y tiendas y en la plaza del mismo sombre se encuentra lo que los londinenses denominan de forma sarcástica ala pequeña América», conjunto de edificios de la Embajada de Estados Unidos.

[L26]...Presentadas en sociedad.— Normalmente la presentación en sociedad de las jóvenes damas se efectuaba en la Corte en el transcurso de una recepción real a cargo de una señora casada que a su vez ya había sido presentada en la Corte. La reina Isabel II abolió esta costumbre.

[L27]La calle Gracechurcb: En el actual barrio financiero de Londres, que en aquel tiempo estaba ocupado principalmente por comercios.

[L28]Los Lagos: Se refiere al «Distrito de los Lagos», situado en los condados del noroeste de Inglaterra Cumberland, Westmorland y Lancashire. Se asocian con los «Poetas de los Lagos» que se fueron a vivir allí a comienzos del siglo xix, como Wordsworth y otros.

[L29]Cancel: Traducción libre de la palabra inglesa screen (pantalla), que en este caso se refiere a una pequeña pantalla móvil, colocada sobre un caballete, que se utilizaba para proteger los ojos del resplandor y el calor de la chimenea.

[L30]...cuando las señoras volvieron al salón...: Era una costumbre social de la época que las señoras abandonasen el comedor antes que los hombres, quienes permanecían allí durante un rato bebiendo algo más. Más tarde, los señores se unían a ellas en el salón, la pieza principal de la casa.

[L31]Calesín: Coche de dos ruedas tirado por un solo caballo.

[L32]Tête-à-tête En francés en el original. Conversación privada.

[L33]Todos los deportes se habían terminado: Se refiere a los deportes al aire libre. La caza era el más importante en la época.

[L34]Darcy tenía un considerable patronato en la iglesia: Tenía el derecho de nombrar a varios clérigos para distintas rectorías.

[L35]Barrera de portazgo: Barrera o portilla en las carreteras en las que los vehículos tenían que detenerse para pagar por el derecho de paso. El dinero así recaudado se destinaba al mantenimiento de la carretera. Hoy en día apenas existen en las carreteras inglesas, aunque aún pueden encontrarse en algunos puentes.

[L36]Templete de la entrada: Traducción de la palabra inglesa lodges, que además de referirse a las torres que hay a cada lado de la verja de entrada a una finca, incluye la casa de los guardeses.

[L37]...entonces sería yo la que os acompañaría a los bailes...: A las muchachas inglesas no se les permitía ir a los bailes a no ser que fuesen acompañadas por una señora casada (normalmente la madre de la chica, pero a veces una hermana que ya estuviese casada o una amiga de la familia). El deber de la acompañante era vigilar el bienestar y comportamiento de la muchacha y cuidar de que ningún joven la indujese a cometer alguna indiscreción.

[L38]Unos baños de mar me dejarían como nueva: La moda de bañarse en el mar comenzaba en aquella época. Brighton fue uno de los primeros lugares de veraneo de la costa y llegó a ser muy popular como consecuencia de que el príncipe regente (el que sería después Jorge IV) decidió construir allí «the Pavilion», de estilo arquitectónico oriental. Aunque «the Pavilion» fue considerado durante mucho tiempo como una fantasía absurda, más tarde fue reconocido como una obra maestra de la época.

[L39]..y hurtarle algunas piedras sin que él se dé cuenta: Derbyshire es famoso por sus piedras de espato-flúor, un mineral de formación cristalina que se parece a ciertas piedras preciosas. Los turistas se las llevan como recuerdo.

[L40]Cabriolé: Carruaje ligero de dos ruedas tirado por dos caballos.

[L41]Gretna Green: Lugar situado en Escocia, al lado de la frontera con Inglaterra, donde las parejas fugadas podían casarse sin las restricciones de la ley inglesa.

[L42]Clapham: Entonces un pueblo (ahora un barrio densamente poblado) al sur del Támesis.

[L43]Epson: Una ciudad se Surrey, famosa entonces por sus balnearios y ahora centro residencial conocido por sus carreras de caballos, como el «Derby».

[L44]Barnet y Hatfeld: Se encuentra en la carretera general del norte, la principal vía de comunicación con Escocia.

[L45]Ponche: Bebida favorita de la época hecha de vino, licores y especias.

[L46]...para dedicarse a la ca.Za durante unas semanas: En Inglaterra la caza del faisán empieza el z de octubre y termina a finales de enero. La caza de la perdiz comienza el i de septiembre.

[L47]Creo que la ermita le va a gustar: En aquel tiempo estaba de moda colocar en los jardines de las grandes casas de campo rarezas «románticas», como ruinas artificiales o rasgos pseudomedievales, tales como una ermita.

[L48]Y licencia especial: los miembros de la corte de Inglaterra necesitaban licencia real para casarse.

Fin.

www.ingramcontent.com/pod-product-compliance
Lightning Source LLC
Chambersburg PA
CBHW052201090225
21679CB00009B/494